당송 예악지 역주 총서 08

신당서 예악지

2

이 책은 2018년 대한민국 교육부와 한국연구재단의 지원을 받아 수행된 연구임
(NRF-2018S1A5B8070200)

당송 예악지 역주 총서 08

신당서 예악지 2

2

연세대학교 중국연구원
당송 예악지 연구회 편

學古房

  연세대학교 중국연구원은 부상하는 중국에 대한 전문적인 연구의 필요성에 부응하고자 설립되었다. 본 연구원은 학술 방면뿐만 아니라 세미나, 공개강좌 등 대중과의 소통으로 연구 성과를 사회적으로 확산하는 데 노력해왔다. 그 일환으로 현재의 중국뿐만 아니라 오늘을 만든 과거의 중국도 중요하다고 판단하고 학술연구의 토대가 되는 방대한 중국의 고적古籍에 관심을 기울였다. 중국 고적을 번역하여 우리의 것으로 자기화하고 현재화하려는 중장기적 목표를 세우고, 이를 단계적으로 추진하고자 '중국 예악禮樂문화 프로젝트'를 기획하였다. 그 결과 '당송 예악지 연구회'는 2018년 한국연구재단의 중점연구소 지원 사업에 선정되어 출범하였다.

  중국 전통문화의 중요한 특성을 대변하는 것이 바로 예악이다. 예악은 전통시대 중국을 포함한 동아시아 국가 체제, 사회 질서, 개인 간의 관계를 설명할 수 있는 중요한 개념이다. 국가는 제사를 비롯한 의례를 통해 정통성을 확보하였고, 사회는 예악의 실천적 확인을 통해 신분제 사회의 위계질서를 확인하였다. 개개인이 일정한 규범 속에서 행위를 절제할 수 있었던 것 역시 법률과 형벌에 우선하여 인간관계의 바탕에 예악이 작동했기 때문이다.

  이렇게 예악으로 작동되는 전통사회의 양상이 정사 예악지에 반영되어 있다. 본 연구원이 '중국 예악문화 프로젝트'로 정사 예악지

5

에 주목한 이유도 이것이다. '당송 예악지 역주 총서'는 당송시대 정사 예악지를 번역 주해한 것이다. 구체적으로 『구당서』(예의지·음악지·여복지), 『신당서』(예악지·의위지·거복지), 『구오대사』(예지·악지), 『송사』(예지·악지·의위지·여복지)가 그 대상이다. 여복지(거복지)와 의위지를 포함한 이유는 수레와 의복 및 의장 행렬에 관한 내용 역시 예악의 중요한 부분이기 때문이다.

'당송 예악지 역주 총서'는 옛 자료에 생명력을 부여하는 작업이다. 인류가 자연을 개조하고 문명을 건설한 이래 그 성과를 보존하고 전승하는 중요한 수단 중의 하나는 문자였다. 문자는 기억과 전문傳聞에 의한 문명 전승의 한계를 극복해준다. 예악 관련 한자 자료는 그동안 접근하기 어려워서 생명력이 없는 박물관의 박제물과 같았다. 이번에 이를 우리말로 풀어냄으로써 동아시아 전통문화를 보다 정확히 이해하는 데 토대가 되길 기대한다. 이 총서가 우리 학계를 포함하여 사회 전반에 중요한 자산이 되길 바란다.

연세대학교 중국연구원 원장 김현철

일러두기

1. 본 총서는 『구당서』『신당서』『구오대사』『송사』의 예악禮樂, 거복車服, 의위儀衛 관련 지志에 대한 역주이다.

2. 중화서국中華書局 표점교감본標點校勘本을 저본으로 사용하였다.

3. 각주에 [교감기]라고 표시된 것은 중화서국 표점교감본의 교감기를 번역한 것이다.

4. 『신당서』[교감기]가 참조한 판본은 구체적으로 다음과 같다.

    殘宋本(南宋 小興 越州刻本)

    聞本(明 嘉靖 聞人詮刻本)

    殿本(淸 乾隆 武英殿刻本)

    局本(淸 同治 浙江書局刻本)

    廣本(淸 同治 廣東 陳氏 菥古堂刻本)

5. 번역문의 문단과 표점은 저본을 따르는 것을 원칙으로 하되, 원문이 너무 긴 경우에는 가독성을 위해 문단을 적절히 나누어 번역하였다.

6. 인명·지명·국명·서명 등 고유명사는 한자를 병기하되, 주석문은 국한문을 혼용하였다.

7. 번역문에서 서명은 『 』, 편명은 「 」, 악무명은 〈 〉로 표기하였다.

8. 원문의 주는 【 】 안에 내용을 넣고 글자 크기를 작게 표기하였다.

9. 인물의 생졸년, 재위 기간, 연호 등은 ( )에 표기하였다.

禮樂四
예악 4

최진묵 역주

其非常祀, 天子有時而行之者, 曰封禪·巡守·視學·耕藉·拜陵.

정기적인 제사는 아니고, 천자가 어떤 때에 따라 행하는 것으로는
봉선封禪[1], 순수巡狩, 시학視學[2], 경적耕藉[3], 배릉拜陵 등의 제사가 있다.

---

1) 봉선封禪 : 고대 제왕의 제천행사 중의 하나로, 태산 정상에 흙을 쌓아
   제단을 만들어 天에 제사지내는 것을 封이라 하고, 태산 아래 작은 구릉
   梁父를 평평히 하여 地에 제사지내는 것을 禪이라고 한다. 天은 높음으
   로 존엄해지므로 흙을 쌓아 높이를 더하여 天에 보답하고, 地는 두터움으
   로써 덕이 되므로 흙을 덜어내 평평히 하여 땅을 더 두텁게 함으로써 地
   에 보답한다는 의미이다. 역사상 봉선은 『管子』가 封泰山 禪梁父者 72
   家를 거론하고 있지만, 秦代 이후 황제 봉선은 秦 始皇, 漢 武帝, 後漢
   光武帝, 唐 高宗, 則天武后, 唐 玄宗, 宋 眞宗 정도이다. 여기에서 측천
   무후의 봉선은 태산이 아닌 嵩山 封禪으로 구별할 필요가 있지만, 이밖에
   登封泰山한 秦 二世皇帝 胡亥, 태산에서 柴祭를 지낸 後漢 章帝와 安
   帝, 제단을 설치한 隋 文帝 및 태산에 등정하고 제사한 淸代 康熙帝,
   乾隆帝 등도 봉선에 포함시키기도 한다. 반면 봉선을 하려고 했지만 실제
   로 하지 못한 황제들로는 曹魏 明帝, 晉 武帝, 前秦 苻堅, 남조 宋 文帝,
   남조 梁 武帝, 北魏 孝武帝, 唐 太宗, 宋 太宗 등을 들 수 있다. 봉선의
   의도는 대개 『白虎通』이 "王이 된 자가 受命을 받고 泰山에 封하는 것은
   제도를 바꿔 天에 응하고 천하가 태평하므로 태평을 고하는 것이다"라고
   말한 대로, 곧 수명受命의 확인과 통일 군주로서의 권위의 과시 등을 일
   반적으로 지적할 수 있다. 그러나 본래 산악숭배와 지배영역 확인이라는
   원시적 전통과도 상관되므로 巡狩의 일부 과정이었다는 지적도 있고, 진
   시황과 한 무제 등의 경우 不死登仙이라는 방술적 목적 역시 실제 중요
   한 동기 중의 하나였던 것으로 자주 언급되고 있다.

2) 시학視學 : 일반적으로 황제가 친히 국학에 가서 봄과 가을 祭奠과 養老
   의 예를 행하는 것을 말하며, 혹은 황제가 직접 국학에 가거나 관원을
   보내 학생들을 시험 보는 것을 말하기도 한다.

3) 경적耕藉 : 耕籍 혹은 耕耤이라고 쓰기도 한다. 봄농사를 시작하기 전 천

文中子曰：「封禪, 非古也, 其秦·漢之侈心乎?」蓋其曠世不常行, 而於禮無所本, 故自漢以來, 儒生學官論議不同, 而至於不能決, 則出於時君率意而行之爾. 隋文帝嘗令牛弘·辛彦之等撰定儀注, 爲壇泰山下, 設祭如南郊而已, 未嘗升山也.

『문중자文中子』에서 "봉선은 옛 전통이 아니다. 이는 진한시대의 과장심의 표현이다."[4]라고 하였다. (봉선은) 오래된 이전 시대에 항상적으로 행해진 것이 아니며 예제에서도 그 근본하는 바가 없으므로 한대 이래로 유생 학관들의 논의가 서로 같지 않아 해결할 수 없는 지경에 이르렀다. 그러므로 당시의 군주들의 임의적인 뜻에 따라 행해졌을 뿐이다. 수문제는 일찍이 우홍牛弘(545~610), 신언지辛彦之(?~591) 등에 명하여 의주儀注을 찬정하여 태산아래 단을 만들고 남교에서 지내는 교제郊祭와 같은 방식으로 제사를 베풀었을 뿐이고, 산을 오른 일은 없었다.

唐太宗已平突厥, 而年穀屢豐, 群臣請封泰山. 太宗初頗非之, 已而遣中書侍郎杜正倫行太山上七十二君壇跡, 以是歲雨河大水而止. 其後群臣言封禪者多, 乃命祕書少監顏師古·諫議大夫朱

자나 제후가 적전에서 경작을 시범보이거나 제사용의 작물의 씨뿌리기를 하여 모범을 보이는 것을 말한다. 藉田禮 혹은 耕籍禮라고 말한다.

4) 봉선은 … 과장심의 표현이다 : 王通(584~618)이 지은 『文中子』의 원문은 "封禪之費, 非古也, 徒以夸天下, 其秦漢之侈心乎"로 되어 있다. 이처럼 왕통이 봉선례가 헛되이 천하에 과시하기 위해 진한시대에 과장된 것으로 판단하였던 주장은 이후 봉선이 경전적 근거가 없다는 논거로 자주 사용되었다.

子奢等集當時名儒博士雜議, 不能決. 於是左僕射房玄齡·特進
魏徵·中書令楊師道博採衆議奏上之, 其議曰：「爲壇於泰山下,
祀昊天上帝. 壇之廣十二丈, 高丈二尺. 玉牒長一尺三寸, 廣·厚
五寸. 玉檢如之, 厚減三寸. 其印齒如璽, 纏以金繩五周. 玉策四,
皆長一尺三寸, 廣寸五分, 厚五分, 每策皆五簡, 聯以金. 昊天上
帝配以太祖, 皇地祇配以高祖. 已祀而歸格于廟, 盛以金匱. 匱高
六寸, 廣足容之, 制如表函, 纏以金繩, 封以金泥, 印以受命之璽.
而玉牒藏于山上, 以方石三枚爲再累, 纏以金繩, 封以石泥, 印以
受命之璽. 其山上之圓壇, 土以五色, 高九尺, 廣五丈, 四面爲一
階. 天子升自南階, 而封玉牒. 已封, 而加以土, 築爲封, 高一丈二
尺, 廣二丈. 其禪社首亦如之. 其石檢封以受命璽, 而玉檢別製璽,
方一寸二分, 文如受命璽. 以石距非經, 不用. 又爲告至壇, 方八十
一尺, 高三尺, 四出陛, 以燔柴告至, 望秩群神.」遂著于禮, 其他降
禪·朝覲皆不著. 至十五年, 將東幸, 行至洛陽, 而彗星見, 乃止.

당 태종이 이미 돌궐을 평정한 이래 매년 곡식은 누차 풍년이 들
어 군신들이 태산에 봉할 것을 청하였다.[5] 태종은 처음에는 자못 아
니라고 하면서도 중서시랑中書侍郎 두정윤杜正倫(?~658)[6]을 태산에
보내어 태산 위의 (봉선했던) 72군주의 제단 흔적을 시찰하게 했으
나, 그해에 두 줄기 황하에 큰 홍수가 나서 봉선은 그만두었다. 그

---

5) 당 태종이 … 청하였다 : 당 태종의 봉선은 貞觀 11년을 경계로 그 이전에
   는 불허의 뜻을 가졌으나, 그 이후에는 허가의 의지를 갖고 있었다.
6) 두정윤杜正倫(?~658) : 당 고종시 黃門侍郎, 中書令 등을 역임했다. 李
   義府와의 불화로 무고를 받아 橫州刺史로 좌천된 후 얼마 되지 않아 병
   사했다.『春坊要錄』,『百行章』등의 문장이 남아있다.

후에도 군신群臣들 중에서 봉선에 대해 말하는 자가 많았기에, 이에 비서소감祕書少監 안사고顔師古와 간의대부諫議大夫 주자사朱子奢7) 등에게 명하여 당시 유명한 유학 박사들의 여러 논의를 모으도록 하였으나 결국 결단하지 못했다. 이에 좌복야左僕射 방현령房玄齡(579~648), 특진特進 위징魏徵(580~643), 중서령中書令 양사도楊師道(?~647) 등이 널리 중의를 모아 상주하였다.

　　　태산 아래에 단을 만들고 호천상제昊天上帝에 제사합니다. 단의 너비는 12장이고, 높이는 1장 2척으로 합니다. 옥첩玉牒8)의 길이는 1척 3촌이고, 너비와 두께는 5촌으로 합니다. 옥검玉檢도 이와 같이 하는데, 두께는 3촌을 줄입니다. 그 도장의 치수는 옥새와 같게 하여 금줄로 5번 둘러 감습니다. 옥책玉策 4개는 모두 길이는 1척 3촌, 너비는 1촌 5분, 두께는 5분으로 하고, 매 책은 모두 5개의 옥간으로 제작하여 금실로 잇습니다. 호천상제는 태조로 배사하고 황지기皇地祇는 고조로 배사합니다. 이미 제사하고 돌아와 신묘神廟에 도착하면 금궤에 보관합니다. 궤는 높이는 6촌으로 하고 너비는 옥간을 충분히 수용할 수 있는 정도로 합니다. 제도는 바깥 함과 같이하여 금실로 엮고 금니金泥로 봉하여 수명새受命璽의 도장을 찍습니다. 그리

---

7) 주자사朱子奢(?~641) : 당대 蘇州 吳縣사람으로 文辭에 뛰어났으며, 정관초에 고구려와 백제가 신라를 공격할 때 3국의 화해를 권고하는 사신으로 가기도 했다. 諫議大夫, 弘文館學士, 國子司業 등의 직을 역임했다.
8) 옥첩玉牒 : 제왕들이 봉선이나 교사에서 사용하던 玉簡文書를 말한다. 玉檢은 이 문서를 담아 넣고 봉하는 상자이다.

고 옥첩은 산 위에 보관하는데 사각돌 3매를 두 층으로 쌓아 금줄로 묶은 후에 석니로 봉한 후 수명새를 찍습니다. 그 산 위의 원구단은 흙은 오색으로 하고 높이는 9척, 너비는 5장으로 하여 사면에 계단을 만듭니다. 천자께서는 남쪽 계단으로부터 올라가 옥첩을 봉합니다. 봉하는 것을 마치면 다시 흙을 그 위에 쌓아 봉분[封]을 만드는데, 높이는 1장 2척, 너비는 2장으로 합니다. 그 사수산社首山의 선단禪壇도 이와 같이 합니다. 석검石檢도 수명새로 봉하지만, 옥검玉檢은 별도로 옥새를 제작하며 한 변을 1촌 2분으로 하는 방형方形으로 하고 글은 수명새와 같게 합니다. 석거石距는 경전에 의거하지 않은 것이므로 쓰지 않습니다. 또 고지단告至壇을 만들 때는 한 변을 81척으로 하는 방형으로 하고, 높이는 3척으로 하고 사면으로 계단을 내며, 땔감을 태워 고지告至의 예를 행하며 여러 신들에게 차례로 멀리서 바라보며 제사합니다.

마침내 예전[禮典, 정관례]에 저록하였으나, 그 외 선禪을 마치고 내려오는 일 및 조근朝覲 등에 대해서는 저록하지 않았다. 15년에 이르러 동쪽으로 순행하는데 낙양에 이르렀을 때 혜성이 나타나 그만두었다.

高宗乾封元年, 封泰山, 爲圓壇山南四里, 如圓丘, 三遺, 壇上飾以青, 四方如其色, 號封祀壇. 玉策三, 以玉爲簡, 長一尺二寸, 廣一寸二分, 厚三分, 刻而金文. 玉匱一, 長一尺三寸, 以藏上帝之冊 ; 金匱二, 以藏配帝之冊. 纏以金繩五周, 金泥·玉璽, 璽方一寸

二分, 文如受命璽. 石礎以方石再累, 皆方五尺, 厚一尺, 刻方其
中以容玉匱. 礎旁施檢, 刻深三寸三分, 闊一尺, 當繩刻深三分,
闊一寸五分. 石檢十枚, 以檢石礎, 皆長三尺, 闊一尺, 厚七分; 印
齒三道, 皆深四寸, 當璽方五寸, 當繩闊一寸五分. 檢立於礎旁,
南方·北方皆三, 東方·西方皆二, 去礎隅皆一尺. 礎纏以金繩五
周, 封以石泥. 距石十二, 分距礎隅, 皆再累, 皆闊二尺, 長一丈,
斜刻其首, 令與礎隅相應. 又爲壇於山上, 廣五丈, 高九尺, 四出
陛, 一壇, 號登封壇. 玉牒·玉檢·石礎·石距·玉匱·石檢皆如之.
爲降禪壇於社首山上, 八隅·一成·八陛如方丘, 三壇. 上飾以黃,
四方如其色, 其餘皆如登封. 其議略定, 而天子詔曰: 「古今之制,
文質不同. 今封禪以玉牒·金繩, 而瓦尊·匏爵·秸席, 宜改從文.」
於是昊天上帝褥以蒼, 地祇褥以黃, 配褥皆以紫, 而尊爵亦更焉.

고종 건봉乾封 원년(666)에 태산에 올라 봉선을 행하였다.[9] 산의
남쪽 4리되는 곳에 원단圓壇을 만들었는데 원구圓丘의 제도와 같게
했다. 세 겹의 담장을 하고 담장 위는 청색으로 장식을 하고, 사방은
각기 (오행의 방위에 맞는) 색으로 하여, 이름하여 봉사단封祀壇이
라 하였다. 옥책 세 개는 옥으로 간簡을 만들었는데, 길이는 1척 2
촌, 너비는 1촌 2분, 두께는 3분으로 하고 금문[10]을 새겨 넣었다. 옥

-----

9) 태산에 올라 봉하여: 당 고종 건봉 원년의 봉선은 이전과 다른 몇 가지
   파격이 있었다. ① 봉선의식 중의 助祭者들이 고급관원에서 皇后로 바뀌
   었다는 점, ② 고구려, 백제, 신라를 포함한 대부분의 藩國들이 이 봉선에
   참여했다는 사실, ③ 投龍 등 도교의 齋醮儀禮가 국가의례에 포함되기
   시작했다는 점 등이다.
10) 금문: 『구당서』 「예의지」3에 의하면 옥에 홈을 파고 그 홈을 금으로 메워
   글자를 만든 것을 말한다.

궤玉匵 하나는 길이 1척 3촌으로 하여 상제[호천상제]의 옥책을 저장하였다. 금궤 두 개에는 배제配帝의 옥책을 저장하였다. 금줄로 다섯 번 둘러 묶고 금니金泥와 옥새로 봉하였는데 옥새는 사방 1촌 2분으로 하고 글자는 수명새와 같게 하였다. 석감石礛[돌상자]은 네모난 돌을 두 층으로 쌓았는데, 모두 사방 5척, 두께 1척으로 하여 그 가운데에 옥궤를 넣을 수 있도록 팠다. 석감 옆 옥검을 설치할 곳에 깊이 3촌 3분, 너비 1척으로 새겼다. 당연히 줄을 두를 곳은 깊이 3분, 너비 1촌 5분으로 하였다. 석검 10매로 석감을 봉인하였는데, 모두 길이 3척, 너비 1척, 두께 7분으로 하였다. 인치印齒 세 갈래는 모두 깊이 4촌으로 하고, 옥새로 봉인할 곳은 사방 5촌으로 하며, 줄을 두를 곳은 너비 1촌 5분으로 하였다. 석검은 석감 옆에 세웠는데 남방과 북방은 각기 3개씩, 동방과 서방은 각기 2개씩 두는데 석감 모퉁이와는 모두 1척의 거리를 두었다. 석감은 금줄로 5번 두르고 석니石泥로 봉하였다. 거석距石 12개를 석감의 모퉁이에 나눠 세우는데 모두 겹쳐 쌓고 너비는 2척, 길이는 1장으로 하며, 그 머리 부분은 비스듬히 깍아 석감의 모퉁이와 서로 호응하게 하였다. 또한 산 위에 단을 만들었는데, 너비 5장, 높이 9척으로 하고 사방에 계단을 내며, 토담은 하나로 하여 명칭을 등봉단登封壇이라고 하였다. 옥첩, 옥검, 석감, 석거, 옥궤, 석검 모두 이와 같이 하였다. 사수산 정상에 강선단降禪壇을 만들었는데, 방구와 같이 8개의 모퉁이, 1개의 성成, 8개의 계단[11]을 두고 토담은 3개로 하였다. 위에는 황색

---

11) 8개의 모퉁이, 1개의 성, 8개의 계단 : 원문은 八隅一成八階이다. 八隅는 8각형이라는 의미이며, 一成은 1層 혹은 1段으로 해석할 수 있다. 一成은 단층이라는 의미이다. 八階는 8개의 계단이다.

으로 장식하고 사방은 (오행의 방위에 맞게) 각기 그 방위의 색으로 하였다. 그 나머지는 모두 등봉단登封壇과 같게 하였다. 그 논의가 대략 정해졌을 때 천자가 조서를 내려 말하였다. "고금의 제도는 문질文質이 서로 같지 않다. 지금 봉선은 옥첩과 금줄로 하였으니 와준瓦尊[흙으로 빚은 술단지], 포작匏爵[박으로 만든 술잔], 갈석秸席[짚으로 만든 자리]은 마땅히 바꿔 문文에 따르도록 하라."라고 하였다. 이에 호천상제의 신좌에 깔아놓는 요[褥]는 푸른색으로 하고, 지기地祇의 요는 황색으로 하며, 배제의 요는 자주색으로 하고, 준작尊爵 역시 바꾸었다.

是歲正月, 天子祀昊天上帝于山下之封祀壇, 以高祖·太宗配, 如圓丘之禮. 親封玉冊, 置石礩, 聚五色土封之, 徑一丈二尺, 高尺[一].[12] 已事, 升山. 明日, 又封玉冊于登封壇. 又明日, 祀皇地祇于社首山之降禪壇, 如方丘之禮, 以太穆皇后·文德皇后配, 而以皇后武氏爲亞獻, 越國太妃燕氏爲終獻, 率六宮以登, 其帷帟皆錦繡. 群臣瞻望, 多竊笑之, 又明日, 御朝覲壇以朝群臣, 如元日之禮. 乃詔立登封·降禪·朝覲之碑, 名封祀壇曰舞鶴臺, 登封壇曰萬歲臺, 降禪壇曰景雲臺, 以紀瑞焉. 其後將封嵩嶽, 以吐蕃·突厥寇邊而止. 永淳元年, 又作奉天宮於嵩山南, 遂幸焉. 將以明年十一月封禪, 詔諸儒國子司業李行偉·考功員外郎賈大隱等草具其儀, 已而遇疾, 不克封, 至武后遂登封焉.

---

12) [교감기 1] "高尺"은 『舊唐書』 권23 「禮儀志」와 『唐會要』 권7에는 '尺' 자 앞에 '九'자가 있다.

이해 정월[13])에 천자는 산아래 봉사단封祀壇에서 호천상제에 제사하면서, 고조와 태종을 배사配祀하였는데 원구圓丘의 의례와 같게 하였다. 친히 옥책玉冊을 봉하고 석감石礛을 안치하며 오색토를 취해 봉하였으니, 직경이 1장 2척, 높이는 9척이었다.[14]) 산 아래 봉사단에서 제사를 마치고[15])에 산에 올랐다. 다음 날, 또 등봉단에 옥책을 봉하였다. 또 그다음 날, 사수산社首山의 강선단降禪壇에서 황지기皇地祇를 제사하였는데, 방구方丘의 예와 같이 하였고, 태목황후太穆皇后[16])와 문덕황후文德皇后[17])를 배사하였으며, 황후 무씨武氏[18])가

---

13) 이해 정월 : 당 고종 麟德 3年(666) 정월이다. 인덕 3년에 봉선을 계기로 乾封으로 연호를 바꾸었기 때문에 '이해'는 동시에 乾封 元年이기도 하다.

14) 높이는 9척 : 원문은 '高尺'이지만, 여기에서는 교감기에 따라 '높이 9척'으로 번역하였다.

15) 산 아래 봉사단에서 제사를 마치고 : 원문은 '巳事'로 되어 있고, 두 가지 해석이 가능하다. ① 원문을 '이왕지사' 정도로 이해하여, 본문 번역처럼 '산 아래에서 제사를 마치고'라고 해석할 수 있다. ② 그런데, 『구당서』 고종본기와 『자치통감』에는 '己巳'로 되어 있다. 『신당서』 고종본기에는 이 단어가 기록되어 있지 않지만, 정월 초하루 戊辰日에 호천상제에 제사했기 때문에 그 다음날인 己巳日에 산에 오르는 것이 순리이다. 따라서 '巳事'는 『구당서』에 따라 '己巳日'로 볼 수 있지만, 다만 이 경우 다음 문장의 明日이 己巳日의 다음 날로 보아야 하므로 어색함이 있다.

16) 태목황후太穆皇后(569~613) : 당 고조 李淵의 부인인 竇氏를 말한다. 북주 문제 宇文泰의 외손녀이며, 당 태종 李世民의 모친이기도 하다. 당왕조가 세워지기 전에 사망하여 고조가 즉위한 후 황후로 추증되어 시호를 '穆'이라고 하였으나 貞觀 연간 다시 太穆皇后로 되었다.

17) 문덕황후文德皇后(601~636) : 당 태종 李世民의 부인 長孫氏를 말한다. 당 고종의 모친이지만, 36세의 이른 나이에 죽어 昭陵에 묻혔다. 시호로

아헌을, 월국태비越國太妃 연씨燕氏[19])가 종헌을 하고[20]) 육궁六宮[21])
을 거느리고 등산하였는데,[22]) 그 휘장과 장막이 모두 금수錦繡로 되
어 있었다. 뭇 신하들이 멀리 바라보고 대부분 몰래 비웃었다. 또 다
음 날 조근단朝覲壇에서 군신들을 조회하기를 원일元日의 예처럼 하

文德皇后라 하였으나 후에 文德聖皇后, 文德順聖皇后 등으로 시호가
더해졌다.

18) 황후 무씨武氏(624~705) : 武曌 즉, 武則天을 말한다. 형주도독 武士彠의
  차녀로 14세에 입궁하여 당 태종의 후궁이 되었지만, 당 고종때 황후가
  된다. 고종 死后 스스로 여황제가 되어 국호를 周로 바꾸었다. 아들 中宗
  이 다시 황제가 된 후 則天大聖皇后로 호칭을 바꾸었고, 황후의 신분으
  로 乾陵에 묻혔다.

19) 월국태비越國太妃 연씨燕氏(609~671) : 燕德妃라고도 불리며, 13세에 진
  왕 李世民의 妃가 되었다. 정관년간 덕비로 되었고, 고종년간 월국태비가
  되었다.

20) 황후 무씨가 … 종헌을 하고 : 『唐六典』에 의하면, 종래 황제가 친히 주재
  하는 제사에서 아헌은 太尉가, 종헌은 光祿勳이 담당하여 관원들이 하는
  것이 상례였다. 만약 有司가 代行할 경우에는 太尉가 초헌을 하고 太常
  卿이 아헌을 光祿勳이 종헌을 한다. 당 고종시 봉선에서는 이 아헌과 종
  헌의 원칙이 무너지고 武則天의 요구에 의해 황후들이 참여하는 것으로
  새롭게 변경된 것이다.

21) 육궁六宮 : 일반적으로 황제의 妃嬪을 의미한다. 『周禮』에는 "天子后立
  六宮, 三夫人, 九嬪, 二十七世婦, 八十一御妻, 以聽天下之內治"라는
  기록이 있다.

22) 육궁을 거느리고 등산하였는데 : 육궁을 데리고 등산한 사실은 뭇 신하들
  의 비웃음을 살 정도로 전통 봉선의례와 어긋나는 것이었고, 아헌과 종헌
  을 황후 무씨와 월국태비 연씨가 행한 것도 古禮를 파괴한 파격이었다.
  이 사례는 定式이 없는 봉선 같은 고대 의례에서 당시 군주의 자의적인
  뜻대로 의식이 행해졌다는 사실을 보여주는 한 단서이다.

였다. 이에 등봉登封, 강선降禪, 조근朝覲의 비석을 세우라고 조를 내리고, 봉사단封祀壇을 무학단舞鶴壇으로 이름 붙이고, 등봉단登封壇23)을 만세대萬歲臺로 하며, 강선단을 경운대景雲臺로 하여 (당시 나타났던) 상서로움을 기념하도록 하였다. 그후 장차 숭악崇嶽에 봉하고자 하였으나24) 토번과 돌궐 등이 변방을 도적질하였기에 그만

23) 등봉단登封壇 : 『舊唐書』 「禮儀志」에서는 介丘壇으로 기록하였다. 개구는 일반적인 문자 의미로는 큰 산을 칭하는 용례도 있고, 작은 흙산을 말하기도 한다. 여기에서는 『太平御覽』 泰山條에서 말한 태산 정상의 동쪽 바위를 지칭한다는 언급을 고려함이 좋을 것 같다. 개구는 곧 泰山 자체를 의미하는 것으로 볼 수 있다.

1982년 숭산에서 발견된 무측천의 금간
숭산봉선이나 제사활동 중에 매장한 것으로 추정된다.(하남박물원 소장)

두었다. 영순永淳 원년(682)에 또 숭산 남쪽에 봉천궁奉天宮을 만들고 드디어 행행行幸하였다. 다음 해 11월 장차 (숭산에) 봉선하고자 하여 제유諸儒 국자사업國子司業 이행위李行偉, 고공원외랑考功員外郎 가대은賈大隱[25] 등에게 그 의례의 초안을 작성하게 하였으나, 이내 질병에 걸려 봉선을 이룰 수 없었다. (측천)무후에 이르러 드디어 (숭)산에 올라 봉선을 행하였다.

玄宗開元十二年, 四方治定, 歲屢豐稔, 群臣多言封禪, 中書令張說又固請, 乃下制以十三年有事泰山. 於是說與右散騎常侍徐堅·太常少卿韋縚·秘書少監康子元·國子博士侯行果刊定儀注. 立圓臺於山上, 廣五丈, 高九尺, 土色各依其方. 又於圓臺上起方

---

24) 숭악에 봉하고자 하였으나 : 당 고종은 무측천의 적극적인 권유하에 총 세 차례 숭산에서의 봉선을 시도하였다. 그러나 儀鳳 元年(676)은 吐蕃의 침입으로 무산되었고, 調露 元年(679)은 돌궐로 인해 좌절되었다. 마지막 세 번째는 본문에 연도가 언급된 永淳 元年(682)이었지만, 숭산에 도착한 후 돌연 고종의 병이 깊어져 낙양으로 다시 돌아오지 않을 수 없었다. 결국 숭산 봉선은 무측천 시기 天冊萬歲 元年(695)에 이르러 성취될 수밖에 없었다.(呂宏軍, 「嵩山與帝王祭祀」, 『黃河科技學院學報』 2022年 3期, 참조) 숭산봉선 시도는 五岳에서 순차적으로 봉선하려고 한 高宗의 첫 번째 시도인데, 고종이 스스로 天皇이라고 하고 황후 무측천에게는 天后라는 호칭을 사용했던 점, 숭산도사 潘師正과 접촉 교류했다는 사실 등으로 미루어 고종의 도교적 관심과 연계된 것으로 추정하기도 한다.(趙晟佑, 「唐 高宗 武則天 時期 國家儀禮와 道教」, 『中國古中世史研究』 27, 2012 참조)

25) 가대은賈大隱 : 태상박사 賈公彦의 아들로 당 고종기에 활약했던 인물이다. 『老子述義』를 저술했으며, 관직은 禮部侍郎에까지 올랐다.

壇, 廣一丈二尺, 高九尺, 其壇臺四面爲一階. 又積柴爲燎壇於圓
臺之東南, 量地之宜, 柴高一丈二尺, 方一丈, 開上, 南出戶六尺.
又爲圓壇於山下, 三成·十二階, 如圓丘之制. 又積柴於壇南爲燎
壇, 如山上. 又爲玉冊·玉匱·石礧, 皆如高宗之制. 玄宗初以謂升
中於崇山, 精享也, 不可譁譯. 欲使亞獻已下皆行禮山下壇, 召禮
官講議. 學士賀知章等言:「昊天上帝, 君也. 五方精帝, 臣也. 陛
下享君於上, 群臣祀臣於下, 可謂變禮之中. 然禮成於三, 亞·終
之獻, 不可異也.」於是三獻皆升山, 而五方帝及諸神皆祭山下壇.
玄宗問:「前世何爲祕玉牒?」知章曰:「玉牒以通意於天, 前代或
祈長年, 希神仙, 旨尙微密, 故外莫知.」帝曰:「朕今爲民祈福, 無
一祕請, 卽出玉牒以示百寮.」乃祀昊天上帝於山上壇, 以高祖配.
祀五帝以下諸神於山下, 其祀禮皆如圓丘. 而卜日·告天及廟·社
·大駕所經及告至·問百年·朝覲, 皆如巡狩之禮.

현종 개원 12년(724)에 사방의 통치가 안정되고 세세로 누차 풍년
이 들자, 군신들이 대부분 봉선을 말하고, 중서령中書令 장열張說[26]
이 또 간곡히 청하니 이에 제制를 내려 (개원) 13년에 태산에서 봉
선하기로 하였다. 이에 장열과 우산기상시右散騎常侍 서견徐堅[27]·
태상소경太常少卿 위도韋綯[28]· 비서소감祕書少監 강자원康子元[29]· 국

---

26) 장열張說(667~730) : 당대 세 차례 재상직에 오르고 문장 관련 직위에만
    30여 년 봉직했다. 현종 시기 개원의 치세를 이루는 데 공헌이 있다.『三
    敎珠英』의 편수에 참여하였다.
27) 서견徐堅(659~729) : 현재 절강성 長興사람으로 문장이 뛰어나『三敎珠
    英』 및『初學記』 등의 편찬에 참여하였다.
28) 위도韋綯 : 생졸연대 미상. 唐代 京兆 萬年사람으로 韋叔夏의 아들로 알
    려져 있다. 典禮에 밝아 여러 예제논의에 참여하였고, 관직은 太子少師

자박사國子博士 후행과侯行果[30] 등이 의주儀注를 간정刊定하였다. 산의 정상에 원대圓臺를 세웠는데, 너비 5장, 높이 9척으로 하고, 흙의 색은 각 방위색에 의거하였다. 또한 원대 위에 방단方壇을 세웠는데, 너비 1장 2척, 높이 9척으로 하고 그 단대壇臺의 사방에는 각기 하나의 계단을 만들었다. 또 섶을 쌓아 원대의 동남쪽에 요단燎壇을 만들고, 땅의 형편을 헤아려 섶의 높이는 1장 2척, 사방 1장으로 하고 위쪽은 열어놓고 남쪽으로는 6척의 출입구를 냈다. 또 산 아래에 원단을 만들었는데, 3단에 12개의 계단을 하여 원구의 제도와 같게 하였다. 또한 단의 남쪽에 섶을 쌓아 요단을 만들었는데 산 위에서의 (요단)과 같게 하였다. 또 옥책玉冊·옥궤玉匱·석감石礷을 만들었는데 모두 고종시기의 제도와 같게 하였다. 현종은 애초에 숭산에서 하늘에 제사하여 성공을 고하는 것은 정성으로 제사해야 하는 것이지 야단스럽게 떠들어서는 안되었다고 생각했었다. 아헌亞獻 이하는 모두 산 아래 단에서 예를 행하게 하고자 하여 예관을 불러 강의하도록 하였다. 학사學士 하지장賀知章[31] 등이 말하였다. "호천

로 마쳤다.

29) 강자원康子元 : 생졸연대 미상. 唐代 현재 절강성 紹興사람으로 『주역』과 『노자』의 학에 뛰어났고, 개혁가로서의 명망이 높다.

30) 후행과侯行果 : 唐代 18學士 중의 한 사람으로, 侯果라고도 알려져 있다. 唐代人들이 字로 '行'자를 주로 사용했던 관행과 관련 있다는 견해도 있다. 한편 주역에 정통했다고 하지만, 그의 작품은 남아있지 않고, 청대 馬國翰이 李鼎祚의 『周易集解』에 남아있는 侯行果의 주석을 모아 『周易侯氏注』3권을 집일했다.

31) 하지장賀知章(659~744) : 현재 절강성 항주 사람으로 어릴 때부터 시문으로 명성을 얻었다. 吳中四士, 飮中八仙, 仙宗十友 등 호칭 중의 한 명으

상제昊天上帝는 군주입니다. 오방정제五方精帝는 신하입니다. 폐하께서는 산 위에서 군주에게 제사하고 군신들은 산 아래에서 신하에게 제사하는 것은 가히 변례變禮의 합당한 것이라 할 수 있습니다. 그러나 예는 세 번에서 완성되니, 아헌과 종헌終獻은 다를 수 없습니다."[32] 이에 3헌은 모두 산 위에 올라서 행하고 오방제五方帝 및 여러 신들은 모두 산 아래의 단에서 제사하였다. 현종이 물었다. "이전 시대에 어찌하여 옥첩玉牒을 감추었는가?" 하지장이 답하였다. "옥첩으로써 하늘에 뜻을 통하는 것이니, 이전의 시대 혹은 (불로) 장수를 기원하고 신선을 희망하는 것은 의도 자체가 오히려 은밀한 비밀이므로 외부에서는 알지 못하는 것입니다." 황제가 말하였다. "짐이 오늘 백성을 위해 복을 구하니 비밀스러운 청원이 하나도 없다. 즉시 옥첩을 내어 백료들에게 보이도록 하라." 이에 산 위의 단에서 호천상제에게 제사하고 고조를 배사하였다. 오제 이하의 여러 신들은 산 아래에서 제사하고 그 제사의 의례는 모두 원구의 의례와

로 거론된다.

[32] 이 인용문 문장은 『구당서』 「예의지」3에도 비슷하게 등장한다. 『구당서』의 요지도 호천상제를 산 위에서 제사하고 오방제를 산 아래에서 제사하는 것이 후세의 모범이 될 만한[誠足以垂範來葉] 큰 변례의 사례[變禮之大者]이지만, 초헌 아헌 종헌은 한 곳에서 하는 것[初獻亞終, 合於一處]이 예법에 맞다는 것이다. 현종은 본래 靈山이 청결해야 하고 엄숙함을 좋아한다고 여겨 봉선을 시끌벅적하고 야단스럽게 실행하고 싶어하지 않았다. 따라서 산 위에서 초헌만 하여 행사를 축소시키고자 했던 것이지만, 하지장이 예법을 거론하며 사실상 반대한 것이다. 이 사례는 『신당서』가 『구당서』와 비교하여 다소 문자를 절제하여 사용하고 있다는 사실을 알 수 있게 한다.

같게 하였다. 또한 복일卜日33) · 천天 · 종묘 · 사社 · 대가大駕가 지나는 (산천)에 고하기 및 고지告至 · 문백년問百年34) · 조근朝覲 등의 예는 모두 순수巡狩의 의례와 같게 하였다.

其登山也, 爲大次於中道, 止休三刻而後升. 其已祭燔燎, 侍中前跪稱:「具官臣某言, 請封玉冊.」皇帝升自南陛, 北向立. 太尉進昊天上帝神座前, 跪取玉冊, 置於桉以進. 皇帝受玉冊, 跪內之玉匱, 纏以金繩, 封以金泥. 侍中取受命寶跪以進. 皇帝取寶以印玉匱, 侍中受寶, 以授符寶郎. 太尉進, 皇帝跪捧玉匱授太尉, 太尉退, 復位. 太常卿前奏:「請再拜.」皇帝再拜, 退入于次. 太尉奉玉匱之桉於石礆南, 北向立. 執事者發石蓋, 太尉奉玉匱, 跪藏於石礆內. 執事者覆石蓋, 檢以石檢, 礆以金繩, 封以石泥, 以玉寶遍印, 引降復位. 帥執事者以石距封固, 又以五色土圍封. 其配座玉牒封於金匱, 皆如封玉匱. 太尉奉金匱從降, 俱復位. 以金匱內太廟, 藏於高祖神堯皇帝之石室. 其禪于社首, 皆如方丘之禮.

산을 오를 때 길 중간에서 대차大次35)를 만들어, 3각刻을 쉰 후

---

33) 복일卜日 : 제사지내기 전에 점복의 방법으로 제사 날짜를 확정하는 일을 말한다. 『新唐書』 禮樂志 1에서 "제사의 절차 중 첫 번째가 卜日이다. 大祀와 中祀는 정해진 날이 없어 卜을 하고, 小祀는 筮를 한다."는 언급이 있다.

34) 문백년問百年 : 問高年, 혹은 存問百年 등으로도 쓰인다. 각 지역의 연로한 노인들을 위문하는 의례이다.

35) 대차大次 : 황제가 제사 시에 임시로 쉬는 장막이다. 『周禮』 「天官」에 "朝日祀五帝則張大次小次"라는 구절에서 鄭玄은 "次는 장막이다"라고 주석하였다.

다시 오른다. 번요燔燎가 끝나면 시중侍中이 앞에서 무릎을 꿇고 말하기를 "구관具官 신모臣某가 말합니다. 청컨대 옥책을 봉하십시오."라고 한다. 황제는 남쪽 계단으로부터 올라서 북쪽을 향해 선다. 태위太尉가 호천상제 신좌 앞에 나아가 무릎을 꿇고 옥책을 취해 안에 놓고 나아간다. 황제가 옥책을 받아 옥궤玉匱에 넣고 금줄로 두르고 금니로 봉한다. 시중이 수명새를 취해 무릎을 꿇고 나아간다. 황제는 수명새를 받아 옥궤에 도장을 찍고, 시중이 수명새를 다시 받아들고 부보랑符寶郎36)에게 넘겨준다. 태위가 나아가면 황제는 꿇어앉아 옥궤를 받들고 태위에게 넘겨준다. 태위가 물러나고 황제는 다시 원래 위치로 돌아온다. 태상경太常卿이 앞서 주청하여 "재배再拜하십시오."라고 하고, 황제는 재배하고 물러나 임시 거처에 들어간다. 태위가 석감의 남쪽에서 옥궤의 궤안[栿]을 받들고 북쪽을 향하여 선다. 집사자가 석개石蓋[석감의 덮개돌]를 열고, 태위는 옥궤를 받들어 무릎을 꿇고 석감 안에 넣는다. 집사자가 다시 석개를 덮고 석검石檢으로 점검하고 석감에 금줄을 두르고 석니로 봉하고 옥새로 편인遍印하고, 인도하고 내려와 자리로 돌아온다. 수집사자帥執事者는 석거石距로 견고하게 봉하고, 또 오색토로써 환봉圜封한다. 배좌配座의 옥첩은 금궤에 봉하는데 모두 옥궤를 봉하는 의례와 같게 한다. 태위가 금궤를 받들고 따라서 내려가고 모두 원래 자리로 돌아간다. 금궤를 태묘내에 고조高祖 신요황제神堯皇帝의 석실에 보관한다. 사수산社首山에서의 선禪에서도 모두 방구의 의례와 같게 한다.

---

36) 부보랑符寶郎 : 漢代 7품 관원으로 印章이나 符節 등을 관장했던 符璽郎이 당대 符節郎, 符寶郎으로 바뀌었다. 측천무후가 '璽'字를 싫어하여 受命璽가 受命寶로 바뀐 것처럼 '寶'字로 바뀐 것이다.

天子將巡狩, 告於其方之州曰:「皇帝以某月于某巡狩, 各脩乃守, 考乃職事. 敢不敬戒, 國有常刑.」將發, 告于圓丘. 前一日, 皇帝齋, 如郊祀, 告昊天上帝, 又告于太廟·社稷. 具大駕鹵簿. 所過州·縣, 刺史·令候於境, 通事舍人承制問高年, 祭古帝王·名臣·烈士. 旣至, 刺史·令皆先奉見. 將作築告至圓壇於嶽下, 四出陛, 設昊天上帝·配帝位.

천자가 장차 순수巡狩할 때는 그 해당되는 방위의 지역에 알리고 말한다. "황제가 모 월에 모 지역에서 순수하니 각자 너희가 지키는 것을 치리하고 너희가 맡은 일을 살피도록 하라. 감히 정중히 경계하지 않으면 국가에서는 (이를 처벌할) 일정한 형벌을 갖추고 있다." 장차 출발할 때 원구에서 고한다. 하루 전에 황제는 재계하는데 교사郊祀와 같게 한다. 호천상제昊天上帝에 고하고, 또 태묘와 사직에 고한다. 대가노부大駕鹵簿를 갖춘다. 지나는 주와 현의 자사刺史와 령令은 경계지역에서 기다린다. 통사사인通事舍人[37]이 제제制를 받들어 노인을 위문하고, 옛 제왕·명신名臣·열사들을 제사한다. 이윽고 도착하면, 자사와 령은 모두 먼저 받들어 알현한다. 악嶽의 아래에 고지원단告至圓壇을 건축하는데, 사면으로 계단을 내며 호천상제와 배제配帝의 신위를 설치한다.

天子至, 執事皆齋一日. 明日, 望於嶽·鎭·海·瀆·山·川·林·澤·丘·陵·墳·衍·原·隰, 所司爲壇. 設祭官次於東壝門外道南,

---

37) 통사사인通事舍人 : 진한대 謁者의 직으로, 晉代 通事와 舍人으로 분리되기도 하였고, 中書舍人으로 칭해지기도 했다. 唐代 中書省에 소속되어 16인을 두었고, 황제의 조령과 문서의 전달을 담당하였다.

北向；設饌幔內壇東門外道北, 南向；設宮縣·登歌；爲瘞埳. 祭官·執事皆齋一日. 嶽·鎭·海·瀆·山·川·林·澤·丘·陵·墳·衍·原·隰之尊, 在壇上南陛之東, 北向. 設玉篚及洗, 設神坐壇上北方. 獻官奠玉幣及爵於嶽神, 祝史助奠鎭·海以下.

천자가 이르면 집사자는 모두 하루를 재계한다. 다음날 악嶽·진鎭·해海·독瀆·산·하천·숲·못·구릉·언덕·늪[衍]·들판[原]·진펄[隰]38) 등에 망제를 하고, 맑은 곳에 단을 만든다. 동유東壝 문밖의 도로 남쪽에 제관의 장막을 설치하고 북쪽을 향하게 한다. 내유內壝 동문밖의 도로 북쪽에 찬만饌幔[제사음식을 넣어두는 곳]을 설치하고 남쪽을 향하게 한다. 궁현宮縣·등가登歌를 진설한다. 예감瘞埳39)을 만든다. 제관과 집사자들은 모두 하루를 재계한다. 악嶽·진鎭·해海·독瀆·산·하천·숲·못·구릉·언덕·늪[衍]·들판[原]·진펄[隰]의 존엄함으로 단 위의 남쪽 계단의 동쪽에 두어 북쪽을 향하게 한다. 옥비玉篚 및 세洗를 진설하고, 신좌를 단 위의 북쪽에 설치한다. 헌관獻官40)이 악신嶽神에게 옥폐玉幣 및 작爵을 올리고, 축사祝史41)는 진鎭과 해海 이하의 신들에게 전奠을 올리는 것을 돕는다.

---

38) 다음 날 악 … 진펄 : 원문에는 嶽부터 隰까지 각기 분리되어 있지만, 문헌에 따라 丘陵, 墳衍(물가와 낮은 평지), 原隰(평원과 습지)이 하나의 단어로 붙여져 있는 것도 있다.

39) 예감瘞埳 : 제사 시에 희생제물이나 玉帛 등을 묻는 장소이다. 현재 북경 天壇에는 圜丘壇의 燔柴爐 동쪽에 녹색 유리 벽돌로 만들어진 원형건축으로 남아있다.

40) 헌관獻官 : 제사시에 玉 帛 酒 등의 제물을 관장하고 바치는 역할을 한다.

41) 축사祝史 : 일종의 제사관으로『左傳』「昭公 18年」條에 "郊人助祝史除於國北"이란 구절에서 孔穎達이 제사를 관장하는 관리로 주석하고 있다.

明日, 乃肆覲, 將作於行宮南爲壇. 三分壇間之二在南, 爲壇於
北, 廣九丈六尺, 高九尺, 四出陛. 設宮縣壇南, 御坐壇上之北, 解
劍席南陛之西. 文·武官次門外東·西, 刺史·令次文官南, 蕃客次
武官南, 列輦路壇南. 文官九品位壇東南, 武官西南, 相向. 刺史
·令位壇南三分庭一, 蕃客位於西. 又設門外位, 建牙旗於壇外,
黃麾大仗屯門, 鈒戟陳壇中. 吏部主客戶部贊群官·客使就門外位.
刺史·令贊其土之實, 錦·綺·繒·布·蔦·越皆五兩爲束, 錦以黃
帊[二],42) 常貢之物皆篚, 其屬執列令後. 文武九品先入就位. 皇
帝乘輿入北壇門, 繇北陛升壇, 卽坐, 南向. 刺史·蕃客皆入壇門,
至位, 再拜, 奠贄, 興, 執贄. 侍中降于刺史東北, 皆拜. 宣已, 又拜.
蕃客以舍人稱制如之. 戶部導貢物入刺史前, 龜首之, 金次之, 丹
·漆·絲·纊四海九州之美物, 重行陳. 執者退, 就東西文武前, 側
立. 通事舍人導刺史一人, 解劍脫鳥, 執贄升前, 北向跪奏:「官封
臣姓名等敢獻壤奠.」遂奠贄. 舍人跪擧以東授所司, 刺史劍·鳥復
位. 初, 刺史升奠贄, 在庭者以次奠於位前, 皆再拜. 戶部尚書壇間
北向跪, 請以貢物付所司, 侍中承制曰:「可.」所司受贄出東門. 中
書侍郎以州鎭表方一桉俟于西門外, 給事中以瑞桉俟于東門外,
乃就侍臣位. 初, 刺史將入, 乃各引桉分進東·西陛下. 刺史將升,
中書令·黃門侍郎降立, 旣升, 乃取表升. 尚書旣請受贄, 中書令乃
前跪讀, 黃門侍郎·給事中進跪奏瑞, 侍郎·給事中導桉退, 文武·
刺史·國客皆再拜. 北向位者出就門外位. 皇帝降北陛以入, 東·
西位者出. 設會如正·至, 刺史·蕃客入門, 皆奏樂如上公.

---

42) [교감기 2] "錦以黃帊"는 『大唐開元禮』 권62 및 『通典』 권118에서는 모
두 "飾以黃帊"로 되어 있다.

다음 날, 천자를 알현하는 예를 행하는데, 장작감이 행궁의 남쪽에 토담[壇]을 설치한다. 유간壝間의 3분의 2는 남쪽에 만들고 제단은 북쪽에 만드는데, 너비는 9장 6척, 높이는 9척으로 하고 사면에 계단을 낸다. 궁현은 제단의 남쪽에 설치한다. 황제의 자리는 제단 위의 북쪽에 두고 해검석解劍席은 남쪽 계단의 서쪽에 둔다. 문무관원의 장막은 문밖의 동서에 배치하고 자사刺史와 령令의 (임시) 장막은 문관의 남쪽에, 번객蕃客의 장막은 무관의 남쪽에 설치하고, 제단의 남쪽에 천자의 수레를 늘어놓는다. 문관 9품은 제단의 동남쪽에 위치하고, 무관은 서남쪽에 위치하여 서로 마주본다. 자사와 령은 제단의 남쪽 뜰의 3분의 1에 위치하고, 번객은 서쪽에 위치한다. 또 문밖에 자리를 설치하여, 토담밖에 아기牙旗[43]를 세우며, 황휘대장黃麾大仗은 둔문屯門에, 삽극鈒戟[창의 한 종류]은 토담 가운데 진열한다. 이부吏部의 주객主客, 호부戶部의 찬군관贊群官과 객사客使가 문밖의 자리로 나아간다. 자사와 현령은 자신의 지역에서 나는 과실을 공물로 바치는데, 금錦[비단]·기綺[비단]·증繒[비단]·포布[베]·갈葛[베]·활越[부들자리] 등은 모두 5량을 한 속[단위]으로 하여, 황색 보자기로 장식한다.[44] 상공지물은 모두 비랑篚[대광주리]에

---

43) 아기牙旗: 官署에 세우는 깃발. 張衡의 〈東京賦〉에 "창이 수풀 같고 牙旗가 어지럽다.戈矛若林 牙旗繽紛."라는 구절에서 薛綜은 '병서에서 말하기를 牙旗라는 것은 장군의 깃발이다. 옛날 천자가 출행할 때 大牙旗를 세우는데 장대 위에 象牙로 장식했기 때문에 牙旗라고 한다.'라고 주석하였다.

44) 보자기로 장식한다: 원문은 "錦以黃帊"이지만, 교감기에 따라 "飾以黃帊"로 번역하는 것이 좋을 듯하다.

담아, 그 속원들이 들고 현령의 뒤에 줄지어 선다. 문무 9품은 먼저 들어가 자리로 나아간다. 황제는 가마를 타고 북유문北壝門으로 들어가며, 북쪽 계단으로 제단에 오르고 곧 앉아 남쪽을 바라본다. 자사와 번객蕃客은 모두 유문으로 들어가 (정해진)자리에 이르면 재배하고 공물을 내려놓았다가 일어나서 공물을 든다. 시중侍中은 자사의 동북쪽으로부터 단을 내려와 모두 천자에게 절한다. 조령詔令을 선포한 후, 또 다시 천자에게 절한다. 번객蕃客은 사인舍人을 시켜 황제의 조령을 선포하는 의절을 행하는데 앞과 똑같이 한다. 호부戶部는 공물을 인도하여 자사 앞에 들일 때 거북을 가장 먼저하고, 황금은 다음으로 하여, 단丹[단사]·칠漆·사絲[실]·광纊[솜] 등 사해구주四海九州의 미물美物들을 두 줄로 진열한다. 공물을 들었던 자들은 물러나 동서에 있던 문무관료의 앞으로 나아가서 몸을 굽힌 채로 선다. 통사사인通事舍人이 자사 한 사람을 인도하면, 검을 풀어놓고 신발[舄, 신발 위에 신는 덧신]을 벗으며, 공물을 들고 단으로 올라가 황제의 앞에 나아가서 북쪽을 향해 무릎을 꿇고 아뢴다. "某官모관 봉신封臣 성명 모某가 감히 토산 제물을 바칩니다." 이어서 공물을 내려놓는다. 사인舍人이 무릎을 꿇고 공물을 들어 동쪽으로 유사에게 넘겨주며, 자사는 검을 차고 신발을 신고 다시 원래 자리로 돌아온다. 처음에 자사가 올라가 공물을 올리면, 뜰에 있는 사람들은 자리 앞에 다음 제물을 놓고 모두 재배한다. 호부상서戶部尙書가 제단 위에서 북쪽을 향해 무릎을 꿇고, 공물을 유사에게 교부하기를 청하면, 시중이 제制를 받들어 말하기를 "허락한다"라고 한다. 유사는 공물을 받아 동문을 나간다. 중서시랑中書侍郎은 주진州鎭에서 올린 표表[45] 한 궤안을 갖고 서문 밖에서 기다리고, 급사중給事中은 서안瑞桉46)을 갖고 동문 밖에서 기다리다가, 이에 시신侍臣의 자리로 나아간다. 처음에, 자사刺史가 장차 들어오려 할 때, 이에 각기 궤안을 끌어안고 동서로 나눠서 계단 아래로 나아간다. 자사가 장차 단에 오를 때 중서령中書令·황문시랑黃門侍郎은 내려와 서 있으며, 오르기를 다하면 곧 표를 취해서 올린다. 상서가 이미 공물을 받을 것을 청하고, 중서령은 앞으로 나아가서 무릎을 꿇고 (표를) 읽으며, 황문시랑과 급사중이 나아가 무릎을 꿇고 상서로운 공물을 진상하면, 시랑侍郎·급사중은 궤안을 이끌고 물러나고, 문무관료·자사·국객國客들은 모두 재배한다. 북쪽을 향해 서있는 자들은 문밖의 자리로 나아간다. 황제가 북쪽 계단을 내려가 들어가면 동서에 서있는 자들은 모두 문을 나온다. 조회를 정월 원단元旦과 동지와 같이 거행하며, 자사와 번객이 문에 들어오면, 모두 상공上公의 의례와 같이 음악을 연주한다.

-----

45) 표표 : 상소나 진정 등을 목적으로 신하가 군주에게 올리는 여러 문서 형태 중의 하나이다. 전국시기에는 통칭하여 '書'라고 하였지만, 漢代 이후章, 奏, 表, 議 등의 용어로 다양해졌다. 주로 진정을 하거나 사실을 진술하는 것을 말하기도 하지만, 특별히 구분되는 것은 아니다. 본문에 "以州鎭表方一桉"으로 되어 있지만, 「예악지」9에서는 "以諸州鎭表別爲一桉(여러 주진의 표로써 별도 하나의 궤안을 만들어)"이라는 표현으로 등장한다. '方一桉'에서 方은 표를 적은 목판을 뜻한다.

46) 서안瑞桉 : 「예악지」9에서는 "祥瑞桉"으로 되어 있다. 瑞祥이 출현한 내용을 적어넣은 상주문을 담은 궤안이다. 瑞祥은 황제의 덕정을 칭송하고 태평을 강조하기 위한 것이지만, 이에 따른 포상도 있어 지방관들에 의한 瑞祥의 조작도 심하였다. 正史에서는 『宋書』「符瑞志」및 『南齊書』「祥瑞志」 등에서 瑞祥과 靈異 현상에 대해 기록하였다.

會之明日, 考制度. 太常卿採詩陳之, 以觀風俗. 命市納賈, 以觀民之好惡. 典禮者考時定日, 同律, 禮·樂·制度·衣服正之. 山川神祇有不擧爲不恭, 宗廟有不愼爲不孝, 皆黜爵. 革制度·衣服者爲叛, 有討. 有功德於百姓者, 爵賞之.

조회의 다음 날, 제도制度를 고찰한다. 태상경太常卿이 시를 채집하고 진상하여 풍속을 살핀다. 시장에 상품을 납입하도록 명하여 민의 호오를 살핀다. 전례자典禮者는 시일을 고정考定하여, 율려律呂를 통일하고, 예·악·(각종) 제도·의복을 바로잡는다. 산천의 신기神祇들 가운데 제사하지 않는 경우가 있으면 공경하지 않은 죄로, 종묘에 신중하게 하지 않는 경우가 있으면 불효의 죄로 모두 작爵을 빼앗는다. (각종) 제도와 의복을 바꾸는 자는 반역죄로 토벌한다. 백성에 공덕이 있는 자는 작위로 상을 내린다.

皇帝視學, 設大次于學堂後, 皇太子次于大次東. 設御座堂上, 講榻北向[三].[47) 皇太子座御座東南, 西向. 文臣三品以上座太子南, 少退 ; 武臣三品以上於講榻西南 ; 執讀座於前楹, 北向. 侍講座執讀者西北·武官之前 ; 論義座於講榻前, 北向. 執如意立於侍講之東, 北向[四].[48) 三館學官座武官後. 設堂下版位, 脫履席西階下. 皇太子位於東階東南, 執經於西階西南, 文·武三品以上分位於南, 執如意者一人在執經者後, 學生位于文·武後.

---

47) [교감기 3] "講榻北向"는 『大唐開元禮』 권52 및 『通典』 권117에서는 모두 "監司設講榻於御座之西, 南向."으로 되어 있다.

48) [교감기 4] "執如意立於侍講之東北向"는 『大唐開元禮』 권52 및 『通典』 권117에 "其執如意者一人, 立於侍講之南, 東面."으로 되어 있다.

황제의 시학視學에서는 학당의 뒤에 대차大次[임시 장막]를 설치
하는데, 황태자는 대차의 동쪽에 거처를 둔다. 당상에 어좌를 설치하
고 강탑講榻[강의자의 의자]은 북향하도록 한다. 황태자의 자리는 어
좌의 동남쪽에 두고 서향하도록 한다. 문신 중 3품 이상의 자리는 태
자의 남쪽에 두고 약간 뒤로 물린다. 무신 3품 이상의 자리는 강탑의
서남쪽에 둔다. 앞 기둥에 집독자執讀者의 자리를 두고 북향하도록
한다. 시강(侍講49)의 자리는 집독자의 서북쪽으로 하고 무관의 앞쪽
에 둔다. 논의자論義者의 자리는 강탑 앞에 두고 북향하도록 한다. 집
여의執如意50)는 시강의 동쪽에 서도록 하고 북향하도록 한다. 삼관三
館51) 학관學官의 자리는 무관의 뒤에 둔다. 당아래에 판의 위치를 만

---

49) 시강侍講 : 당 개원 13년(725)에 설치된 종4품의 관원이다. 집현전에 侍講
學士와 侍讀直學士가 설치되었다. 文史에 관해 토론하고 經籍을 정리하
며 황제의 顧問에 대비한다.

50) 집여의執如意 : 如意는 동물의 뼈나
대나무, 일반 나무 혹은 옥이나 금속
등 다양한 재료로 써서 손잡이 부분을
길게 하고 끝부분은 손가락 모양이나
영지버섯처럼 만든 도구이다. 등이 가
려울 때 긁거나, 평상시 그냥 만지작거
리기도 하고 혹은 호신용이 되기도 하
였다. 학교뿐만 아니라 종교 경전 등을
강의할 때 책 위에 놓아 강의하는 부

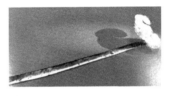

如意.
1987년 섬서성 法門寺 地宮에서 발
견된 여의. 길이 51cm(陜西省 文物
局, 上海博物館 編, 『周秦漢唐文明』,
上海書畵出版社, 2004)

분을 잊지 않도록 하는 기능도 하였다. 집여의는 이 여의를 시강에게 수여
하고, 그 후 시강은 강의를 시작하는 것으로 보인다. 釋奠禮 등에서도
이 여의가 중요한 禮器로 활용되고 있다.

51) 삼관三館 : 여기에서는 학생을 가르치는 일과 관련된 弘文館, 崇文館, 國

들고 신발을 벗는 자리[탈리석脫履席]는 서쪽 계단 아래에 둔다. 황태자는 동쪽 계단의 동남쪽에 위치하고, 집경執經은 서쪽 계단의 서남쪽에 위치하고, 문무 3품이상의 관원은 남쪽에 나눠서 서고, 집여의자한 사람은 집경자 뒤에 선다. 학생들은 문무관료 뒤에 위치한다.

대차大次	황태자차皇太子次	당후堂後
강탑講榻	어좌御座	
논의좌論義座	황태자좌皇太子座	
무관삼품이상좌武官三品以上座	문관삼품이상좌 文官三品以上座	강당
삼관학관좌三館學官座		
시강좌侍講座		
집여의자執如意者		
집독좌執讀座		
시강 집독 집여의위侍講執讀執如意位		
집경판위執經版位. 탈리석脫履席 황태자 판위		
전의판위典儀版位		계단
학생판위. 무관 삼품이상 판위	문관 삼품이상 판위. 학생판위	
찬자贊者 2인		
		학정學庭

황제 황태자 시학도視學圖

(서안 國子監에 전시된 示意圖, 沈暘,「唐長安國子監與長安城」,「建築歷史與理論」2010年 3期, 36쪽)

其日, 皇帝乘馬, 祭酒帥監官·學生迎于道左. 皇帝入次, 執經·侍講·執如意者與文武·學生皆就位堂下. 皇太子立于學堂門外,

子館을 말한다. 때로는 藏書 校書 修史를 담당하는 弘文館, 集賢館, 史館을 말하기도 한다.

西向. 侍中奏「外辨」. 皇帝升北階, 卽坐. 皇太子乃入就位, 在位皆再拜. 侍中敕皇太子·王公升, 皆再拜, 乃坐. 執讀·執經釋義. 執如意者以授侍講, 秉詣論義坐, 問所疑, 退, 以如意授執者, 還坐, 乃皆降. 若賜會, 則侍中宣制, 皇帝返次. 群官旣會, 皇帝還, 監官·學生辭於道左.

그 (시학하는) 날, 황제가 승마할 때 좌주는 감관監官과 학생들을 이끌고 도로 옆에서 영접한다. 황제가 임시 장막에 들어가면 집경執經·시강侍講·집여의자執如意者와 문무관원·학생들은 모두 당 아래 (자신들의) 자리에 나아간다. 황태자는 학당 문 밖에 서서 서쪽으로 향한다. 시중侍中은 '궁중의 경비가 갖추어졌음[外辨]'을 홀판笏版을 들고 아뢴다[版奏]. 황제가 북쪽 계단을 올라 즉시 앉는다. 이에 황태자는 들어와 자리로 나아가고, (이미) 자리에 있던 사람들은 모두 재배한다. 시중이 황태자와 왕공이 당 위에 오르라는 칙령勅令을 읽으면 모두 재배하고 이내 자리에 앉는다. 집독執讀과 집경은 경전의 의미를 해석한다. 집여의자가 여의如意를 시강에게 수여하면, 시강은 여의를 갖고 논의하는 자리에 이르러 의문나는 바를 강론한 후 물러나며 여의를 다시 집여의자에게 주고 자리로 돌아가서 당 아래로 내려간다. 만약 모인 자들에게 하사下賜하는 일이 있다면 시중은 (황제의) 제制를 선포하고 황제는 임시 장막으로 다시 돌아온다. 여러 관료들이 모인 후 황제가 (궁으로) 돌아가면 감관과 학생들은 도로 옆에서 전송한다.

皇帝孟春吉亥享先農, 遂以耕藉. 前享一日, 奉禮設御坐於壇東, 西向 ; 望瘞位於壇西南, 北向 ; 從官位於內壇東門之內道南,

執事者居後；奉禮位於樂縣東北，贊者在南．又設御耕藉位於外
壝南門之外十步所，南向；從耕三公·諸王·尚書·卿位於御坐東
南，重行西向，以其推數爲列．其三公·諸王·尚書·卿等非耕者位
於耕者之東，重行，西向北上；介公·鄶公於御位西南，東向北上．
尚舍設御耒席於三公之北少西，南向．奉禮又設司農卿之位於南，
少退；諸執耒耜者位於公卿耕者之後·非耕者之前，西向．【御耒耜
一具，三公耒耜三具，諸王·尚書·卿各三人合耒耜九具．以下耒耜，太常各令藉田
農人執之】．

　황제가 맹춘孟春의 길한 (날로 선택된) 해일亥日에 선농先農에 제
사하고 곧 경적례耕藉禮를 거행한다. 제사를 지내기 하루 전에 봉례
랑奉禮郎[52])이 제단의 동쪽에 어좌를 설치하고 서쪽으로 향하게 한
다. 제단의 서쪽에는 망예위望瘞位[53])를 설치하고 북쪽으로 향하게
한다. 시종관侍從官은 내유內壝 동문의 안쪽 도로 남쪽에 위치하고,
집사자는 뒤에 거한다. 봉례랑은[54]) 악현樂縣의 동북에 위치시키고

---

52) 봉례랑奉禮郎 : 원문은 그냥 '奉禮'로 되어 있다. 원문대로라면 '예의 규
　　정을 받들어'라고 해석할 수 있지만, 『新唐書』「禮樂志」1, 2에서는 '奉禮
　　郎'으로 되어 있어 이에 따랐다. 奉禮郎은 漢代 治禮郎이었으나 隋代
　　일시 奉禮郎으로 바뀌었고, 당대 다시 治禮郎으로 환원했지만, 貞觀 23
　　년 高宗 李治가 즉위하면서 治字를 避諱하여 奉禮郎으로 고쳐졌다. 조
　　회나 제사시 관원들의 위치에 관한 일과 跪拜 禮儀 시에 돕는 일을 담당
　　한다.
53) 망예위望瘞位 : 제사후 축문과 폐백을 묻는 자리를 잘 바라볼 수 있는 곳
　　이다. 祭祀儀節 중의 하나로 燎가 희생제물을 태우는 곳이라면, 瘞는 땅
　　에 묻는 것을 말한다.
54) 봉례랑奉禮郎 : 여기에서도 원문은 '奉禮'이다. 『新唐書』「禮樂志」1, 2에
　　근거하여 '奉禮郎'으로 고쳤다.

찬자贊者는 남쪽에 둔다. 또 외유 남문의 밖 10보 되는 곳에 어경적위御耕藉位를 설치하고 남쪽으로 향하게 한다. 또 어경적위御耕藉位는 외유 남문의 밖 10보 되는 곳에 설치하여 남쪽으로 향하게 한다. 경작 시범에 참여하는 삼공·제왕諸王·상서尙書·경卿 등은 어좌의 동남쪽에 위치하고 두 줄로 서쪽을 향하게 하여, 쟁기[犁]의 미는 횟수에 맞게 줄을 선다. 그 삼공·제왕·상서·경 중에 경작시범에 참여하지 않는 자들은 경작자의 동쪽에 위치하며 두 줄로 서서 서쪽을 향하고 북쪽을 위로 한다. 개공介公·휴공鄬公[55]은 어위의 서남쪽에 위치하고 동쪽으로 향해 북쪽을 위로 한다. 상사尙舍[56]는 삼공의 북쪽에서 약간 서쪽으로 어뢰석御耒席을 설치하여 남쪽으로 향하게 한다. 봉례랑은 또 남쪽에 사농경司農卿의 자리를 설치하는데 약간 (뒤로) 물러나게 한다. 여러 뇌사耒耜[쟁기와 보습]을 잡는 자는 공경들 중 경작시범에 참여하는 자의 뒤, 경작 시범에 참여하지 않는 자의 앞에 위치하여 서쪽을 향하게 한다.【천자의 쟁기 한 개, 삼공의 쟁기는 세 개, 제왕·상서·경卿 각 3인은 합하여 쟁기 9개이다. 이하 관원의 쟁기는 태상太常이 각기 적전 농민에게 명령하여 잡게 한다.】

---

55) 개공介公, 휴공鄬公 : 唐에 앞선 두 개의 왕조, 즉 北周와 隋의 후손에 내린 작호이다. 몰락한 북주의 황족은 개국공, 수의 황족은 휴국공으로 삼아 二王後로서 전통에 따라 우대했던 관행의 소산이다.

56) 상사尙舍 : 尙舍局을 말한다. 隋代에 이전의 門下省의 殿內局을 고쳐 설치한 관서이다. 당대는 殿中省에 두어졌다. 궁정에서의 제사의 진설, 목욕, 燈燭, 청소 등을 담당하였고, 황제의 출행시에는 장막설치 등을 담당하였다.

皇帝已享, 乃以耕根車載耒耜於御者間, 皇帝乘車自行宮降大
次. 乘黃令以耒耜授廩犧令, 橫執之, 左耜實於席, 遂守之. 皇帝將
望瘞, 謁者引三公及從耕侍耕者・司農卿與執耒耜者皆就位. 皇
帝出就耕位, 南向立. 廩犧令進耒席南, 北向, 解韜出耒, 執以興,
少退, 北向立. 司農卿進受之, 以授侍中, 奉以進. 皇帝受之, 耕三
推. 侍中前受耒耜, 反之司農卿, 卿反之廩犧令, 令復耒於韜, 執
以興, 復位. 皇帝初耕, 執耒者皆以耒耜授侍耕者. 皇帝耕止, 三公
・諸王耕五推, 尚書・卿九推. 執耒者前受之. 皇帝還, 入自南門,
出內壇東門, 入大次. 享官・從享者出, 太常卿帥其屬耕于千畝.

황제가 제사[57]를 마치면 어자御者 사이에서 경근거耕根車[58]에 쟁
기를 싣고, 황제가 행궁에서부터 수레를 타고, 임시 장막에 와서 수
레에서 내린다. 승황령乘黃令이 쟁기를 늠희령廩犧令에게 건네주면,
옆으로 잡아 보습을 왼쪽으로 가게 하여 좌석에 놓아두고 이를 지킨
다. 황제가 망예례望瘞禮를 행할 때 알자謁者는 삼공 및 종경자從耕
者, 시경자侍耕者, 사농경司農卿을 인도하여 쟁기를 잡은 자와 함께
자리로 나아간다. 황제가 장막을 나와 경작하는 자리로 가서 남쪽을
향하여 선다. 늠희령은 쟁기의 자리 남쪽으로 나아가 북쪽을 향하고,

---

57) 제사[享] : 『주례』는 天神에 제사를 지내는 것을 祀라고 하고, 地祇에 제
   사지내는 것을 祭라고 하며, 人鬼에 제사지내는 것을 享이라고 표현하여
   각기 구분하였다. 『唐六典』에는 先聖, 先師에 제사 지내는 釋奠을 추가
   하여 제사 용어를 4종류로 구분하였다.
58) 경근거耕根車 : 황제가 藉田禮를 할 때 타는 수레로 삼중의 덮개가 있기
   에 三蓋車라고 하며 혹은, 芝車라고도 불린다. 수레의 軾을 평평히 하여
   여기에 쟁기와 보습을 두고 6필의 말이 끈다. 『隋書』「禮儀志」5에 상세히
   설명되어 있다.

(쟁기에) 덮어씌운 것을 풀고 쟁기의 자루 부분을 꺼내서, 잡고 일어나 약간 물러나 북쪽을 향하여 선다. 사농경이 나아가 받아서 시중에게 넘겨주면 (시중은) 받들어 나아간다. 황제가 이를 받아 (쟁기를) 세 번 밀어 경작한다.[59] 시중이 앞으로 나아가서 쟁기를 받아 사농경에게 돌려주고, 사농경이 늠희령에게 돌려주면 다시 쟁기 자루에 덮개를 씌우고 잡고 일어나 자리로 돌아온다. 황제가 처음 경작할 때 집뢰자는 모두 쟁기를 시경자에게 준다. 황제가 경작을 마치면 삼공 제왕은 (쟁기를) 다섯 번 밀고, 상서와 경은 아홉 번 민다. 집뢰자가 앞에 나아가서 이를 받는다. 황제가 돌아가는데 남문으로 들어가 내유 동문으로 나와 대차大次로 들어간다. 향관享官과 종향자從享者가 나오고 태상경은 그 속원을 이끌고 천무千畝의 토지에서 경작한다.

皇帝還宮, 明日, 班勞酒於太極殿, 如元會, 不賀, 不爲壽. 藉田
之穀, 斂而鍾之神倉, 以擬粢盛及五齊 · 三酒, 穰藁以食牲.

황제가 환궁하면 다음 날 태극전에서 위로주慰勞酒를 내리는데, 원회元會와 같이 하지만, 축하를 받거나 장수長壽를 기원하지는 않는다. 적전에서 수확한 곡식은 모아서 신창神倉에 저장하고 제사용의 곡물[60]이나 오제주 五齊酒[61], 삼주三酒[62] 등을 만드는 데 사용하

---

59) 세 번 밀어 경작한다:『禮記』「月令」에는 "躬耕帝藉 天子三推 三公五推 卿諸侯九推"라고 하였다.

60) 제사용의 곡물[粢盛]:『春秋公羊傳』桓公 14年條의 "御廩者何 粢盛委之所藏也"라는 구절에 대해 何休는 "黍와 稷을 粢라고 하고, 그릇에 있

며 곡물의 줄기나 짚은 희생 동물을 먹이는 데 쓴다.

藉田祭先農, 唐初爲帝社, 亦曰藉田壇. 貞觀三年, 太宗將親耕,
給事中孔穎達議曰:「禮, 天子藉田南郊, 諸侯東郊. 晉武帝猶東
南, 今帝社乃東壇, 未合於古.」太宗曰:「書稱『平秩東作』, 而青
輅·黛耜, 順春氣也. 吾方位少陽, 田宜于東郊.」乃耕于東郊.

적전에서 선농을 제사한다. 당왕조 초기에는 제사帝社63)를 건립

는 것을 盛이라 한다”라고 주석하였다. 제기내에 제사에 드릴 곡물이 풍
성함을 말한다.

61) 오제주五齊酒 :『주례』에서 언급된 제사지낼 때 5종류의 서로 다른 종류
의 술을 말한다. 五齊의 명칭은 泛齊, 醴齊, 盎齊, 醍齊, 沈齊이다. 양조
발효과정의 5개의 서로 다른 단계에서 취한 술을 말하는 것이다. 三酒와
더불어 이 8酒는 五齊三酒로 총칭된다. 이 술이 제사에 사용될 때 제사의
등급과 격에 따라 사용하는 술도 달라진다. 예컨대 三獻의 禮에서 초헌은
泛齊, 아헌은 醴齊, 종헌은 盎齊 순으로 사용한다.

62) 삼주三酒 :『周禮』에 의하면, 事酒, 昔酒, 淸酒를 말한다. 鄭玄이 주석에
서 鄭司農의 말을 인용하여 “事酒는 일이 있을 때 마시는 술이고 昔酒는
일이 없어도 마시는 술이며 淸酒는 제사의 술이다.事酒, 有事以飮也, 昔
酒, 無事以飮也, 淸酒, 祭祀之酒.”라고 하였다. 즉, 事酒는 손님 등을 만
날 때 사용하는 새로 만든 술로 유사시 임시로 만든 술이므로 양조기간이
비교적 짧고 즉시 사용한다. 昔酒는 보다 긴 시간의 양조를 거친 술이고,
淸酒는 양조 기간이 아주 길어 맛이 가장 좋은 고급술이다.

63) 제사帝社 : 社는 土地神에게 제사지내는 곳이다. 社를 세우는 이유는 “사
람은 땅이 아니면 설 수가 없고, 곡식이 아니면 먹을 수가 없다. 또한 토지
는 넓고 광대하기에 두루 공경할 수가 없고 오곡은 종류가 매우 많으므로
일일이 제사지낼 수가 없다. 그러므로 흙을 쌓아 社를 세우는 것이다.”
(『後漢書』「祭祀志」)라고 설명한다.『白虎通』에 의하면 천자에게는 두

하였는데, 또 적전단藉田壇이라고도 불렀다. 정관 3년(629)에 태종이
장차 친히 경작하고자 할 때 급사중給事中 공영달孔穎達(574~648)이
의논하여 말하기를 "『예기』⁶⁴⁾에 근거하면 천자는 남교南郊에서 적
전하고, 제후는 동교東郊에서 합니다. 진晉 무제武帝도 오히려 동남
에서 하였습니다. 지금 제사帝社는 곧 동쪽단이니 고례古禮에 합치
하지 않습니다."라고 하였다. 태종이 말하기를 "『상서』에 '해의 출몰
과 운행을 분별하여 동쪽에서 경작한다[平秩東作]'⁶⁵⁾라고 했으며, 청

개의 社가 있다. 하나는 太社인데 天下報功을 위해 만든 곳이고, 다른
하나는 王社인데 京師報功을 위한 곳이다. 『예기』는 王이 뭇 백성을 위
해 세운 社를 大社라고 하고, 스스로를 위해 세운 社를 王社라고 구분한
다. 孔穎達은 王社의 소재에 대해서는 경전에 근거가 없어 혹은 大社와
같은 곳에 둔다고 하거나 大社의 서쪽에 둔다고 하였고, 藉田을 王社라
고 한다는 지적도 소개하였다. 또한 王社에 대해서는 蔡邕의 『獨斷』을
보면 "天子의 社는 王社라고 하며 달리 帝社라고도 한다"라는 표현을
찾을 수 있다. 이를 통해 帝社와 王社가 같은 것임을 알 수 있다. 역사적
으로 曹魏 明帝때 帝社를 세웠고(『後漢書』祭祀志), 後齊도 太社 帝社
太稷의 3단을 설치했다(『隋書』禮儀志 2)는 기록 등을 보면, 社稷과 별
도로 帝社를 두었음을 알 수 있다. 唐代 고종 永徽 연간 帝社는 藉田壇
을 말하게 되었고, 垂拱 이후에는 先農壇으로 바뀌었다.

64) 예[禮記] :『禮記』「祭統」에서 인용한 말이다. 『禮記』「祭義」에는 천자는
千畝, 제후는 百畝를 藉田한다고 하여 방향뿐만 아니라 畝數에서도 천자
와 제후의 차별과 존비가 있음을 역설한다.

65) 평질동작平秩東作 :『尙書』「堯典」에 등장한다. 주석에 의하면 平秩은
'辨秩(순서의 선후를 분별한다)', '便程' 등으로 해석하여 해와 달이 형성
되고 출몰하는 순서를 분별한다는 정도로 이해되고, '東作'은 作을 始로
해석하여 해가 동쪽에서 시작한다고 보기도 하고, 歲가 동쪽에서 일어나
니 비로소 경작을 한다고 하여 경작과 관련하여 해석하기도 한다. 즉 넓은

색 수레[靑輅]·검푸른 색의 쟁기[黛耜]는 봄의 기운에 순응하는 것이다. 나의 (거처하는) 방위도 소양少陽[66]이니 적전도 마땅히 동교에서 하는 것이 마땅하다."라고 하였다. 이에 동교에서 경작을 하였다.[67]

의미로 해가 正東 방향에서 떠오를 때 혹은 낮과 밤의 길이 같은 春分 등을 관찰하여 편하게 경작을 행한다는 것으로 본다. 태종이 경작과 동방의 연관성을 주장하는 한 근거이다.

66) 소양少陽 : 陰陽이 각기 다시 陰陽으로 분화되어 四象이 형성된다. 少陽은 그 중의 하나로 陽 중의 陰이다. 四象에 의해 계절과 방위를 구분할 때 少陽은 봄, 동쪽, 청룡을 의미한다. 老陽(太陽)은 주작(남쪽), 少陰은 백호(서쪽), 老陰(太陰)은 현무(북쪽)이다.

67) 이에 동교에서 경작하였다 : 藉田의 방위 문제에 있어서 적전을 南郊에서 행해야 한다는 孔穎達 등의 주장은 천자와 제후에 차별을 두는 經典의 본의를 강조함과 동시에 晉武帝가 동남쪽에서 藉田했던 西晉代의 역사적 사실에 근거한다. 이에 반하여 太宗이 동방을 주장하는 이유는 ① 본문에는 언급되지 않았지만, 『구당서』에서 기술된 대로 禮儀는 人情에 기초한 것이므로 시대에 따라 변할 수 있다는 논리, ② '平秩東作'이라는 어구가 등장하는 『尙書』의 오래된 문헌적 가치, ③ 오행설에 따라 동방의 청색 기운과 농경이 연관된다는 논리, ④ 天子가 少陽의 의미가 있는 동방의 땅에 거처한다는 사실 등이다. 다만 여기서 주목할 만한 것은 『예기』의 鄭玄注에 "東方은 少陽이고 제후의 상이다."라고 주석하고 있다는 사실이다. 공영달 역시 『예기정의』에서 "천자는 太陽으로 남방이고, 제후는 少陽으로 동방이다"라고 해석하였다. 이에 근거하면 태종의 네 번째 주장은 경전적 근거가 없는 말로 이해되는 것도 사실이다. 그러나 정현 자신이 실제 적전이 동방에서 행해졌던 후한대의 인물로 자신이 살던 현실과 경전해석 간의 괴리를 안고 있었다는 점, 태종 역시 당시 고조가 太上皇으로 존재하여 실제는 경전에서 말하는 제후의 지위와 부합한다는 점 등을 고려하면, 태종의 의도는 겸양과 효도의 의미를 포함한다고 볼

垂拱中, 武后藉田壇曰先農壇. 神龍元年, 禮部尚書祝欽明議曰
:「周頌載芟:『春藉田而祈社稷.』禮:『天子爲藉千畝, 諸侯百畝.』
則緣田爲社, 曰王社·侯社. 今曰先農, 失王社之義, 宜正名爲帝
社.」太常少卿韋叔夏·博士張齊賢等議曰:「祭法, 王者立太社, 然
後立王社, 所置之地, 則無傳也. 漢興已有官社, 未立官稷, 乃立
于官社之後, 以夏禹配官社, 以后稷配官稷. 臣瓚曰:『高紀, 立漢
社稷, 所謂太社也. 官社配以禹, 所謂王社也. 至光武乃不立官稷,
相承至今.』魏以官社爲帝社, 故摯虞謂魏氏故事立太社是也. 晉
或廢或置, 皆無處所. 或曰二社並處, 而王社居西. 崔氏·皇甫氏
皆曰王社在藉田. 按衛宏漢儀『春始東耕於藉田, 引詩先農, 則神
農也.』又五經要義曰:『壇於田, 以祀先農如社.』魏秦靜議風伯·
雨師·靈星·先農·社·稷爲國六神. 晉太始四年, 耕於東郊, 以太
牢祀先農. 周·隋舊儀及國朝先農皆祭神農于帝社, 配以后稷. 則
王社·先農不可一也. 今宜於藉田立帝社·帝稷, 配以禹·棄, 則先
農·帝社並祠, 協於周之載芟之義.」欽明又議曰:「藉田之祭本王
社. 古之祀先農, 句龍·后稷也. 烈山之子亦謂之農, 而周棄繼之,
皆祀爲稷. 共工之子曰后土, 湯勝夏, 欲遷而不可. 故二神, 社·稷
主也. 黃帝以降, 不以羲·農列常祀, 豈社·稷而祭神農乎? 社·稷
之祭, 不取神農耒耜大功, 而專於共工·烈山, 蓋以三皇洪荒之跡,
無取爲教. 彼秦靜何人, 而知社稷·先農爲二, 而藉田有二壇乎?
先農·王社, 一也, 皆后稷·句龍異名而分祭, 牲以四牢.」欽明又
言:「漢祀禹, 謬也. 今欲正王社·先農之號而未決, 乃更加二祀,

수 있다는 지적도 있다.(劉凱,「從"南耕"到"東耕":"從周舊制"與"漢家
故事"窺管」,『中國史研究』2014年 3期 참조) 이렇게 보면 공영달과 태
종의 모순을 해결하는 셈이다.

不可.」叔夏·齊賢等乃奏言:「經無先農, 禮曰『王自爲立社, 曰王
社.』先儒以爲在籍田也. 永徽中猶曰籍田, 垂拱後乃爲先農. 然則
先農與社一神, 今先農壇請改曰帝社壇, 以合古王社之義. 其祭,
準令以孟春吉亥祠后土, 以句龍氏配.」於是爲帝社壇, 又立帝稷
壇於西, 如太社·太稷, 而壇不設方色, 以異於太社.

수공垂拱(685~688) 중에 측천무후는 적전단籍田壇을 선농단先農
壇으로 불렀다. 신룡神龍 원년(705)에 예부상서禮部尙書 축흠명祝欽
明(657~728)이 의논하여 말했다.

> 『시경』「주송周頌 재삼載芟」에 "봄에 적전을 하고 사직에 제
> 사한다"라고 하였습니다. 『예기』에서도 말하기를 "천자의 적
> 전은 천무이고, 제후는 백무이다."라고 하였습니다. 그런즉 적
> 전에 연유하여 사社를 세우고 왕사王社·후사侯社라고 부릅니
> 다. 지금은 선농이라고 하여 왕사의 의미를 잃었으니 마땅히
> 이름을 바로잡아 제사帝社라고 해야 합니다.

태상소경太常少卿 위숙하韋叔夏(?~707)[68]·박사博士 장제현張齊賢
등이 의논하여 말하였다.

> 『예기禮記』「제법祭法」에 의하면 왕이 된 자는 태사太社를
> 세운 연후에 왕사를 세웁니다. 이 사를 두는 위치에 대해서는
> 전해오는 것이 없습니다. 한漢왕조가 일어났을 때 이미 관사官

---

68) 위숙하韋叔夏 : 현재 섬서성 서안 사람으로 三禮에 정통하여 명경과로 급
제했다. 고종에서 중종 때까지 활약하였고, 측천무후의 명당개혁 등에 의
견을 내어 지지를 받았으며, 저서로 『五禮要記』가 있다.

社가 있었지만, 관직官稷을 세우지는 않았기에 관사의 뒤에 세워 하우夏禹를 관사에 배향하였고, 후직后稷을 관직에 배향하여 제사하였습니다. 신찬臣瓚이 말하기를 "「고조본기」에 근거하면, 한漢에서 사직을 세운 것이 이른바 태사太社입니다. 관사에 우禹를 짝하였으니 이른바 왕사입니다. 광무제光武帝에 이르러 관직官稷을 세우지 않았고 지금까지 이어져 왔습니다."라고 하였습니다. 위魏는 관사를 제사帝社로 삼았기에 지우摯虞 (259~300)[69]가 말하기를 "위씨魏氏는 전례에 따라 태사를 세웠다고 한 것이 바로 이것이다."[70]라고 하였습니다. 진晉에 와서 혹은 폐하고 혹은 설치하였으나 모두 어떤 곳에 했는지 알지 못합니다. 혹은 말하기를 두 개의 사가 병존해있었고, 왕사가 서쪽에 있었다고 합니다. 최씨崔氏[71] · 황보씨皇甫氏[72]가 모

---

69) 지우摯虞(250~300) : 현재 섬서성 서안(京兆長安) 사람으로 西晉시기 문장가이다. 『三輔決錄』을 주석한 것이 유명하고, 『族姓昭穆』 10권, 『文章志』 4권 등의 저술이 있다고 알려져 있다.

70) 「建太社議」에서는 위씨고사에 太社와 帝社를 동시에 세운 것으로 되어 있다. 曹魏 明帝 景初 연간(237~239) 太社와 帝社 두 개의 社를 세운 사례를 말한다.

71) 최씨崔氏 : 아마도 위진대 名族으로 崔浩를 배출한 淸河崔氏이거나, 博陵崔氏를 말하는 듯하다. 구체적으로 어떤 인물인지는 아직 불확실하다.

72) 황보씨皇甫氏 : 후한에서 수당대에 이르는 士族으로 安定郡에 속해서 安定皇甫氏라고 불린다. 그 가문의 역사상 저명한 인물로는 皇甫規, 皇甫嵩, 皇甫謐, 皇甫鑄 등이 있다. 皇甫規는 후한시대 장군으로 활약했으나 문도 3백여 명을 거느릴 정도였고 『후한서』에 입전되어 있으며, 皇甫嵩은 후한의 太尉를 지냈고 詩書를 좋아했다고 하지만 이외 특별한 전기가 없으며, 皇甫謐은 위진시대 의술 방면에서 두각을 나타낸 것으로 알려진

두 말하기를 왕사는 적전에 있었다고 합니다. 위굉衛宏의 『한의漢儀』73)를 살펴보니 "봄에 적전에서 동쪽 경작을 시작한다. 『시경』에서 말하는 선농을 끌어들였으니 곧 신농神農이다."라고 하였습니다. 또 『오경요의五經要義』74)에서 말하기를 "적전에 단을 세우고 선농을 사社처럼 제사한다."라고 하였습니다. 위魏의 진정秦靜75)이 풍백風伯·우사雨師·영성靈星76)·선농先

다. 그러나 이들이 여기에서 말하는 황보씨인지는 불분명하다.

73) 위굉의 『한의漢儀』: 衛宏은 현재 산동성 鄭城 사람으로 후한 광무제 시기에 議郞을 지냈다. 『한의』는 전한 시대의 제도와 관제 예제 등에 관해 폭넓게 기록한 책으로 『漢舊儀』, 혹은 『漢官舊儀』 등으로도 불려진다.

74) 『오경요의五經要義』: 전한시대 劉向이 撰한 책으로 조기 소실되었으나, 원말명초 陶宗儀가 집일한 것이 『說郛』에 편입되었다.

75) 진정秦靜: 위진시기의 인물로 조위시기 博士를 거쳐 秘書監으로 올랐다. 작품으로 「臘用日議」, 「上瑞圖告廟議」 등의 문장이 있다.

76) 영성靈星: 『史記正義』에 의하면 龍星으로도 불리며, 28수 중 동방 7수 角宿에 속한 한 별자리이다. 용성의 左角을 天田이라고도 하기 때문에 天田星이라고 부르기도 한다. 王先謙은 『後漢書集解』에서 后稷의 代稱이라고 하였다. 따라서 주로 농사를 주관하는 신격으로 풍년을 기원하기 위해 제사 지낸다. 역사적으로 漢高祖 5년 처음으로 靈星祠를 설치하여 后稷에서 제사 지냈지만, 北齊시에는 명목만 남고 남교례와 같이 시행하다가, 隋代 開皇初에 文帝가 도성 동남쪽 7리 延興門 남쪽에 영성단을 설치하고 입추 후 辰日에 제사를 거행한 이후, 唐은 隋의 제도를 답습하여 長安과 洛陽 두 곳에서 靈星에 대한 제사를 지냈다. 『후한서』에서는 고구려의 제사를 말하면서 '零星'으로 표기하기도 했는데, 조선시기 正祖가 日官들이 零星으로 표기한 것을 갖고 질책했다는 기록이 남아있다. 이 별이 농사 제사에 중요하기는 했지만, 실제 천문관측에서는 별로 주목 받지 못했던 것으로 보인다.

農·사社·직稷이 국가의 6신이라고 논의했습니다. 서진西晉 태
시 泰始 4년(268)에 동교에서 경작하고 태뢰太牢로 선농에 제
사하였습니다. 주周·수隋의 구의舊儀 및 국조國朝의 선농先農
의례는 모두 제사帝社에서 신농神農을 제사하면서 후직后稷을
배향하여 제사했으니, 왕사王社와 선농先農을 하나로 할 수 없
습니다. 지금 마땅히 적전에서 제사帝社·제직帝稷을 세워, 우
禹와 기棄를 배향하고, 선농과 제사帝社를 아울러 제사하여
『시경』「주송·재삼」의 뜻과 조화를 이루게 해야 합니다.

축흠명이 또 논의하여 말하였다.

적전의 제사는 본래 왕사王社입니다. 옛날에 선농을 제사한
것은 구룡句龍과 후직后稷입니다. 열산씨烈山氏의 아들을 농農
이라고 부르고 주周의 기棄가 계승했으니 모두 제사하여 직稷
으로 삼은 것입니다. 공공共工의 아들을 후토后土라고 부르고
탕湯이 하夏를 (전쟁에서) 이겨 (사를) 옮기고자 하였으나 옮
길 수 없었습니다. 그러므로 이 두 신이 즉 사社와 직稷의 주인
입니다. 황제黃帝이후 복희伏義와 신농神農을 항상적인 제사
[常祀]에 넣지 않았는데, 어찌 사와 직에서 신농을 제사한단 말
입니까? 사와 직의 제사가 신농이 쟁기를 발명한 큰 공을 취하
지 않고 오로지 공공共工과 열산烈山만을 제사한 것은, 대체로
삼황三皇의 멀고 오래된 자취에서는 취해서 가르침으로 삼을
것이 없었기 때문입니다. 저 진정秦靜은 어떤 사람인데 도대체
사직과 선농이 두 개이고 적전에 두 개의 단이 있다고 알고
있습니까? 선농과 왕사는 하나이고, 모두 후직后稷, 구룡句龍

의 다른 이름으로 제사를 나눈 것으로 희생으로 4뢰를 사용합
니다.

축흠명이 또 말하기를 "한漢이 우禹를 제사하는 것은 잘못입니다.
지금 왕사와 선농의 호칭을 바로잡으려고 하여 아직 결정되지 않았
는데 이내 다시 두 개의 제사를 더하는 것은 불가합니다."라고 하였
다. 이에 위숙하와 장제현 등이 상주하여 말했다.

경전에는 선농이 없고, 『예기』에서 말하기를 '왕이 스스로
사를 세운 것을 왕사라고 한다."라고 하였습니다. 선유先儒들
이 이 왕사가 적전에 있다고 생각했습니다. 영휘永徽(650~655)
중에도 그대로 적전이라고 불렀고, 수공垂拱(685~688) 이후에
이내 선농이 되었습니다. 그런즉 선농과 사社는 하나의 신입니
다. 지금 선농단을 청컨대 제사단帝社壇으로 개명하여 옛날 왕
사王社의 뜻에 합하게 하십시오. 그 제사는 맹춘 길한 해일에
후토를 제사하고 구룡씨句龍氏를 배향하여 제사하는 령을 준
용하십시오.

이에 제사단帝社壇으로 하고, 또 서쪽에 제직단을 세워 태사와 태
직처럼 하였으나 제단에는 사방의 색을 갖추지 않아 태사太社와는
다르게 하였다.

開元十九年, 停帝稷而祀神農氏於壇上, 以后稷配. 二十三年,
親祀神農於東郊, 配以句芒, 遂躬耕盡聖止.

개원開元 19년(731)에 제직帝稷의 제사를 정지하고 단위에서 신농씨를 제사지내면서 후직을 배향하였다. 23년에 (황제가) 친히 동교에서 신농에 제사하면서 구망句芒을 배향하였고, 이어서 몸소 경작하면서 밭 한 이랑을 다 한 후에 그만두었다.

肅宗乾元二年, 詔去耒耜雕刻, 命有司改造之. 天子出通化門, 釋軷而入壇, 遂祭神農氏, 以后稷配. 晃而朱紘, 躬九推焉.

숙종肅宗 건원乾元 2년(759)에 조詔를 내려 쟁기에 조각하는 것을 금지하고[77] 유사에게 명하여 고쳐서 제작하게 하였다. 천자가 통화문通化門을 나와, 노신路神에게 제사한 후[釋軷], 제단으로 들어갔다. 이어서 신농씨를 제사하면서 후직을 배향하였다. (황제는) 면관에 붉은 인끈을 달고 몸소 아홉 번 (쟁기질을)[78] 하였다.

---

77) 조각하는 것을 금지하고 : 『舊唐書』에는 숙종이 "농기구는 농민들이 잡는 것으로 소박함에 의미가 있는 것인데, 어찌 문양이나 조각이 들어갔는가"라고 반문하면서, "사치를 숭상하는 것은 정치의 병폐가 되며, 堯舜 聖王을 본받아 검소함을 중시하는 것이 朕의 뜻이다"라는 부연 설명이 붙어 있다.

78) 아홉 번 쟁기질 : 『舊唐書』에서는 禮官이 9推를 過禮라고 지적하는 부분이 나온다. 『예기』에는 "天子는 3推, 三公은 5推, 卿諸侯는 9推한다"라고 서술되어 있기 때문이다. 이에 대해 『舊唐書』는 숙종은 "짐이 아랫사람에게 솔선하는 것이니 당연히 더하는 것이다. 千畝의 땅을 다 하지 못하는 것이 恨이 되는 구나" 하면서, 공경 제후들이 경작하는 것을 마칠 때까지 바라보았다고 기술하고 있다.

憲宗元和五年, 詔以來歲正月藉田. 太常脩撰韋公肅言:「藉田禮廢久矣, 有司無可考.」乃據禮經參采開元·乾元故事, 爲先農壇於藉田. 皇帝夾侍二人·正衣二人, 侍中一人奉耒耜, 中書令一人·禮部尚書一人侍從. 司農卿一人授耒耜於侍中, 太僕卿一人執牛, 左·右衛將軍各一人侍衛. 三公以宰相攝, 九卿以左右僕射·尚書·御史大夫攝, 三諸侯以正員一品官及嗣王攝. 推數一用古制. 禮儀使一人·太常卿一人贊禮; 三公·九卿·諸侯執牛三十人, 用六品以下官, 皆服褲褶. 御耒耜二, 幷韜皆以青. 其制度取合農用, 不雕飾, 畢日收之. 藉耒耜丈席二. 先農壇高五尺, 廣五丈, 四出陛, 其色青. 三公·九卿·諸侯耒十有五. 御耒之牛四, 其二, 副也. 幷牛衣. 每牛各一人, 絳衣介幘, 取閑農務者, 禮司以人贊導之. 執耒持耜, 以高品中官二人, 不褲褶. 皇帝詣望耕位, 通事舍人分導文·武就耕所. 太常帥其屬用庶人二十八, 以郊社令一人押之. 太常少卿一人, 率庶人趨耕所. 博士六人, 分贊耕禮. 司農少卿一人, 督視庶人終千畝. 廩犧令二人, 間一人奉耒耜授司農卿, 以五品·六品清官攝; 一人掌耒耜, 太常寺用本官. 三公·九卿·諸侯耕牛四十, 其十, 副也. 牛各一人. 庶人耕牛四十, 各二牛一人. 庶人耒耜二十具·鍤二具, 木爲刃. 主藉田縣令一人, 具朝服, 當耕時立田側, 畢乃退. 畿甸諸縣令先期集, 以常服陪耕所. 耆艾二十人, 陪於庶人耕位南. 三公從者各三人, 九卿·諸侯從者各一人, 以助耕. 皆絳服介幘, 用其本司隸. 是時雖草具其儀如此, 以水旱用兵而止.

헌종憲宗 원화元和 5년(810)에, 내년 정월에 적전례를 행할 것이라는 조를 내렸다. 태상박사太常博士 겸 수찬修撰 위공숙韋公肅이 말하였다. "적전례는 폐지된지 오래되었습니다. 유사들이 고찰할 만한 것이 없습니다."라고 하였다. 이에 예경禮經에 근거하고 개원開元과 건원乾元 연간의 고사故事를 채집 참고하여 적전에 선농단을 만들었다. 황제는 시侍 2인·정의正衣 2인을 데리고 가고, 시중侍中 한 사람은 쟁기를 받들고, 중서령中書令 한 사람·예부상서 한 사람이 시종하며, 사농경司農卿 한 사람이 쟁기를 시중에게 건네주면, 태복경太僕卿 한 사람은 소를 잡고, 좌우 위장군衛將軍 각각 한 사람이 호위한다. 삼공은 재상을 대표하고, 좌우복야左右僕射·상서尙書·어사대부御史大夫로 구경九卿을 대표하며, 정원일품관正員一品官 및 사왕嗣王으로 삼제후三諸侯를 대표한다. (쟁기를) 미는 인원수는 전부 옛 제도에 따른다. 예의사禮儀使 한 사람·태상경太常卿 한 사람이 찬례贊禮를 하고, 삼공·구경·제후를 위해 서른 명이 소를 끄는데, 6품이하 관원을 쓰고 모두 고습褲褶79)을 착용하게 한다. 황제의 쟁기 2개는 모두 청색의 덮개로 감싼다. 그 규격은 농사용에 적합하게 하고 조각이나 장식을 하지 않으며 하루 일을 마치면 수거한다. 쟁기를 놓아두는 1장 정도되는 자리는 2개를 만든다. 선농단의 높이는 5척이고 너비는 5장으로 하고 사면으로 계단을 내며 그 색은 청색으로 한다. 삼공·구경·제후의 쟁기는 15개이다. 황제의 쟁기를 끄는 소는 4두이며 그중 2두는 예비용이다. 아울러 모두 덕석[牛衣]을 입힌다. 매 소 한 마리 당 각 한 사람이 붙어 진홍색[絳]의 옷에 개책관介幘冠을 쓰고, 농사일에 익숙한 사람을 취한다. 예사禮司가 사람을 보내 이들을 인도한다. 쟁기를 드는 사람은 고품중관高品中官 두

---

79) 고습褲褶 : 웃옷은 딛 옷이며, 하의는 바지로 되어 말을 탈 때 입던 옷이지만, 남북조 이후에는 점차 성행하여 평상복이 되기도 하였다.

사람을 쓰며 고습을 입지 않는다. 황제가 망경위望耕位에 도착하면, 통사사인이 문무관원을 경작지로 나눠서 인도한다. 태상은 속관을 거느리고 서인 28인을 쓰는데, 교사령郊社令 한 사람이 감독하게 한다. 태상소경太常少卿 한 사람은 서인을 이끌고 경작지로 달려 나아간다. 박사 6인은 나눠서 경작례를 돕는다. 사농소경司農少卿 한 사람은 서인이 천무의 경작을 마칠 때까지 감독한다. 늠희령廩犠令 두 사람 중 한 사람은 쟁기를 받들고 사농경에게 건네주는데 5품과 6품의 청요관清要官으로 대신하게 한다. (다른) 한 사람이 쟁기를 잡는데, 태상시太常寺는 본 관청의 관원을 활용한다. 삼공·구경·제후들의 경작 소는 40두이고, 그 중 10두는 예비용이다. 소 한 두를 각한 사람이 맡는다. 서인의 경작 소도 40두이고 각 두 두를 한 사람이 맡는다. 서인의 쟁기 20개와·삽 2개는 나무로 날을 만든다. 적전을 관리하는 현령 한 사람은 조복朝服을 갖추고, 경작을 할 때 밭의 옆에 서있다가 마치면 물러난다. 기복畿服 전복甸服 지역의 여러 현령은 앞서 때에 맞춰 모여 평상복으로 경작지에서 배시陪侍한다. 노인[耆艾] 20인은 서인이 경작하는 남쪽에 배시한다. 삼공의 종자從者 각 3인과 구경·제후의 종자 각 한 사람은 경작하는 것을 돕는다. 모두 진홍의 옷에 개책관을 쓰며 본 관청의 서리를 쓴다. 이 때 이처럼 적전의례를 완비하는 초안을 만들었으나 홍수나 가뭄 및 전쟁 등의 일로 그만두었다.

皇帝謁陵, 行宮距陵十里, 設坐於齋室, 設小次於陵所道西南. 大次於寢西南. 侍臣次於大次西南, 陪位者次又於西南, 皆東向. 文官於北, 武官於南, 朝集使又於其南, 皆相地之宜.

황제의 알릉謁陵에서 행궁은 능에서 10리 떨어진 곳에 두며 제실
齋室에 어좌御座를 설치하고, 능이 있는 곳의 도로 서남쪽에 소차小
次를 설치한다. 대차는 침궁 서남쪽에 둔다. 시신侍臣들의 장막[次]
은 대차의 서남쪽에 두고, 배위자陪位者의 장막은 또 서남쪽에 두어
모두 동쪽으로 향하게 한다. 문관은 북쪽에, 무관은 남쪽에, 조집사
朝集使는 또 무관의 남쪽에 있는데, 모두 지세의 마땅함을 보고 정
한다.

前行二日, 遣太尉告於廟. 皇帝至行宮, 卽齋室. 陵令以玉冊進
署. 設御位於陵東南隅, 西向, 有岡麓之閡, 則隨地之宜. 又設位於
寢宮之殿東陛之東南, 西向. 尊坫陳于堂戶東南. 百官·行從·宗
室·客使位神道左右, 寢宮則分方序立大次前.

출행 2일 전에 태위太尉를 보내 종묘宗廟에 고한다. 황제가 행궁
에 이르면 즉 재실齋室에 들어간다. 능령陵令이 옥책玉冊을 서명하
도록 (황제에게) 올린다. 능의 동남쪽 모퉁이에 어위를 설치하여 서
쪽으로 향하게 하고, 산등성이나 기슭의 막힘이 있으면 땅의 형세에
따라 한다. 또한 침궁의 정전正殿 동쪽 계단의 동남쪽에 어위를 설
치하고 서쪽으로 향하게 한다. 술동이 받침대[尊坫]는 당문堂門의 동
남쪽에 진열한다. 백관百官·행종行從·종실宗室·객사客使는 신도神
道의 좌우에 위치하고, 침궁은 각 방위의 순서를 분별하여 대차의
앞에 세운다.

其日, 未明五刻, 陳黃麾大仗於陵寢. 三刻, 行事官及宗室親五
等·諸親三等以上幷客使之當陪者就位. 皇帝素服乘馬, 華蓋·繖
·扇, 侍臣騎從, 詣小次. 步出次, 至位, 再拜, 又再拜. 在位皆再拜,

又再拜. 少選, 太常卿請辭, 皇帝再拜, 又再拜. 奉禮曰:「奉辭.」
在位者再拜. 皇帝還小次, 乘馬詣大次, 仗衛列立以俟行. 百官·
宗室·諸親·客使序立次前. 皇帝步至寢宮南門, 仗衛止. 乃入, 縣
東序進殿陛東南位, 再拜; 升自東階, 北向, 再拜, 又再拜. 入省服
玩, 扶拭帳簀, 進太牢之饌, 加珍羞. 皇帝出尊所, 酌酒, 入, 三奠
爵, 北向立. 太祝二人持玉冊于戶外, 東向跪讀. 皇帝再拜, 又再
拜, 乃出戶, 當前北向立. 太常卿請辭, 皇帝再拜, 出東門, 還大次,
宿行宮.

　　그 날 날이 밝기 5각刻 전에, 능침에 황휘대장을 펼친다. 3각 전에
행사관 및 종실 인척 5등80) 및 제친諸親 3등81) 이상과 아울러 객사
客使의 당배자當陪者들은 자리로 나아간다. 황제는 소복素服을 입고
말을 타는데, 화개華蓋[의장儀仗의 일종]·산纖[일산]·선扇[부채]이
따르고, 시신侍臣은 말 옆에서 시종하여 소차小次에 이른다. 보행으

---

80) 종실친 5등 : 당대 들어와 위진 이후의 강렬한 종족의식의 타파와 황실의
　　권력을 유지하기 위해 종실등급제를 시행하고 종실친인척의 권한을 크게
　　축소시켰다. 종실친제도는 황제, 황후, 황태후, 태황태후와의 혈연관계의
　　원근에 따라 5등급으로 나눈다. 1등은 황제의 親, 황후의 부모, 2등은 황
　　제의 大功親, 황후의 親, 3등은 황제의 小功親, 황후의 大功親, 4등은
　　황제의 緦麻親, 황후의 小功親, 5등은 황제의 袒免親, 황후의 緦麻親
　　등이다.

81) 제친 3등 : 1등친은 혈연관계로 형성된 親[血親]으로는 부모와 자녀, 혼인
　　관계로 형성된 親[姻親]은 장인 장모, 며느리와 사위를 말하며, 2등친은
　　血親으로는 조부모 외조부모 형제자매 손자녀 외손자녀이고, 姻親으로는
　　동생의 배우자, 형수, 매부, 자부 등이다. 3등친은 증조부모, 외증조부모,
　　백부, 숙부, 고모, 이모 등이며 인친으로는 사위의 어머니, 숙모, 고모부,
　　이모부 등이다.

로 장막을 나서서 자리에 도달하면 재배하고 또 재배한다. 재위자 모두 재배하고 또 재배한다. 잠시 후 태상경이 고사告辭를 청하면, 황제는 재배하고 또 재배한다. 봉례랑[82]이 말하기를 "명을 받들어 고사합니다"라고 하였다. 재위자는 재배한다. 황제가 소차小次로 돌아오면, 말을 타고 대차에 이르고, 의장과 시위侍衛는 열지어 서서 출발을 기다린다. 백관百官·종실宗室·제친諸親·객사客使들은 장막 앞에서 순서대로 서있는다. 황제가 보행으로 침궁의 남문에 이르면 의장과 시위는 그친다. 이에 (황제는) 들어가고 동쪽으로부터 순서대로 나아가 침궁의 정전 계단 동남쪽에 위치하여 재배한다. 동쪽 계단으로부터 전에 올라 북쪽으로 향하고 재배하고 또 재배한다. 전에 들어가서는 복식의 장식등을 살피고, 장막의 삽평상[簀]을 닦아 깨끗이 한 후, 태뢰太牢의 제사음식[饌]을 진헌하고 진귀한 음식을 추가한다. 황제가 술동이를 진설한 곳으로 나와서, 술잔에 술을 따라 들어가 세 차례 작爵을 올리고 북쪽을 향하여 선다. 태축太祝 두 사람은 문밖에서 옥책玉冊을 갖고 동쪽을 향해 무릎을 꿇고 축문을 읽는다. 황제는 재배하고 또 재배한다. 이에 문을 나와서 문 앞의 정면에서 북쪽을 향해 선다. 태상경太常卿이 고사告辭를 청하면, 황제는 재배하고 동문을 나와 대차로 돌아간다. 행궁에서 (하루 밤을) 묵는다.

若太子·諸王·公主陪葬柏城者, 皆祭寢殿東廡;功臣陪葬者, 祭東序. 爲位奠饌, 以有司行事.

---

82) 봉례랑奉禮郎 : 원문은 奉禮이다. 앞선 先農禮에서처럼 관직 봉례랑으로 고쳤다.

만약 태자·제왕諸王·공주로 백성柏城[83]에 배장陪葬한 자는 모두 침전의 동무東廡[84]에서 제사지낸다. 공신배장자는 동서東序[85]에서 제사지낸다. 술동이와 제사음식을 진설할 자리를 만드는 일은 유사가 행사하도록 한다.

　或皇后從謁, 則設大次寢宮東, 先朝妃嬪次於大次南, 大長公主·諸親命婦之次又於其南, 皆東向. 以行帷具障謁所, 內謁者設皇后位於寢宮東, 大次前, 少東. 先朝妃嬪位西南, 各於次東, 司贊位妃嬪東北, 皆東向. 皇帝旣發行宮, 皇后乘四望車之大次, 改服假髻, 白練單衣. 內典引導妃嬪以下就位. 皇后再拜, 陪者皆拜. 少選, 遂辭, 又拜, 陪者皆拜. 皇后還寢東大次, 陪者退. 皇后鈿釵禮衣, 乘輿詣寢宮, 先朝妃嬪·大長公主以下從. 至北門, 降輿, 入大次, 詣寢殿前西階之西, 妃嬪·公主位於西[五],[86] 司贊位妃嬪東北, 皆東向. 皇后再拜, 在位者皆拜. 皇后繇西階入室, 詣先帝前再

---

83) 백성柏城 : 帝陵을 가리킨다. 고대 황제나 황후의 陵寢 주위에 담을 쌓고 측백나무를 심었기에 柏城이라는 칭호가 생겨났다. 『資治通鑑』 唐德宗 建中 4年條에 등장하는 "乾陵北過 附柏城而行"이라는 구절에 대해 胡三省이 "산릉에 측백나무를 심어 줄을 이루어 능침을 막아서니 백성이라고 불렸다.山陵樹柏成行 以遮迤陵寢 故謂之柏城."라고 주석한 것이 근거이다.

84) 동무東廡 : 원래의 뜻은 '본채의 동쪽에 있는 사랑방' 정도로 이해된다. 침궁의 동쪽에 있는 측실로 해석할 수 있겠다.

85) 동서東序 : 침궁의 堂에는 당의 중앙 正堂과 동쪽의 東堂과 서쪽의 西堂을 각각 가로막는 벽이 있는데, 그중 동쪽 벽을 말한다. 唐代 능의 寢宮 구조에 대해서는 다음 그림을 참조하라.

拜, 復詣先后前再拜, 進省先后服玩, 退西廂東向立, 進食. 皇帝
出, 乃降西階位. 辭, 再拜, 妃嬪皆拜. 詣大次更衣, 皇帝過, 乃出
寢宮北門, 乘車還.

혹 황후가 따라와 알릉할 때는 대차를 침궁의 동쪽에 설치하고
앞선 황제의 비妃나 빈嬪의 장막은 대차의 남쪽에 설치하며, 또 대
장공주大長公主·제친명부諸親命婦의 장막은 그 남쪽에 설치하고 모
두 동쪽을 향하게 한다. 장막으로 알릉의 장소를 막으면, 내알자內謁
者는 침궁 동쪽에 황후의 자리를 설치하고 대차의 앞에서 약간 동쪽

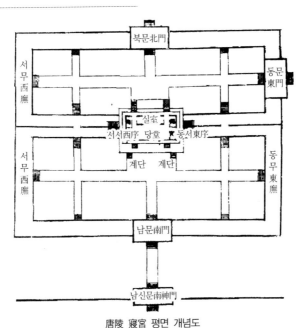

唐陵 寢宮 평면 개념도
(周明, 「陝西關中唐十八陵陵寢建築形制初探」 참조)

86) [교감기 5] "妃嬪公主位於西"는 『大唐開元禮』 권45, 및 『通典』 권116에
는 모두 "其妃嬪·公主等陪從, 立於皇后之南"으로 되어 있다.

으로 위치시킨다. 앞선 황제의 비빈의 자리는 서남쪽에 두어 각기 장막의 동쪽에 두고 사찬司贊은 비빈의 동북쪽에 위치하여 모두 동쪽으로 향하게 한다. 황제가 이미 행궁을 떠나면, 황후는 사망거四望車를 타고 대차로 가며, 가짜로 만든 묶은 머리로 바꾸어 쓰고, 흰색의 홑 연의練衣를 입는다. 내전內典이 비빈 이하를 인도하여 자리로 나아간다. 황후는 재배하고, 배자陪者들도 모두 절한다. 잠시 후, 드디어 고사告辭하면, 또 절하고, 배자들도 모두 절한다. 황후가 침전 동쪽 대차로 돌아오면, 배자들은 물러난다. 황후가 전채예의鈿釵禮衣[87]를 입고, 가마를 타고 침궁에 이르면 앞선 황제의 비빈·대장공주大長公主 이하가 따른다. 북문에 이르러, 가마에서 내려 대차에 들어가고 침전 앞의 서쪽 계단의 서쪽에 이르면, 비빈·공주는 서쪽에 자리잡는다. 사찬司贊은 비빈의 동북쪽에 위치하고 모두 동쪽으로 향한다. 황후는 재배하고 재위자들은 모두 절한다. 황후가 서쪽 계단을 따라 입실하여, 선제先帝 앞에 이르면 재배하고, 다시 선후先后 앞에서 재배하며, 나아가 선황후 복식의 장식구 등을 살피고 서상西廂으로 물러나 동쪽을 향하여 선다. 제사음식을 바친다. 황제가 나와 서쪽 계단을 내려와 선다. 고사告辭를 하고 재배하면, 비빈은 모두 절한다. 대차에 이르러 다시 옷을 갈아입고, 황제가 지나가면 침궁 북문을 나와 가마를 타고 돌아온다.

---

87) 전채예의鈿釵禮衣 : 당대 命婦 禮服의 하나로 황금과 비취로 장식한 비녀를 포함한 복장이다. 鈿釵의 숫자는 명확히 신분을 표시하는 기능을 한다. 1品은 9개의 비녀, 2品은 8개, 3品은 7개, 4品은 6개, 5品은 5개를 한다. 外命婦에서 이 의복은 주로 향연에서 빈객을 맞이할 때 입는다. 「武德令」에는 전채의 외에도 褘衣, 鞠衣 등이 언급되고 있다.

天子不躬謁, 則以太常卿行陵. 所司撰日, 車府令具輻車一馬清道, 青衣·團扇·曲蓋繖, 列俟于太常寺門. 設次陵南百步道東, 西向. 右校令具薙器以備汎掃. 太常卿公服乘車, 奉禮郎以下從. 至次, 設卿位兆門外之左, 陵官位卿東南, 執事又於其南, 皆西向. 奉禮郎位陵官之西, 贊引二人居南. 太常卿以下再拜, 在位皆拜. 謁者導卿, 贊引導衆官入, 奉行·復位皆拜. 出, 乘車之它陵. 有芟治, 則命之.

천자는 몸소 알릉謁陵하지 않으면 태상경太常卿으로 하여금 알릉 제사를 대행하도록 한다. 유사가 날짜를 선택하고, 거부령車府令[88] 은 한 마리 말이 끄는 초거輻車로 길을 청소하고淸道, 푸른 옷·단선 團扇[둥근 부채]·곡개曲蓋·산繖[89]을 갖추어 태상시太常寺 문에서 열을 지어 기다린다. 능의 남쪽 백보가 되는 곳의 도로 동쪽에 장막을 설치하고 서쪽으로 향하게 한다. 우교령右校令이 풀을 베는 도구를 갖춰 물을 뿌리고 비로 쓰는 등 청소할 준비를 한다. 태상경은 공복公服을 입고 수레를 타며, 봉례랑奉禮郎 이하가 따른다. 장막에 이르러 경卿의 자리를 조문兆門 밖의 왼쪽에 설치하고, 능관陵官은 경의 동남쪽에 위치하며, 집사자는 또한 그 남쪽에 위치하여 모두 서쪽으로 향한다. 봉례랑은 능관의 서쪽에 위치하며, 찬인贊引 두 사람은 남쪽에 위치한다. 태상경 이하가 재배하면 재위자들도 모두 절한다. 알자가 경卿을 인도하고 찬인贊引은 뭇 관원을 인도하여 들어

---

88) 거부령車府令 : 太僕에 소속되어 있는 군사직관의 명칭이다. 황제의 전용 수레를 담당하며 丞 1인이 보조한다.

89) 곡개曲蓋·산繖 : 曲蓋는 수레 위에 햇빛을 가리는 용도로 쓰는 의장용의 굽은 자루로 된 덮개이며, 繖 역시 日傘의 역할을 하는 양산의 일종이다.

가며, 명을 받들어 예를 행하고 다시 원래의 자리로 돌아와 모두 절한다. 나와서 수레를 타고 다른 능으로 간다. 벌초할 일이 있으면 즉시 명령한다.

凡國陵之制, 皇祖以上至太祖陵, 皆朔·望上食, 元日·冬至·寒食·伏·臘·社各一祭. 皇考陵, 朔·望及節祭, 而日進食. 又薦新於諸陵, 其物五十有六品. 始將進御, 所司必先以送太常與尚食, 滋味薦之, 如宗廟.

무릇 국릉國陵[90]의 제도는 황조皇祖[91]이상에서부터 태조릉太祖

---

90) 국릉國陵 : 당은 건국 이후 21명의 황제가 있었으나, 則天武后가 高宗과 함께 乾陵에 안장되었기 때문에 총 20基의 능이 있다. 당황제릉 연구에서 大明宮의 중심 축선과 大雁塔, 太祖의 永康陵이 일직선상에 있으면서 후대의 陵들이 昭穆으로 좌우대칭 布局을 이루고 있다는 분석이 있고, 이러한 방면의 연구가 활발히 진행되고 있다. 太祖 永康陵을 기준으로 하면 世祖 興寧陵을 포함하여 고조의 헌릉이 한 조합이 된다고 본다.(于志飛, 王紫微, 「從"昭穆"到長安 : 空間設計視覺下的唐陵布局秩序」, 『形象史學』 2017年 1期 참조) 각 황릉의 명칭은 아래와 같다.

1. 高祖 憲陵	2. 太宗 昭陵	3. 高宗 乾陵	4. 中宗 定陵	5. 睿宗 橋陵
6. 玄宗 泰陵	7. 肅宗 建陵	8. 代宗 元陵	9. 德宗 崇陵	10. 順宗 豐陵
11. 憲宗 景陵	12. 穆宗 光陵	13. 敬宗 莊陵	14.文宗 章陵	15. 武宗 端陵
16. 宣宗 正陵	17. 懿宗 簡陵	18. 僖宗 靖陵	19. 昭宗 和陵	20. 哀帝 溫陵

91) 황조皇祖 : 일반적으로는 帝王의 조상을 가리킨다. 唐은 高祖 李淵이 건국한 후 武德 元年(618)에 이전의 조상들에게 추증하여 시호를 내렸다. 고조의 고조부(皇高祖)는 宣簡公, 증조부(皇曾祖)는 懿王, 조부(皇祖)는 景皇帝로 묘호는 太祖로 하였고, 부(皇考)는 元皇帝 묘호는 世祖로 하였다. 여기에서 皇祖는 고조의 조부인 皇祖 景皇帝를 말한다. 景皇帝

陵92)에 이르기까지는 모두 초하루와 보름에 상식上食을 하고, 원일
元日 · 동지冬至 · 한식寒食 · 복일伏日 · 납일臘日 · 사일社日93)에 각 한
번씩 제사를 드린다. 황고릉皇考陵94)은 초하루와 보름 및 절기에 제

李虎(?~551)는 北魏, 西魏에 걸쳐 名將으로 활약했으며 벼슬이 太尉에
까지 올랐다. '황조 이상에서부터'는 당 고조의 고조부 宣簡公부터라는
뜻이다.

92) 태조릉太祖陵 : 皇祖 景皇帝의 능으로 永康陵으로 불린다. 이 능은 섬서
성 咸陽市에서 동북쪽으로 55km에 소재한다. 이 능의 높이는 7m, 둘레의
길이는 430m 정도가 되고, 唐代의 풍격이 있는 石獅子, 石天鹿, 石人
등의 석조물이 세워져 있다.

93) 사일社日 : 社는 두 가지 의미가 있다. 하나는 土地神 자체를 말하는 것이
고, 다른 하나는 토지신을 제사 지내는 장소를 말하기도 한다. 제사 주체
에 따라 太社, 國社, 侯社, 里社 등이 있고, 이 중 里社는 民社가 된다.
社日은 토지신을 제사 지내는 날짜이다. 일반적으로는 周代에는 甲日이
선택되었지만 왕조마다 다소 차이가 있고, 당대이후에는 立春과 立秋 후
5번째 戊日로 고정되었다. 아마도 오행사상이 유행하면서 오행 배당상
천간 戊는 土에 해당되므로 戊日이 선택된 것으로 추정된다. 이 社日의
활동은 봄에는 생산을 기원하고 가을에는 수확에 감사하는 제사와 축제
가 음주와 향연과 함께 행해지지만, 돼지나 닭싸움 등의 경기나 오락 등이
광범위하게 행해졌다. 唐代 들어와서 社祭가 황제의 詔나 『大唐開元禮』
등에 포함되고 관청도 휴일이 되면서 제도적으로 보증되어 크게 활성화
되었고, 社日을 묘사한 王駕(혹은 張演)의 〈社日村居〉및 白居易의 〈春
社〉등의 많은 문학작품을 통해 사일활동이 얼마나 흥성했었는지를 추정
할 수 있다.

94) 황고릉皇考陵 : 당고조 李淵의 아버지인 唐世祖 李昞의 陵墓이다. 興寧
陵으로 불린다. 이 능은 섬서성 咸陽市 渭城區에 소재한다. 남쪽으로 渭
水를 사이에 두고 唐 長安城과 서로 마주보는 위치이다. 北周 天和 7년
(572)에 조성되었다. 바닥은 직경 15m이고, 현재 남아있는 높이는 5m 내

사를 지내고, 매일 식사를 올린다. 또한 여러 능에 풍성한 제사를 드리는데, 그 헌물獻物은 56개의 종류였다. 처음 진헌을 드릴 때 유사는 반드시 먼저 태상太常과 상식尚食95)에 보내서 맛있는 음식을 제사에 올리는데, 종묘 제사 의례와 같게 한다.

貞觀十三年, 太宗謁獻陵, 帝至小次, 降輿, 納履, 入闕門, 西向再拜, 慟哭俯伏殆不能興. 禮畢, 改服入寢宮, 執饌以薦. 閱高祖及太穆后服御, 悲感左右. 步出司馬北門, 泥行二百步.

정관 13년(639)에 태종은 (고조의) 헌릉獻陵96)에 가서 제사하였다. 황제는 소차에 이르러 가마에서 내려 신발[履]을 신고 궐문闕門으로 들어가 서향하고 재배하였다. 땅에 엎드려 통곡하기를 거의 일어날 수 없을 정도로 했다. 예를 마친 후, 옷을 갈아입고 침궁에 들어가니 제사음식을 가져다 올렸다. 고조高祖 및 태목황후太穆皇后복식의 장신구들을 살피니 비통한 모습이 좌우사람들을 감동시켰다.

외이다. 능묘 남쪽으로 神道가 설치되었고 神道 양옆으로 석조물이 배열되어 있다.

95) 상식尚食 : 황제의 일상 음식을 담당하는 관직으로 秦代부터 있었다. 당대에는 展中省 소속으로 正5品의 높은 관직이었다.

96) 헌릉獻陵 : 당 고조 李淵과 太穆皇后 竇氏의 능묘로 섬서성 三原縣에 소재한다. 정관 9년(635) 5월에 李淵이 죽자, 그 해 10월에 이곳에 장례 지냈다. 후한 광무제의 原陵을 모방했다고 알려지며, 내외성의 이중성 형태이다. 내성 4문 앞에 石虎 한 쌍씩을 세웠고, 남문 앞에 웅대한 華表(장식용 기둥)와 돌코뿔소가 서 있고, 북쪽에 앉아서 남쪽을 바라보는 형국으로 조성되어 있다. 능의 높이는 31m, 동서는 139m, 남북은 110m의 규모로 되어 있다.

걸어서 사마북문司馬北門을 나와, 맨흙 땅을 2백 보 걸었다.

永徽二年, 有司言:「先帝時, 獻陵旣三年, 惟朔‧望‧冬至‧夏
伏‧臘‧淸明‧社上食, 今昭陵喪期畢, 請上食如獻陵.」 從之. 六年
正月朔, 高宗謁昭陵, 行哭就位, 再拜擗踊畢, 易服謁寢宮. 入寢
哭踊, 進東階, 西向拜號, 久, 乃薦太牢之饌, 加珍羞, 拜哭奠饌.
閱服御而後辭, 行哭出寢北門, 御小輦還.

영휘永徽 2년(651)에, 유사가 말했다. "선제가 있을 때에 헌릉獻陵
은 이미 3년이 되었습니다. 따라서 오직 초하루‧보름‧동지‧여름의
복일伏日‧납일臘日‧청명淸明‧사일社日에만 상식上食합니다. 지금
(태종의) 소릉昭陵은 상기를 마쳤으니 청컨대 헌릉처럼 상식하도록
하십시오." (황제가) 이에 따랐다. 영휘 6년(655) 정월 초하루에, 고
종이 소릉에 제사하고 곡을 한 후 자리로 나아갔다. 재배하고 벽용
擗97)을 마친 후, 옷을 바꿔입고 침궁에 제사했다. 침궁에 들어가 또
대성통곡한 후, 동쪽 계단으로 나아가 서쪽으로 향하여 제사한 후
큰 소리로 울었다. 오랜 후, 태뢰의 음식을 올리며, 진귀한 음식을
더하고, 곡을 하면서 음식을 올렸다. 복식의 장신구들을 살펴본 후
고사告辭하고, 울면서 침궁 북문을 나와, 소련小輦98)을 타고서 돌아
왔다.

----

97) 벽용擗踊: 부모의 상을 당하여 매우 슬피 울며 가슴을 두드리며 몸부림
을 치는 형상이다. 『孝經』에는 "벽용하고 곡읍하여 슬픔으로 보낸다.擗踊
哭泣 哀以送之."라는 표현이 있다.

98) 소련小輦: 인력으로 끄는 일종의 가마인데, 漢代 이후 帝王의 전용 가마
로 되었다.

顯慶五年, 詔歲春·秋季一巡, 宜以三公行陵, 太常少卿貳之,
太常給鹵簿, 仍著於令. 始, 貞觀禮歲以春·秋仲月巡陵, 至武后
時, 乃以四季月·生日·忌日遣使詣陵起居. 景龍二年, 右臺侍御
史唐紹上書曰:「禮不祭墓, 唐家之制, 春·秋仲月以使具鹵簿衣
冠巡陵. 天授之後, 乃有起居, 遂爲故事. 夫起居者, 參候動止, 事
生之道, 非陵寢法. 請停四季及生日·忌日·節日起居, 準式二時
巡陵.」手敕曰:「乾陵歲冬至·寒食以外使, 二忌以內使朝奉. 它
陵如紹奏.」至是又獻·昭·乾陵皆日祭. 太常博士彭景直上疏曰:
「禮無日祭陵, 惟宗廟月有祭. 故王設廟·祧·壇·墠爲親疏多少
之數, 立七廟·一壇·一墠. 曰考廟·曰王考廟·曰皇考廟·曰顯考
廟, 皆月祭之. 遠廟爲祧, 享嘗乃止. 去祧爲壇, 去壇爲墠, 有禱焉
祭之, 無禱乃止. 又譙周祭志:『天子始祖·高祖·曾祖·祖·考之
廟, 皆月朔加薦, 以象平生朔食, 謂之月祭, 二祧之廟無月祭.』則
古皆無日祭者. 今諸陵朔·望食, 則近於古之殷事; 諸節日食, 近
於古之薦新. 鄭注禮記:『殷事, 月朔·半薦新之奠也.』又:『旣大
祥卽四時焉.』此其祭皆在廟, 近代始以朔·望諸節祭陵寢, 唯四
時及臘五享廟. 考經據禮, 固無日祭於陵. 唯漢七廟議, 京師自高
祖下至宣帝, 與太上皇·悼皇考陵旁立廟, 園各有寢·便殿, 故日
祭於寢, 月祭於便殿. 元帝時, 貢禹以禮節煩數, 願罷郡國廟. 丞相
韋玄成等又議七廟外, 寢園皆無復. 議者亦以祭不欲數, 宜復古四
時祭於廟. 後劉歆引春秋傳『日祭, 月祀, 時享, 歲貢. 祖禰則日祭,
曾高則月祀, 二祧則時享, 壇·墠則歲貢』. 後漢陵寢之祭無傳焉,
魏·晉以降, 皆不祭墓. 國家諸陵日祭請停如禮.」疏奏, 天子以語
侍臣曰:「禮官言諸陵不當日進食. 夫禮以人情沿革, 何專古爲? 乾
陵宜朝晡進奠如故. 昭·獻二陵日一進, 或所司苦於費, 可減朕常
膳爲之.」

현경顯慶 5년(660)에, 조를 내려 매년 봄과 가을에 한 번씩 (능을) 순시하는데 삼공이 제사를 대행하고 태상소경太常少卿이 부관이 되며, 태상太常은 노부鹵簿 등의 (의장)을 제공하는 것이 마땅하다고 하고, 이에 영令에 저록하였다. 처음에 「정관례貞觀禮」에서는 매년 봄과 가을의 가운데 달에 능을 순시하도록 하였는데, 측천무후 때에 이르러, 매 계절의 마지막 달·생일生日·기일忌日에 관리를 보내 기거起居하도록 하였다. 경룡景龍 2년(708)에, 우대시어사右臺侍御史 당소唐紹(?~713)가 상서하여 말하였다.

예에 묘墓에서는 제사하지 않는다[99]고 하였는데 당왕조의

---

99) 예에 묘에서는 제사하지 않는다 : 원문은 "禮不祭墓"이다. 이 문제는 禮制史에서 쟁점이 많은 문제 중의 하나이다. 문헌상으로는 蔡邕의 『獨斷』에 "聞古不墓祭, 朝廷有上陵之禮, 殆爲可損"이라는 언급에서 "古不墓祭"가 처음 등장한다. 王充의 『論衡』에도 "古禮廟祭 今俗墓祀"라고 하였고, 曹魏 文帝 黃初 3년의 조서에도 "古不墓祭, 皆設于廟"라고 하였다. 이러한 기사들로만 추정하면 고대 墓에서는 제사를 드리지 않고 廟에서 제사를 드렸는데, 후한대에 와서는 오히려 민간에서 墓祭가 풍속이되었고 조정에서는 上陵之禮도 생겨났음을 알 수 있다. 그러나 1980년대 商代 婦好墓, 전국시기 中山王墓 등이 발굴되면서, 제사 등에 사용되는 墓域에 享堂類의 건축이 존재했다는 주장이 등장하였고, 반면 이 건축은 묘주 영혼의 기거와 음식을 드리기 위한 寢所일 뿐 墓祭가 있었다는 증거는 아니라는 반론도 제기되었다. 墓 위의 건축이 묘장 건설 중의 임시 건축물이라는 견해부터 일종의 기념비적 건축이라는 설 등이 墓祭를 부정하는 견해를 대변하였다. 그러나 여전히 봉토를 쌓고 건축을 만든 塚과 그러한 것이 없는 墓의 차이 및 제사갱의 존재 등을 고려하여 선진시대 墓祭가 있었다는 견해도 꾸준히 제기되었다. 이러한 논쟁은 쉽게 정리될 것 같지는 않지만, 고대 喪禮와 祭禮는 서로 다른 禮儀過程이므로, 장례

제도는 봄과 가을 가운데 달에 관리가 노부와 의관을 갖춰 능을 순시하도록 하였습니다. 천수天授(690)[100] 이후, 기거를 하게 되면서 드디어는 고사故事가 되었습니다. 무릇 기거라는 것은 (황제의) 기미와 동정을 살피는 것으로 살아있는 사람을 섬기는 도리이지 능침을 위한 법은 아닙니다. 청컨대 사계절 및 생일과 기일, 절일의 기거는 멈추도록 하고 예식에 준해서 두 계절에만 능을 순시하도록 하십시오.

황제가 친히 칙을 내려 말하였다. "건릉乾陵은 매년 동지와 한식寒食에는 외사外使가, 두 기일에는 내사內使가 제사를 드리도록 하라. 다른 능은 당소가 상소한 것과 같이 하라." 이에 헌릉獻·소릉昭

중의 제사와 장례 후의 제사를 구별할 필요가 있고, 후한대에는 墓祭가 존재했다는 것이 확실하다면 "古不祭墓"에서 '古'는 학문적 시대근거로 제시된 것이라기 보다는 단순한 문학적 표현인 지 등의 여부, 제도와 습속의 차이 등을 종합적으로 고려해야 할 것이다.(魏鎭,「禮俗之間: "古不墓祭"硏究反思」,『民俗硏究』2019年 4期 참조) 여기에서 "古不祭墓" 구절의 논점의 핵심은 墓祭가 禮制 상의 전통인가 아닌가의 문제인데, 후대에는 墓祭가 의리에 맞는 禮인가 아니면 非禮인가의 여부로 옮겨간다. 宋代 이전에는 주로 영혼이 거처하는 廟에 제사지내지 않고 토지신인 后土에 제사내는 것이 되어 非禮라는 의견이 주류였으나, 송대 朱子 등에 이르러 의리를 해치는 것은 아니라는 암묵적인 동의를 얻기도 한다.(毛國民,「墓祭"非禮"與"成俗"硏究」,『現代哲學』2016年 4期 참조)

100) 천수天授 : 則天武后가 국호를 唐에서 周로 바꾼 바로 그해의 연호이다. 서기로 690년 10월 16일부터 692년 4월 22일까지이므로 대략 1년 반 정도 사용되었다. 692년 4월 22일 日食이 일어나 연호를 如意로 바꾸게 된다.

· 건릉乾陵은 모두 매일 제사를 지냈다. 태상박사太常博士 팽경직彭
景直[101]이 곧바로 상소하여 말하였다.

예에는 능에 일제日祭[매일 제사]를 지내는 예가 없습니다.
오직 종묘만이 매월 제사가 있습니다. 그러므로 왕이 묘廟를
만들고, 천묘遷廟[조朓]하고, · 단壇을 쌓고, 선墠을 수리하는 것
은[102] 친소親疏를 근거로 많고 적음의 수로 삼은 것이며, 7묘
七廟 · 1단一壇 · 1선一墠을 건립하는 것입니다. 고묘考廟, 왕고
묘王考廟, 황고묘皇考廟, 현고묘顯考廟라고 부르고 모두 매월
제사합니다. 더 먼 조상의 묘廟는 천묘遷廟하고, 이내 제사를
중지합니다. 천묘하지 않으면 단壇이 되고, 단壇을 제거하면
선墠이 되니, 기도하여 구할 것이 있으면 제사하고 기도할 것
이 없으면 제사를 그치는 것입니다.[103] 또 초주譙周[104]의 『제

---

101) 팽경직彭景直 : 瀛州 河間 사람. 唐 中宗 景龍 2년에 진사과 장원급제
    하여 正義大夫, 檢敎尙書, 上桂國, 太常博士, 禮部郎中을 역임했다.
102) 왕이 묘를 만들고 … 선을 수리하는 것은 : 『禮記』 「祭法」에 의하면 조상
    이 돌아가면 廟를 만들어 제사하는데, 시간이 흘러 소원한 관계가 되면
    遠廟로서 朓로 옮기고, 더 멀어지면 壇으로 그 후에는 墠으로 신위를
    옮겨 제사하고, 그 후에는 鬼가 된다는 언급에 근거한 것이다. 이렇게
    廟, 朓, 壇, 墠으로 제사의 장소가 바뀌면서 제사의 주기도 점점 멀어지
    게 되는 것이다.
103) 예에는 능에 … 그치는 것입니다 : 『禮記』 祭法에서 인용한 말이다.
104) 초주譙周(?~270) : 삼국시대 촉한의 정치가, 학자이다. 263년 鄧艾가 成
    都를 공격할 때, 後主 劉禪에게 투항을 권유하였다. 『수서』 「경적지」에
    『論語注』, 『三巴記』, 『五經然否論』, 『譙子法訓』, 『古史考』 등이 있었
    다고 하지만, 앞에 두 책은 산일되고, 뒤에 세 책은 집일된 형태로 전해

지祭志』에 "天子는 시조始祖·고조高祖·증조曾祖·조祖·고考
의 묘廟에는 모두 매월 초하루 제사를 드려서, 생전의 초하루
아침식사를 형상하고, 월제月祭한다 라고 하는 것이니, 2조二
祧의 묘廟는 월제가 없습니다."라고 했습니다. 즉 옛날에는 모
두 매일 제사는 없었던 것입니다. 지금 여러 능묘에서 초하루
와 보름에 상식을 하는 것은 곧 옛날의 은제殷祭[풍성한 제사]
에 가깝고, 여러 절일에 상식을 하는 것은 옛날의 천신薦新에
가깝습니다. 『예기』에 대한 정현鄭玄의 주에 다음과 같이 말했
습니다. "은제殷祭는 매월 초하루와 보름에 드리는 천신薦
新105)의 제사이다." 또 말했습니다. "대상례大祥禮를 치른 후는
사계절 제사가 있을 뿐이다." 이것은 그 제사가 모두 묘廟에서
하는 것이니, 초하루나 보름과 여러 절기일에 능침에서 제사하
는 것은 근래 시작된 것입니다. 오직 사계절 제사 및 납일 등의
5차 묘廟제사만 있을 뿐입니다. 경전을 고찰하고 예에 의거하
면 능에서는 일제日祭가 본래 없습니다. 오직 한왕조의 7묘 논
의는 경사京師에서는 고조高祖로부터 아래로 선제宣帝에 이르
기까지 태상황太上皇과 황고皇考를 애도하여 능주변에 묘를 세
우고 능원陵園에 각기 침전寢殿과 편전便殿을 두고 침전에서

지고 있다. 여기에서 말하는 『祭志』는 『通典』와 『文獻通考』에는 『禮祭
集志』라고 되어 있다. 馬國翰은 '禮祭集志'가 『五經然否論』의 한 편명
일 것으로 추정했다.
105) 천신薦新 : 막 수확한 신선한 식물로 제사를 드리는 것이다. 『禮記』 「檀弓
上」에 "有薦新 如朔奠"에 대해 孔穎達이 "薦新은 아직 葬禮하기 전에
중간에 새로운 맛의 식물을 얻어 亡者에게 드리는 것이다."라고 하였다.

일제日祭를, 편전에서는 월제月祭를 드린 것입니다. 원제元帝 때 공우貢禹[106]는 예절이 번잡함으로 군국묘郡國廟를 혁파하기를 원했습니다. 승상 위현성韋玄成(?~기원전 36)[107] 등은 또 7묘 외에는 침원寢園에 대해서는 모두 더 이상 제사하지 말 것을 건의하였습니다. 논의자들 역시 제사를 자주하는 것을 바람직스럽게 여기지 않는다는 것으로, 마땅히 고대에 종묘에서 사계절 제사를 지내던 것을 복원해야 한다고 하였습니다. 후에 유흠劉歆이 『춘추좌씨전』을 인용하여 "일제日祭, 월사月祀, 시향時享, 세공歲貢이 있다. 조녜祖禰[108]는 즉 일제이고, 증고曾高는 곧 월사이며, 이조二祧는 곧 시향이고, 단壇·선墠은 곧 세공이다."라고 하였습니다. 후한시기 능침의 제사는 전해지는 바가 없습니다. 위진 이후 모두 묘墓에서는 제사하지 않았습니다. 국가의 여러 릉에서의 일제는 예법과 같이 그치기를 청합니다.

상소가 올려지자, 천자는 시신侍臣에게 다음과 같이 말하였다.

---

106) 공우貢禹(기원전 124~기원전 44) : 琅琊 사람. 漢 元帝때 諫議大夫, 光祿大夫, 長信少府, 御史大夫 등의 관직을 역임했다. 『春秋』와 『論語』에 정통했다고 알려진다. 董仲舒의 再傳弟子로 公羊學派에 속한다.

107) 위현성韋玄成(?~기원전 36) : 魯國 鄒縣(현재 山東省 鄒城) 사람. 한 원제이후 태자태부 어사대부를 역임했으며, 永光 初年에(기원전 43) 丞相에 올랐다. 石渠閣 회의에도 참여했고, 〈自劾〉 및 〈戒示子孫〉의 四言詩 2수가 전해진다.

108) 조녜祖禰 : 『春秋公羊傳』 隱公 元年 秋七月기사에 대한 주석에서 "父가 살아있을 때는 父라고 하고, 돌아가시면 考라고 하는데, 廟에 모시게 되면 禰라고 한다"는 기록이 있다. 祖禰는 범칭으로 祖先을 말하기도 하지만, 여기에서는 구체적으로 할아버지와 아버지를 지칭한다.

예관禮官이 여러 능에서 매일 상식을 하는 것은 부당하다고 한다. 무릇 예는 인정에 의해 이어지거나 바뀌지는 것인데 어찌 옛 것만 전하겠는가? 건릉乾陵은 마땅히 아침과 포시晡時[申時, 오후 4시쯤]에 음식을 올리고 전奠을 올리기를 이전과 같이 하라. 소릉과 헌릉 두 능은 하루에 한 번 상식하는데 혹은 유사가 비용에 고충이 있으면 짐의 상선식常膳食 진헌의 비용을 감소하여 처리할 수 있을 것이다.

開元十五年敕:「宣皇帝·光皇帝陵, 以縣令檢校, 州長官歲一巡.」又敕:「歲春·秋巡陵, 公卿具仗出城, 至陵十里復.」

개원 15년(727)에 조서[敕]를 내렸다. "선황제릉宣皇帝陵과 광황제릉光皇帝陵은 현령縣令이 관리[檢校]하고, 주장관州長官이 매년 한 번씩 순시하라". 또 조서를 내렸다. "매년 봄과 가을에 능을 순시하며 공경이 의장을 갖추고 도성을 나가서 능의 10리까지 도착하면 복명하라."

十七年, 玄宗謁橋陵, 至壖垣西闕下馬, 望陵涕泗, 行及神午門, 號慟再拜. 且以三府兵馬供衛, 遂謁定陵·獻陵·昭陵·乾陵乃還.

(개원) 17년(729)에 현종은 (예종의) 교릉橋陵을 배알하고 연원壖垣[109] 서쪽 궐闕에 이르러 말에서 내렸다. 능을 멀리서 바라보고 눈

---

109) 연원: 龍岡秦簡에도 도적이나 亡人을 추적하다가 禁苑의 壖(壖)에 들어간 자에 대한 처리문제가 언급되고 있듯이, 이미 오래된 고대건축제도

물을 흘리면서 가서, 신오문神午門에 이르러서는 호곡號哭하면서 재배했다. 또한 삼부三府의 병마로 호위를 받으며, 이어서 (중종의) 정릉定陵 · (고조의) 헌릉獻陵 · (태종의) 소릉昭陵 · (고종의) 건릉乾陵을 배알하고 돌아왔다.

二十三年, 詔獻 · 昭 · 乾 · 定 · 橋五陵, 朔 · 望上食, 歲冬至 · 寒食各日設一祭. 若節與朔 · 望 · 忌日合, 卽準節祭料. 橋陵日進半羊食. 二十七年, 敕公卿巡陵乘輅, 其令太僕寺, 陵給輅二乘及仗. 明年, 制:「以宣皇帝 · 光皇帝 · 景皇帝 · 元皇帝追尊號諡有制, 而陵寢所奉未稱. 建初 · 啓運陵如興寧 · 永康陵, 置署官 · 陵戶, 春 · 秋仲月, 分命公卿巡謁. 二十年詔: 建初 · 啓運 · 興寧 · 永康陵, 歲四時 · 八節, 所司與陵署具食進.」天寶二年, 始以九月朔薦衣於諸陵. 又常以寒食薦餳粥 · 雞毬 · 雷車, 五月薦衣 · 扇.

(개원) 23년(735)에 조를 내려 헌릉 · 소릉 · 건릉 · 정릉 · 교릉 등 5개 릉에서는 초하루와 보름에 상식上食하고, 매년 동지와 한식의 각 일에 제사를 드린다. 만약 절일과 초하루 · 보름 · 기일이 중복되면, 즉 절기 제사의 제물에 준하여 한다. 교릉은 매일 양 반마리의 식물을 드린다. (개원) 27년(739)에 칙勅을 내려 공경公卿이 가마[로輅]를 타고 능을 순시할 때, 태복시太僕寺에게 명령하여 능에 가마 2대 및 의장을 제공하라고 하였다. 다음 해에 제制를 내렸다.

선황제宣皇帝 · 광황제光皇帝 · 경황제景皇帝 · 원황제元皇帝는

이다. 본래 壖은 성주변이나 하천 주변의 공터를 말한다. 壖垣은 여기에 다시 왜소한 담을 쌓아 출입을 금지시킨 땅이다.

시호를 추존하는 제도는 있으나, 능침을 모시는 바의 칭호는 없다. 건초릉建初陵과 계운릉啓運陵도 (세조 원황제의) 흥녕릉興寧陵과 (태조 경황제의) 영강릉永康陵처럼 담당관과 능호陵戶110)를 두고, 봄과 가을 가운데 달에 나누어 공경이 순시하고 배알하도록 하라. (개원) 20년에 조詔를 내렸었다. "건초릉·계운릉·흥령릉·영강릉에 매년 사계절과 8절八節에111), 유사가 능의 담당관서와 함께 음식을 올리도록 하라."

천보天寶 2년(743)에 비로소 9월 초하루에 여러 능에 의복을 드리고 제사하였다. 또 항상 한식에 단죽[당죽餳粥]·계구雞毬·뇌거雷車를 드리고, 5월에 의복과 부채[扇]를 드렸다.

陵司舊曰署, 十三載改獻·昭·乾·定·橋五陵署爲臺, 令爲臺令, 陞舊一階. 是後諸陵署皆稱臺.

능사陵司112)는 옛날에는 서署라고 했는데, (천보) 13년(754) 에 헌릉 소릉 건릉 정릉 교릉 등 5개 능서陵署를 능대陵臺로 고치고, 령을 대령臺令이라고 했으며, 관의 등급은 옛날에 비해 한 단계 올렸다. 이후로 여러 능서는 모두 능대라고 칭했다.

---

110) 능호陵戶: 『당육전』에 따르면, 건릉 교릉 소릉은 각 4백인, 헌릉 정릉 (觴帝의) 恭陵은 각 3백인이었다.
111) 8절: 24절기 중에 천체활동과 연관이 있는 8개의 절기이다. 즉 2至2分과 4立으로, 춘분과 추분, 하지와 동지, 입춘, 입하, 입추, 입동 등이다. 이 8절은 고대 모든 달력에 반드시 표기하는 날로 중시되었다.
112) 능사陵司: 皇陵의 守衛나 제사를 담당하는 관청이다.

大曆十四年, 禮儀使顏眞卿奏:「今元陵請朔·望·節祭, 日薦,
如故事; 泰陵惟朔·望·歲冬至·寒食·伏·臘·社一祭, 而罷日
食.」制曰:「可.」貞元四年, 國子祭酒包佶言:「歲二月·八月, 公
卿朝拜諸陵, 陵臺所由導至陵下, 禮略無以盡恭.」於是太常約舊
禮草定曰:「所司先撰吉日, 公卿輅車·鹵簿就太常寺發, 抵陵南
道東設次, 西向北上. 公卿旣至次, 奉禮郎設位北門外之左, 陵官
位其東南, 執事官又於其南. 謁者導公卿, 典引導衆官就位, 皆拜.
公卿·衆官以次奉行, 拜而還.」

대력 14년(779)에 예의사禮儀使 안진경顏眞卿(709~784)[113]이 상
주하였다. "지금 원릉元陵에 초하루와 보름과 절기일에 제사를 지내
고, 매일 음식을 올리기를 고사故事와 같이 하기를 청합니다. 태릉泰
陵은 오직 초하루와 보름 및 동지와 한식·복일·납일·사일에 한 번
씩 제사를 드리고, 매일 상식을 올리는 것은 혁파하십시오." 제制를
내려 말했다. "가하다." 정원貞元 4년(788)에, 국자좨주國子祭酒 포
길包佶(?~792)이 말했다. "매년 2월과 8월에 공경은 각 릉에 조배朝
拜드립니다. 능대는 다만 조배자朝拜者를 능아래까지만 인도하여,

---

113) 안진경顏眞卿(709~784) : 현재 섬서성 서안 사람으로 唐代의 書法家로
    잘 알려져 있고, 顏師古의 5대손이기도 하다. 당 현종대 진사과에 급제
    하여 監察御史, 殿中侍御史를 역임했다. 대력 14년에 전대황제들의 시
    호가 복잡하여 국가가 처음 시작할 때의 예절을 기준으로 하자는 상주를
    올렸으나 받아들여지지 않았다. 전란의 시기 국가의 전장제도와 법령이
    이완되었을 때 고금에 박학함을 가지고 여러 개혁방안을 제시했지만, 권
    신들의 반대로 실현되지 못했다. 오랫동안 예의사를 역임해서 예의방면에
    도 조예가 깊었고, 「廟享議」 등의 편이 유명하고, 『禮樂集』 등의 저술이
    있었다고 알려져 있다. 그의 작품은 『顏眞卿文集』으로 집일되어 있다.

이로써는 예로 공경을 다할 수 없습니다."라고 하였다. 이에 태상太
常이 옛 의례를 요약하여 초안을 정하였다.

유사가 먼저 길일을 선택하고, 공경公卿의 노거輅車와 노부
鹵簿는 태상시에서 출발하며, 능 남쪽 도로의 동쪽에 도착하면
장막을 설치한다. 서쪽으로 향하게 하고 북쪽을 위쪽으로 한
다. 공경이 장막에 도착하면 봉례랑奉禮郎이 북문 바깥의 왼쪽
에 위치하고 능관陵官은 그 동남쪽에 위치하며, 또한 집사관執
事官은 그 남쪽에 위치한다. 알자가 공경을 인도하고, 전인典引
은 뭇 관료들을 인도하여 자리로 나아가 모두 절한다. 공경과
뭇 관료들은 순서대로 봉행奉行하여 절하고 돌아온다.

故事, 朝陵公卿發, 天子視事不廢. 十六年, 拜陵官發, 會董晉
卒, 廢朝. 是後公卿發, 乃因之不視事.

고사故事에는 능묘에 제사하는 공경이 출발하면 천자는 정사의
처리를 폐하지 않았다. (정원貞元) 16년(800)[114]에 배릉관이 출발한
후 마침 우연히 동진董晉(724~799)[115]이 졸했기에 조회를 폐했다.

---

114) 16년 : 唐 德宗의 연호로 21년간 사용했던 貞元 연간을 말한다. 다만 재상
　　董晉은 〈贈太傅董公神道碑銘〉 및 〈贈太傅董公行狀〉 등에 의하면 貞元
　　15년 2월 3일 즉 丁丑日에 76세로 죽은 것으로 기록되어 있다. 따라서
　　16년(800)은 15년(799)의 잘못이 아닌가 의심스럽다.
115) 동진董晉(724~799) : 현재 산서성 永齊 사람이다. 당 현종때 명경과로
　　급제하여 校書郎, 翰林侍制, 華州刺史, 潼關防禦使를 거쳐, 門下侍郎,
　　同中書門下平章事가 되었다. 回紇과의 화친을 위해 사신 갔던 일 등이

이후에 공경이 출발하면 이로 인해 천자는 정사를 처리하지 않았다.

　元和元年, 禮儀使杜黃裳請如故事, 豐陵日祭, 崇陵唯祭朔·望
·節日·伏·臘. 二年, 宰臣建言:「禮有著定, 後世徇一時之慕, 過
於煩, 幷故陵廟有薦新, 而節有遺使, 請歲太廟以時享, 朔·望上
食, 諸陵以朔·望奠, 親陵以朝晡奠, 其餘享及忌日告陵皆停.」

　원화元和116) 원년(806)에 예의사禮儀使 두황상杜黃裳(738~808)이
고사와 같이 (순종) 풍릉豐陵에서는 매일 제사[日祭]를 하고, (덕종)
숭릉崇陵은 다만 삭일과 보름 및 절기일·복일·납일 등에 제사하도
록 하기를 청했다. (원화) 2년(807)에 재상이 건의하여 말했다.

　　예가 이미 저록되어 정해지면 후세 일시 받드는 (분위기에)
따라 번잡함이 지나치면서, 옛 능묘陵廟까지도 천신薦新을 하
게 되고, 절일에도 사자를 파견하게 됩니다. 청컨대 매년 태묘
太廟에서 시향時享을 드리도록 하고, 초하루와 보름에만 상식
上食을 드리게 하며, 각 능도 초하루와 보름에만 제사를 드리
며, 친릉은 아침과 포시에 전을 올리며 그 나머지 제사 및 기일
에 능에 고하는 일은 모두 그치게 하기를 청합니다.117)

　　유명하며, 그가 졸한 후 덕종이 3일간 輟朝했다는 기록이 있다.
116) 원화元和 : 원화는 후한 章帝와 唐 憲宗의 연호이다. 여기에서는 당연히
　　당 헌종의 연호로 806년에서 820년의 기간을 말한다. 이 시기에 단기간
　　의 흥성이 일어나 역사에서는 "元和中興"이라고 칭하기도 한다.
117) 예가 이미 저록되어 … 청합니다 : 이 인용문의 표점으로는 해석이 난해
　　하여, '幷故陵廟有薦新, 而節有遺使.'에서 문장을 한번 끊었다.

禮樂五
예악 5

최진묵 역주

皇后歲祀一, 季春吉巳享先蠶, 遂以親桑. 散齋三日於後殿; 致
齋一日於正寢, 一日於正殿. 前一日, 尚舍設御幄於正殿西序及室
中, 俱東向. 致齋之日, 晝漏上水一刻, 尚儀版奏「請中嚴」. 尚服帥
司仗布侍衛, 司賓引內命婦陪位. 六尚以下, 各服其服, 詣後殿奉
迎. 尚儀版奏「外辦」. 上水二刻, 皇后服鈿釵禮衣, 結珮, 乘輿出自
西房, 華蓋警蹕. 皇后卽御座, 六尚以下侍衛. 一刻頃, 尚儀前跪奏
稱:「尚儀妾姓言, 請降就齋室.」皇后降座, 乘輿入室. 散齋之日,
內侍帥內命婦之吉者, 使蠶於蠶室, 諸預享者皆齋.

황후의 매년 제사는 한 종류가 있는데, 계춘季春[봄의 마지막 달]
길한 사일巳日에 선잠先蠶[1]을 제사하고 친히 상례桑禮를 하는 것이
다. 후전後殿에서 산재散齋 3일, 정침正寢에서 치재致齋 1일, 정전正
殿에서 (치재) 1일을 한다. 상사尚舍는 정전 서쪽 벽 및 실실室 중에
장막을 설치하는데 모두 동쪽으로 향하게 한다. 치재의 날 주루晝漏

---

1) 선잠先蠶 : 親蠶 혹은 親桑禮라고도 한다. 唐代 先蠶禮는 高祖부터 있었
   을 것으로 추정되지만, 고조의 부인 竇氏가 일찍 서거하여 기록상으로는
   남아 있지 않다. 다만 貞觀 元年과 貞觀 9年에는 文德皇后 長孫氏가
   先蠶했던 것으로 기록되어 있다. 高宗시기에는 두 가지 개혁이 이루어지
   는데, 先蠶을 中祀로 규정하고 皇后가 직접 참여하지 않고 有司를 파견
   하여 치를 수 있도록 하였다. 이 先蠶禮는 高宗시기 5회, 玄宗시기 3회
   등 총 11회 실시된다. 이 실시횟수는 淸을 제외하고 역대 왕조 중 가장
   많은 차수이다. 선잠의 장소는 西周이래 北郊로 규정되었지만, 전한대에
   는 東郊에서 시행되었고, 後漢·晉·東吳·劉宋 등은 西郊에서 거행하였
   다. 남북조시기에는 대체로 北郊와 西郊가 병존하였다. 唐代는 앞 10차
   례의 선잠례는 北郊나 西郊에서 거행되었지만, 마지막 肅宗 張皇后의
   先蠶은 安史의 亂 등의 시국으로 인해 內苑에서 시행되었다. 다음은 당
   대 先蠶禮 일람표이다.

상수上水 1각刻[묘시]에, 상의尙儀가 "중엄[中嚴, 궁정의 경비]을 청합니다."라고 홀판을 들고 아뢴다. 상복尙服은 사장司仗을 이끌고 시위를 배치하고, 사빈司賓은 내명부를 배제陪祭의 자리로 인도한다. 육부상서[육상六尙]이하는 각기 그 자신들의 예복을 입고, 후전後殿에 도착하여 (황후를) 모실 수 있도록 기다린다. 상의尙儀는 "(외부의) 경비가 이루어졌습니다[외판外辦]"라고 홀판을 들고 아뢴다. 상수上水 2각[묘시]에 황후는 전채예의鈿釵禮衣를 입고 패옥을 차며, 가마를 타고 서쪽 방으로부터 나와, 화개거華蓋車의 경비를 받는다. 황후가 곧 자리에 앉으면 육부상서 이하는 모시고 경비한다. 1각이 경과한 뒤에, 상의尙儀는 앞에서 꿇어앉아 상주한다. "상의尙儀 첩妾 성姓 아무개가 삼가 말합니다. 청컨대 어좌에서 내려와 재실齋室로 가십시오." 황후가 자리에서 내려와 가마를 타고 입실한다. 산재의 날에는 내시가 내명부 중에서 길한[복 있는] 사람들을 이끌고 잠실에서 양잠을 하도록 하며, 제사에 참여한 자들은 모두 재계를 한다.

황제	황후	시간		장소	출처
太宗	長孫氏	貞觀 元年(627)	3月 癸巳		『구당서』「태종본기」
		貞觀 9年(635)	3月		『당회요』
高宗	武氏	顯慶 元年(656)	3月 辛巳	北郊	『구당서』「고종본기」
		總章 2年(669)	3月 癸酉		『구당서』「고종본기」
		咸亨 5年(674)	3月 己巳		『구당서』「고종본기」
		上元 元年(674)	3月 己巳		『구당서』「고종본기」
		上元 2年(675)	3月 丁巳	邙山之陽	『구당서』「고종본기」
玄宗	王氏	開元 元年(713)	3月 辛卯		『구당서』「예종본기」
		開元 2年(714)	正月 辛巳		『당회요』
		開元 7年(719)	季春 吉巳	西郊	『당령습유』
肅宗	張氏	乾元 2年(759)	3月 己巳	苑中	『구당서』「숙종본기」

前享三日, 尚舍直長設大次於外壇東門之內道北, 南向; 內命婦及六尚以下次於其後, 俱南向. 守宮設外命婦次, 大長公主·長公主·公主以下於南壇之外道西, 三公夫人以下在其南, 重行異位, 東向北上. 陳饌幔於內壇東門之外道南, 北向. 前享二日, 太樂令設宮縣之樂於壇南內壇之內, 諸女工各位於縣後. 右校爲采桑壇於壇南二十步所, 方三丈, 高五尺, 四出陛. 尚舍量施帷障於外壇之外, 四面開門, 其東門足容厭翟車. 前享一日, 內謁者設御位於壇之東南, 西向; 望瘞位於西南, 當瘞埳, 西向. 亞獻·終獻位於內壇東門之內道南, 執事者位於其後, 重行異位, 西向北上. 典正位於壇下, 一位於東南, 西向; 一位於西南, 東向. 女史各陪其後. 司贊位於樂縣東北, 掌贊二人在南, 差退, 西面. 又設司贊·掌贊位於埳埳西南, 東面南上; 典樂擧麾位於壇上南陛之西, 東向; 司樂位於北縣之間, 當壇北向. 內命婦位於終獻之南, 絶位, 重行異位, 西向北上; 外命婦位於中壇南門之外, 大長公主以下於道東, 西向[一],[2] 當內命婦, 差退; 太夫人以下於道西, 去道遠近如公主, 重行異位, 相向北上. 又設御采桑位於壇上, 東向; 內命婦采桑位於壇下, 當御位東南, 北向西上; 執御鉤·筐者位於內命婦之西少南, 西上; 內外命婦執鉤·筐者位各於其采桑位之後. 設門外位: 享官於東壇之外道南, 從享內命婦於享官之東, 北面西上; 從享外命婦於南壇之外道西, 如設次. 設酒尊之位於壇上東南隅, 北向西上; 御洗於壇南陛東南, 亞獻之洗又於東南, 俱北向; 幣篚於壇上尊坫之所. 晡後, 內謁者帥其屬以尊坫·罍洗·篚羃入, 設於位. 升壇者自東陛. 享日, 未明十五刻, 太官令帥宰人以鸞刀割牲,

2) [교감기 1] "西向"은 각 판본에서는 원래 '東西'로 되어 있다.『大唐開元禮』권48 및『通典』권115에 의해 고쳤다.

祝史以豆取毛血置於饌所, 遂烹牲. 五刻, 司設升, 設先蠶氏神座
於壇上北方, 南向.

제사[享享] 전 3일에 상사직장尙舍直長은 외유外壝 동문의 안쪽
길[內道] 북쪽에 대차를 설치하는데 남쪽으로 향하게 한다. 내명부
및 육부상서 이하는 그 뒤에 장막을 두는데, 모두 남쪽으로 향하게
한다. 수궁守宮은 외명부 장막을 설치하는데, 대장공주大長公主·장
공주長公主·공주公主3)이하는 남유南壝의 바깥길 서쪽에, 삼공부인
三公夫人 이하는 남쪽에, 두 줄로 자리를 달리하여 설치하며 동쪽으
로 향하게 하고 북쪽을 윗자리로 한다. 내유內壝 동문의 바깥 길 남
쪽에 찬만饌幔[제사음식을 넣어두는 장막]을 설치하고 북쪽으로 향
하게 한다.

제사 전 2일에 태악령太樂令은 제단 남쪽 내유內壝의 안에 궁현
宮縣의 악을 설치하고 여러 여악공女樂工은 각기 궁현 뒤에 위치하
도록 한다. 우교령右校令은 제단 남쪽 20여 보에 채상단采桑壇을 설
치하는데, 사방 3장, 높이 5척으로 하고 사면으로 계단을 낸다. 상사
尙舍는 정황을 고려해 외유外壝의 바깥에 차폐遮蔽 장막을 세우고
사면에 문을 내며, 그 동문은 염적거厭翟車4)가 충분히 들어갈 수 있

---

3) 대장공주·장공주: 大長公主는 황제의 고모, 長公主는 황제의 여자형제
   를 말한다. 漢 文帝이후 공주에게 食邑을 주어 冊封하는 제도가 시행되
   면서 점차 규범화되었다. 『新唐書』「百官志」에는 "皇姑를 大長公主로
   하고 正一品으로 한다. (황제의) (형제)자매는 長公主로 하고, (황제의)
   딸은 公主로 하여 모두 一品으로 대한다. 皇太子의 딸은 郡主로 하고
   從一品으로 한다. 親王의 딸은 縣主로 하고 從二品으로 한다"는 기록이
   있다.

도록 한다.

제사 전 1일에 내알자內謁者는 제단의 동남쪽에 어위御位를 설치하여 서쪽을 향하게 하고, 서남쪽에 망예위望瘞位를 설치하여, 예감瘞坎에 마주해서 서쪽으로 향하게 한다.[5] 내유內壝 동문의 안쪽 길

---

4) 염적거厭翟車 : 황후나 비, 공주들이 타는 수레 중의 하나이다. 꿩의 깃털로 덮었는데, 그 깃털이 서로 겹치기 때문에 염적이라고 한다는 주석이 있다. 『周禮』「春官宗伯・巾車」에 "왕후의 오로 중 重翟은 (말의 얼굴 장식을 주석으로 하여 붉은 (벼 이삭처럼 생긴) 술을 늘어뜨린다. 厭翟은 말의 얼굴 장식을 (옥룡처럼 새긴) 가죽으로 하며 문양을 그려 넣은 술을 늘어뜨린다(王后之五輅, 重翟, 錫面朱總. 厭翟, 勒面繢總)"라는 기록이 있다. 이 수레의 용도는 명확한 기록은 없으나, 주석가들이 각지 자신의 의견을 첨가하여 염적거는 황후가 황제를 따라 빈객의 향연에 참여할 때 타는 것이라거나, 뽕밭에 갈 때 타는 것이라는 의견을 제시하기도 하였다.
5) 서남쪽에 … 향하게 한다 : 원문은 "望瘞位於西南, 當瘞坎, 西向."이다. 이 원문대로라면 단의 서남쪽에 서서 단을 사이에 두고 북쪽의 예감을 볼 수 없다. 따라서 『大唐開元禮』 권49 「季春吉祀享先蠶有司攝事」에서는 "設望瘞位於壇東北, 當瘞坎, 西向."으로 고치고 있다. 이에 따라 망예위와 예감의 위치를 표기하면 다음 그림과 같다.

의 남쪽에 아헌亞獻·종헌終獻의 자리를 두고, 집사자執事者는 그 뒤에 위치하는데, 두 줄로 자리를 달리하여 서쪽을 향하게 하고 북쪽을 윗자리로 한다. 전정典正은 단 아래에 위치하며, 한 사람은 동남쪽에 위치하여 서쪽을 향하고, 또 다른 한 사람은 서남쪽에 위치하여 동쪽을 향하게 한다. 여사女史는 각기 그 뒤에 배행陪行하게 한다. 사찬司贊은 악현의 동북쪽에 위치한다. 장찬掌贊 2인은 남쪽에서 순차로 뒤로 물러나서 서쪽을 향하게 한다. 또 사찬司贊·장찬掌贊은 매감埋坎 서남쪽에 위치하며, 동쪽을 보고 남쪽을 윗자리로 한다. 전악거휘典樂擧麾는 단상 남쪽 계단의 서쪽에 위치하며 동쪽을 향하게 한다. 사악司樂은 북현北縣의 사이에 위치하며, 단을 마주 보고 북쪽을 향하게 한다. 내명부內命婦는 종헌終獻의 남쪽에 위치하여, 자리를 두는데 두 줄로 자리를 달리하여 서쪽을 향하게 하고 북쪽을 윗자리로 한다. 외명부外命婦는 중유中壝 남문의 바깥에 위치하며, 대장공주大長公主 이하는 도로 동쪽에 위치하여 서쪽을 향하고, 내명부內命婦를 마주하여 조금 뒤로 물러나 위치한다. 태부인太夫人 이하는 도로 서쪽에 위치하며 도로로부터의 거리는 공주와 같이하며 두 줄로 자리를 달리하여 서로 마주보게 하고 북쪽을 윗자리로 한다. 또 단 위에 황후의 채상采桑 자리를 설치하는데 동쪽을 향하게 한다. 내명부 채상 자리는 단 아래에 두는데, 황후 채상 자리의 동남쪽과 마주해서 북쪽을 향하게 하고, 서쪽을 윗자리로 한다. 황후가 사용할 갈고리를 든 자[집어구執御鉤]와 광주리를 든 자[광자筐者]는 내명부의 서쪽에서 약간 남쪽으로 위치하고 서쪽을 윗자리로 한다. 내외명부內外命婦에서 갈고리를 든 자와 광주리를 든 자는 각각 그 채상의 자리 뒤에 위치한다.

문밖에 있는 사람들의 위치를 설치한다. 제관祭官은 동유東壝의
바깥 길 남쪽에 위치하며, 종향내명부從享內命婦는 제관祭官의 동쪽
에 위치하며 북쪽을 바라보고 서쪽을 윗자리로 한다. 종향외명부從
享外命婦는 남유南壝의 바깥 길 서쪽에 위치하며 장막을 설치할 때
와 같이 한다.

주준酒尊의 위치는 단 위의 동남쪽 모퉁이에 설치하는데 북쪽을
향하게 하고 서쪽을 윗자리로 한다. 황후의 세洗는 단의 남쪽 계단
동남쪽에 위치시키며, 또 아헌亞獻의 세洗는 동남쪽에 두어 모두 북
쪽을 향하게 한다. 폐비幣篚는 단 위의 준점尊坫[술동이 준을 올려놓
는 대]을 놓는 곳에 둔다. 신시申時(오후 3시~5시)에 내알자內謁者는
그 속원을 이끌고 준점尊坫·뇌세罍洗[손을 씻는 그릇]·비멱篚冪[대
광주리와 보자기]를 들여넣고 단 위에 진설한다. 단에 올라가는 사
람은 동쪽 계단으로 (오른다).

제사 날 미명未明 15각에 태관령太官令은 재인宰人을 이끌고 난도
鑾刀[6]로 희생을 베고, 축사祝史는 두豆에 모혈毛血을 모아 찬소饌所
에 둔다. 드디어 희생을 삶는다. 5각에 유사가 등단을 설치하고 단상
의 북쪽에 선잠씨先蠶氏 신좌를 설치하여 남쪽을 향하게 한다.

前享一日, 金吾奏:「請外命婦等應集壇所者聽夜行, 其應采桑

---

6) 난도鑾刀: 문자 그대로 방울이 달린 칼이며, 황실 제사에서 희생을 베는
데 사용한다. 대체로 칼등 끝부분에 방울 2개를 달고 손잡이 부분에 방울
3개를 단다. 『詩經』「小雅·信南山」의 "執其鑾刀 以啓其毛 取其血膋"
라는 구절에 대해 孔穎達은 "鑾은 鈴이다. 칼고리 부분에 방울을 단 것을
말한다. 그 소리는 中節이다."라고 주석하였다.

者四人, 各有女侍者進筐·鉤載之而行.」其日未明四刻, 搥一鼓
爲一嚴; 二刻, 搥二鼓爲再嚴. 尚儀版奏「請中嚴」. 一刻, 搥三鼓
爲三嚴. 司賓引內命婦入, 立於庭, 重行, 西面北上. 六尚以下詣室
奉迎. 尚服負寶, 內僕進厭翟車於閤外, 尚儀版奏「外辦」. 馭者執
轡, 皇后服鞠衣, 乘輿以出, 華蓋·侍衛·警蹕. 內命婦從出門. 皇
后升車, 尚功進鉤, 司製進筐, 載之. 內命婦及六尚等乘車從, 諸
翊駕之官皆乘馬. 駕動, 警蹕, 不鳴鼓角. 內命婦·宮人以次從.

제사 하루 전에 금오金吾[7]가 상주한다. "청컨대 외명부外命婦 등
당연히 제단에 모여야 하는 자는 야행夜行을 허락하여, 그 채상자采
桑者 4인으로 각기 시녀侍女가 있는 자는 광주리[筐]와 갈고리[鉤][8]
를 신고 앞서 미리 가게 해야 합니다." 그날 날이 밝기 4각刻[9] 전에
북을 한 번 치니 1엄嚴이고, 2각에 북을 두 번 치니 재엄再嚴이 된

---

7) 금오金吾 : 황제와 대신의 경호와 의장, 수도의 순찰 등 치안을 담당한
   무관직이다. 漢代에 執金吾가 있었고, 당송 이후에 金吾衛, 金吾將軍,
   金吾校尉 등이 있었다.
8) 광주리와 갈고리 : 광주리는 뽕잎을 따서 담는 도구이고, 갈고리는 뽕잎을
   따는 도구이다. 尚功이 갈고리를 받들어 올리면 황후가 이를 받아 뽕잎을
   따고, 典製는 광주리를 받들어 뽕잎을 받아 넣는다. 황후가 뽕잎을 딴
   후 이어 내외명부가 뽕잎을 따고, 이를 잠실에 가서 蠶母에게 주면 잠모
   는 이를 썰어 다시 내외명부에 주어 누에를 먹이게 한다.
9) 각刻 : 일반적으로 고대 漏刻制는 하루를 12시간, 100刻으로 나눈다. 1시
   간이 몇 刻이 되는지 환산할 때 100각 제도는 다소 불편하기 때문에 96각
   제, 108각제, 120각제 등도 종종 시행되었다. 일단 100각을 12시간으로
   나누면 1시간은 $8\frac{1}{3}$刻이 된다. 여기에서의 1시간은 현재 하루 24시간제로
   는 2시간 즉, 120분에 해당한다. 따라서 1刻을 현재의 시간으로 환산하면
   14.4분(14분 24초)이 된다.

다. 상의尙儀가 "중엄中嚴을 청합니다."라고 홀판을 들고 아뢴다. 1 각에 북을 세 번 치니 3엄이 된다. 사빈司賓이 내명부를 인도하여 들어와 뜰에 서는데 두 줄로 서서 서쪽을 바라보고 북쪽을 윗자리로 한다. 육부상서[육상六尙]이하 관원들은 실室에 이르러 받들어 영접 한다. 상복尙服이 옥새를 안고, 내복內僕은 쪽문밖에서 염적거厭翟車 를 들이고, 상의尙儀는 "경비가 이루어졌습니다.[외판外辦]"라고 홀 판을 들고 아뢴다. 어자馭者가 고삐를 잡고, 황후는 국의鞠衣를 입으 며, 수레를 타고 나서면, 화개華蓋 의장을 씌우고 시위侍衛하며 경호 와 벽제辟除[필蹕]를 한다. 내명부는 따라서 문을 나선다. 황후가 수 레를 타면 상공尙功은 구鉤를 올리고, 사제司製는 광筐을 드리며 수 레에 싣는다. 내명부 및 육부상서의 관원들은 수레를 타고 따라가며, 여러 호위[익가翊駕]하는 관원들은 모두 말을 탄다. 거마가 막 움직 이면 경호와 벽제를 하며 고취각鼓吹角은 불지 않는다. 내명부와 궁 인들이 서열대로 따라간다.

其日三刻, 尙儀及司醞帥其屬入, 實尊罍及幣, 太官令實諸簜‧ 豆‧簠‧簋‧俎等, 內謁者帥其屬詣廚奉饌入, 設於饌幔內. 駕將 至, 女相者引享官, 內典引引外命婦, 俱就門外位. 駕至大次門外, 迴車南向, 尙儀進車前跪奏稱:「尙儀妾姓言, 請降車.」皇后降車, 乘輿之大次, 華蓋‧繖‧扇. 尙儀以祝版進, 御署, 出奠於坫. 尙功 ‧司製進受鉤‧筐以退, 典贊引亞獻及從享內命婦俱就門外位. 司 贊帥掌贊先入就位, 女相者引尙儀‧典正及女史‧祝史與女執尊 罍篚羃者入自東門, 當壇南, 北向西上. 司贊曰:「再拜.」掌贊承 傳, 尙儀以下皆再拜, 就位. 司樂帥女工人入, 典贊引亞獻‧終獻,女相者引執事者・司賓引內命婦・內典引引外命婦入，就位．皇后停大次半刻頃，司言引尚宮立於大次門外，當門北向．尚儀版奏「外辦」．皇后出次，入自東門，至版位，西向立．尚宮曰：「再拜．」皇后再拜．司贊曰：「眾官再拜．」在位者皆再拜．尚宮曰：「有司謹具，請行事．」樂三成．尚宮曰：「再拜．」皇后再拜．司贊曰：「眾官再拜．」在位者皆再拜．壇上尚儀跪取幣於篚，興，立於尊所．皇后自壇南陛升，北面立，尚儀奉幣東向進，皇后受幣，進，北向，跪奠於神座，少退，再拜，降自南陛，復于位．初，內外命婦拜訖，女祝史奉毛血之豆立於內壝東門之外，皇后已奠幣，乃奉毛血入，升自南陛，尚儀迎引於壇上，進，跪奠於神座前．皇后旣升奠幣，司膳出，帥女進饌者奉饌陳於內壝東門之外．皇后旣降，復位．司膳引饌入，至階．女祝史跪徹毛血之豆，降自東陛以出．饌升自南陛，尚儀迎引於壇上，設於神座前．皇后詣罍洗，尚儀跪取匜，興，沃水；司言跪取盤，興，承水．皇后盥．司言跪取巾於篚，進以帨，受巾，跪奠於篚．乃取爵於篚，興，進，受爵，尚儀酌罍水，司言奉盤，皇后洗爵，司言授巾，皆如初．皇后升自壇南陛，詣酒尊．尚儀贊酌醴齊，進先蠶氏神座前，北向跪，奠爵，興，少退，立．尚儀持版進於神座之右，東面跪讀祝文．皇后再拜，尚儀以爵酌上尊福酒，西向進，皇后再拜受爵，跪，祭酒，啐酒，奠爵，興．尚儀帥女進饌者持籩・俎進神前，三牲胙肉各置一俎，又以籩取稷・黍飯共置一籩．尚儀以飯籩・胙俎西向以次進，皇后每受以授左右．乃跪取爵，遂飲，卒爵，興，再拜，降自南陛，復于位．初，皇后獻將畢，典贊引貴妃詣罍洗，盥手，洗爵，自東陛升壇，酌盎齊于象尊，進神座前，北向跪，奠爵，興，少退，再拜．尚儀以爵酌福酒進，貴妃再拜受爵，跪祭，遂飲，卒爵，再拜，降自東陛，復位．昭儀終獻如亞獻．尚儀進神座前，跪徹豆．司贊曰：「賜胙．」掌唱曰：「眾官再拜．」在位者皆再拜. 尚宮曰:「再拜.」皇后再拜. 司贊曰:「衆官再拜.」在位者皆再拜. 尚官請就望瘞位, 司贊帥掌贊就瘞堳西南位, 皇后至望瘞位, 西向立. 尚儀執篚進神座前, 取幣, 自北陛降壇, 西行詣瘞堳, 以幣置於堳. 司贊曰:「可瘞堳.」東西各四人實土半堳. 尚宮曰:「禮畢, 請就采桑位.」尚宮引皇后詣采桑壇, 升自西陛, 東向立.

그 날 3각에 상의尚儀 및 사온司醞은 그 속원을 이끌고 들어와 준뢰尊罍 및 폐백幣帛을 배치하고, 태관령太官令은 여러 제기 즉 변籩·두豆·보簠·궤簋·조俎 등을 배치한다. 내알자內謁者는 그 속원을 이끌고 주방에 이르러 제사 음식을 들이고 찬만饌幔 안에 설치한다. (황후의) 수레가 장차 이르면, 여상자女相者는 제관을 이끌고, 내전인內典引은 외명부를 인도하여 모두 문밖의 위치로 나아간다. 수레가 대차 문밖에 이르면 수레를 돌려 남쪽으로 향하게 하고, 상의尚儀는 수레 앞으로 나아가 꿇어앉아 상주하여 아뢴다. "상의尚儀 첩妾 성 아무개가 말합니다. 수레에서 내리시기를 청합니다."

황후가 수레에서 내려 가마를 타고 대차大次로 간다. 화개華蓋·산繖[양산]·선선扇[부채]를 갖춘다. 상의尚儀가 축판을 들고 나아가 바치면 황후가 서명을 하고 꺼내서 받침대[坫]에 놓는다. 상공尚功·사제司製는 나아가 구鉤·광筐을 받아서 물러나며, 전찬典贊은 아헌 및 제사에 종사하는 내명부內命婦를 모두 인도하여 문밖의 위치로 나아간다. 사찬司贊은 장찬掌贊을 이끌고 먼저 들어가 자리로 나아가고, 여상자女相者는 상의尚儀·전정典正 및 여사女史·축사祝史와 여집준뢰비멱자女執尊罍篚羃者[여자로 준뢰와 광주리, 덮개를 관장하는 자]를 인도하여 동문으로 들어가서 제단의 남쪽을 마주 보는데 북쪽을 향하게 하고 서쪽을 윗자리로 한다. 사찬司贊이 "재배再拜하

십시오.”라고 말한다. 장찬掌贊이 이어 받아서 “재배하십시오”라고
전하고, 상의尚儀 이하는 모두 재배하고 자리로 나아간다. 사악司樂
은 여악공女樂工을 이끌고 들어오고, 전찬典贊은 아헌·종헌을 인도
하고, 여상자女相者는 집사자執事者를 인도하고, 사빈司賓은 내명부
를 인도하고, 내전인內典引은 외명부를 인도하여 들어오며, 자리로
나아간다.

황후가 대차에 머문 반 각刻 경에 사언司言은 상궁尚宮을 이끌고
대차 문앞에 서서 문을 마주보고 북쪽으로 향한다. 상의尚儀는 “경
비가 이루어졌습니다.”라고 홀판을 들고 아뢴다.

황후는 장막을 나와 동문으로부터 들어가 판위版位에 이르러 서
쪽을 향하여 선다. 상궁이 말한다. “재배하십시오.” 황후가 재배한
다. (이어) 사찬司贊이 말한다. “모든 관원들은 재배하시오.” 재위자
들이 모두 재배한다. 상궁이 말한다. “유사有司가 삼가 준비되었습
니다. 행사하기를 청합니다.” 음악이 세 번[成] 연주된다. 상궁이
말한다. “재배하십시오.” 황후가 재배한다. 사찬이 말한다. “모든 관
원은 재배하시오.” 재위자들이 모두 재배한다. 제단 위에서 상의尚
儀가 꿇어앉아 광주리에서 폐백을 취하고 일어나 준尊을 진설한 곳
에 선다. 황후가 단의 남쪽 계단으로부터 올라가 북쪽을 바라보고
서면, 상의尚儀는 폐백을 받들고 동쪽을 향하여 나아가며 황후는 폐
백을 받고 나아가 북쪽으로 향해 꿇어앉아 신좌에 올린다. 약간 물
러나 재배하고 남쪽 계단으로 내려와 자리로 복귀한다.

처음에 내외명부가 재배하기를 마쳤을 때, 여축사女祝史는 모혈毛
血이 든 두豆를 받들고 내유內壝 동문의 밖에 서며, 황후는 이미 전
폐奠幣를 마치고, 이내 모혈을 받들고 들어와, 남쪽 계단으로 오른

다. 상의尚儀는 제단 위에서 맞이하여 인도하고 황후는 나아가 신좌 앞에 꿇어앉아 바친다. 황후가 이윽고 전폐奠幣를 마치면, 사선司膳이 나가, 음식을 바치는 여자들을 이끌고는 찬식饌食을 받들어 내유內壝 동문 밖에 진설한다.

황후가 내려와 자리로 돌아가면 사선司膳[10]은 제사음식을 인도하여 들어와 계단에 이른다. 여축사女祝史는 꿇어앉아 모혈이 담긴 두豆를 거두어, 동쪽 계단으로부터 단 아래로 내려와 나온다. 찬식饌食은 남쪽 계단으로 올라가고, 상의尚儀는 단상에서 맞아들여 신좌 앞에 진설한다.

황후가 뇌세罍洗를 진설한 곳에 이르면, 상의尚儀는 꿇어앉아 주전자를 취하고 몸을 일으켜 물을 붓는다. 사언司言은 꿇어앉아 대야를 취하고 일어나 물을 받는다. 황후는 손을 씻는다. 사언은 꿇어앉아 광주리에서 수건을 꺼내 수건을 바치고, (황후는) 수건을 받아 꿇어앉아 광주리에 넣는다. 이어 광주리에서 술잔[爵]을 꺼내 일어나서 올리고 술잔을 받는다. 상의尚儀는 뇌수罍水를 따르고, 사언司言은 소반을 받들고, 황후는 작爵을 씻고, 사언司言은 수건을 주기를 모두 처음에 했던 것처럼 한다.

황후가 단의 남쪽 계단으로부터 올라 주준酒尊의 자리에 이른다. 상의찬尚儀贊은 예제醴齊를 따르고, 선잠씨先蠶氏 신좌 앞으로 나아

---

10) 사선司膳 : 後宮의 膳食을 관장하는 唐代의 관직명이다. 『舊唐書』 「職官志」에 의하면 본래 六部 소속의 각 司의 명칭 중 唐 高宗 龍朔 2년(662)에 예부 소속의 膳部를 司膳이라고 바꾼 것이다. 따라서 膳部郎中은 司膳大夫로 바뀌었다. 670년 원래로 복원되었다가 752년 다시 司膳으로 개칭되었지만, 757년 또다시 원래 명칭으로 돌아왔다.

가 북쪽으로 향해 꿇어앉아 작爵을 올리고 일어나 약간 물러난 후 바로 선다. 상의尙儀는 판을 갖고 신좌의 오른쪽으로 나아가 동쪽을 바라보며 꿇어앉아 축문을 읽는다. 황후는 재배하고, 상의는 작으로 상준上尊의 복주福酒를 따르고 서쪽을 향하여 나아가면, 황후는 재배하고 작을 받아 꿇어앉아 제주祭酒[11]하며 술을 맛보고[쵀주啐酒] 작을 내려놓고 일어난다. 상의는 제사 음식을 바치는 여자들을 이끌고 변籩과 조俎를 가지고 신 앞으로 나아가, 세 종류의 희생고기를 각각 하나의 조에 두고, 또 변에는 메기장[稷]밥과 찰기장[黍]밥을 담아 함께 하나의 변에 넣는다. 상의는 밥이 들어 있는 변과 고기를 넣은 조를 가지고 서쪽으로 향해 순차적으로 진상하면, 황후는 매번 (이를) 받아서 주변 사람들에게 건네준다. 이어 꿇어앉아 작을 취해 다 마신 후 일어나 재배하고 남쪽 계단으로 내려가서 자리에 복귀한다.

---

11) 제주祭酒 : 관직명일 때는 쵀주로 읽지만, 여기에서는 '술로 제사를 드린다'는 의미로 제주로 읽는다. 祭酒는 降神할 때 술을 땅에 붓는 酹酒의식처럼, 제사를 드릴 때 술잔을 바친 후 술잔을 바닥에 내려서 세 번 조금씩 술을 덜어내는 것을 말한다. 흙이 없는 경우 바닥에 띠풀 묶음과 모래더미를 놓기도 하고, 茅沙器나 退酒器를 쓰기도 한다. 酹酒가 神을 청하는 것이라면, 祭酒는 神이 술을 마시는 것을 상징하는 의식이다. 조상신의 경우 술을 마시지 못하는 조상에게도 이 의식을 하는 것은 술이 부정을 제거한다는 의미가 있기 때문이라는 지적도 있다. 『儀禮』 「鄕射禮」에 나오는 "과녁의 적중을 알리는 자가 남쪽을 바라보고 앉아 왼손으로는 爵을 잡고 말린고기와 젓갈로 제사한다. 爵을 잡고 일어나 허파를 취해 앉아서 제사드리고 드디어 祭酒한다.獲者南面坐, 左執爵, 祭脯醢 ; 執爵興, 取肺, 坐祭, 遂祭酒."라는 구절이 祭酒의 용례이다. 『儀禮』 「鄕飮酒禮」에는 "祭薦祭酒는 敬禮이고 … 啐酒는 成禮"라는 언급이 있다.

처음에 황후의 헌주가 끝나려고 할 때 전찬典贊이 귀비貴妃를 인도하여 뇌세罍洗에 이르고 (귀비는) 손을 씻고 작을 씻은 후 동쪽 계단으로부터 단에 올라 상준象尊에 앙제盎齊를 따르고 신좌 앞으로 나아가 북쪽을 향하고 꿇어앉아 작을 올리고 일어나 약간 물러나서 재배한다. 상의가 작으로 복주福酒를 따라 바치면 귀비는 재배하고 작을 받아 꿇어앉아 제주하고 다 마신 후 재배하고 동쪽계단으로 내려와 자리에 복귀한다.

소의昭儀[12]의 종헌終獻은 아헌亞獻과 같게 한다. 상의는 신좌 앞으로 나아가 꿇어앉아 두豆를 거둔다. 사찬이 아뢴다. "사조賜胙."[13] 장창掌唱이 아뢴다. "모든 관원들은 재배하시오." 재위자들은 모두 재배한다. 상궁이 아뢴다. "재배하시오." 황후가 재배한다. (또) 사찬이 아뢴다. "모든 관원들은 재배하시오." 재위자들이 모두 재배한다. 상궁이 망예위望瘞位로 나가길 청하면, 사찬司贊은 장찬掌贊을 이끌고 예감瘞坎 서남쪽의 위치로 나아간다.

황후가 망예위에 이르면 서쪽으로 향하여 선다. 상의는 광주리를 잡고 신좌 앞으로 나아가 폐백을 취하고 북쪽 계단으로부터 단을 내려와 서쪽으로 가서 예감에 이르며 폐백을 구덩이에 넣는다. 사찬司贊이 아뢴다. "묻어도 좋다" 동서의 각 4인이 흙을 구덩이에 반쯤

---

12) 소의昭儀 : 漢 元帝 이후 두어진 妃嬪의 칭호이다. 後宮 중 최고급의 妃嬪으로 皇后 다음으로 여겨졌다. 唐代에는 九嬪의 으뜸이었지만, 황후이하의 貴 淑 德 賢의 4妃 다음이었다.

13) 사조賜胙 : 황제가 종묘제사 후 제사 지낸 고기를 여러 신하들에게 나눠주는 것을 말한다. 『左傳』 「僖公 9年」條에 있는 "王使宰孔賜齊侯胙曰 : '天子有事于文武, 使孔賜伯舅胙.'"이란 구절이 근거이다.

채워 넣는다. 상궁이 아뢴다. "예가 끝났습니다. 채상采桑의 자리로
나아가시길 청합니다." 상궁이 황후를 인도하여 채상단采桑壇에 이
르면 서쪽 계단으로 올라 동쪽을 향하여 선다.

初, 皇后將詣望瘞位, 司賓引內外命婦采桑者·執鉤筐者皆就位.
【內外命婦一品各二人, 二品·三品各一人】皇后旣至, 尚功奉金鉤自北陛
升, 進. 典製奉筐從升. 皇后受鉤, 采桑, 典製以筐受之. 皇后采三
條止, 尚功前受鉤, 典製以筐俱退. 皇后初采桑, 典製等各以鉤授
內外命婦. 皇后采桑訖, 內外命婦以次采, 女史執筐者受之. 內外
命婦一品采五條, 二品采九條, 止, 典製等受鉤, 與執筐者退, 復
位. 司賓各引內外命婦采桑者以從[二],14) 至蠶室, 尚功以桑授
蠶母, 蠶母切之以授婕妤食蠶, 灑一簿止. 尚儀曰:「禮畢.」尚宮
引皇后還大次, 內外命婦各還其次. 尚儀·典正以下俱復執事位.
司贊曰:「再拜.」尚儀以下皆再拜, 出. 女工人以次出. 其祝版燔於
齊所.

처음에 황후가 망예위望瘞位에 가려고 할 때 사빈司賓은 내외명부
의 채상자 및 갈고리와 광주리를 잡은 자를 인도하여 모두 위치로
나아간다. 【내외명부 1품은 각 두 사람이고, 2품과 3품은 각 한 사람이다.】
황후가 도착하면 상공尚功은 금갈고리를 받들고 북쪽 계단으로 올
라 진상한다. 전제典製는 광주리를 받들고 따라서 오른다. 황후가 갈
고리를 받고 뽕잎을 따면 전제는 광주리를 가지고 이를 받는다. 황

---

14) [교감기 2] "司賓各引內外命婦采桑者以從"에서 '以從'은 『大唐開元
禮』 권48 및 『通典』 권115에서는 "退復位. 司賓引婕妤一人詣蠶室, 尚
宮帥執鉤·筐者以次從"로 되어 있다.

후는 나뭇가지 세 개의 뽕잎을 따면 그만둔다. 상공은 앞에서 갈고리를 돌려받고, 전제는 광주리를 받들고 함께 물러난다.

황후가 처음 뽕잎을 딸 때 전제 등은 각기 갈고리를 내외명부에 준다. 황후가 뽕잎따기를 마치면 내외명부는 다음으로 뽕잎을 따고, 여사女史로 광주리를 잡은 자가 이를 받는다. 내외명부 1품은 5개 가지의 뽕잎을 따고, 2품은 9개 가지의 뽕잎을 따면 그친다. 전제 등은 갈고리를 돌려받고 광주리를 잡은 자와 함께 물러나 자리로 복귀한다. 사빈司賓은 각기 내외명부 뽕잎을 딴 사람을 인도하여 함께 따른다. 잠실에 이르러 상공尙功은 잠모蠶母에게 뽕잎을 주고, 잠모는 이것을 다 잘라서 첩여婕妤[15])에게 주어 누에를 먹이게 하고, 한 섬의 잠박蠶箔[누에채반]에 뿌린 후에 그친다. 상의가 아뢴다. "예가 끝났습니다." 상궁이 황후를 인도하여 대차로 돌아오고, 내외명부도 각기 자신들의 장막으로 돌아온다. 상의尙儀·전정典正 이하는 모두 집사執事의 자리로 돌아온다. 사찬司贊이 아뢴다. "재배하십시오." 상의 이하는 모두 재배하고 나온다. 여악공도 순차적으로 나온다. 그 축판祝版은 제소齊所에서 태운다.

車駕還宮之明日, 內外命婦設會於正殿, 如元會之儀, 命曰勞酒.

거마가 환궁한 다음 날에 내외명부는 정전에서 연회를 베푸는

---

15) 첩여婕妤 : 漢 武帝 때에 생긴 妃嬪들에 대한 칭호 중의 하나이다. 『漢書』「外戚傳」에서 顏師古는 "婕은 임금의 은총을 입었다는 말이고, 妤는 미칭이다"라고 주석하였다. 漢代 婕妤는 황후의 다음이었으며, 비빈 중에서는 으뜸이었다. 唐代에는 正3品으로 皇后 및 정1품인 4夫人과 九嬪의 다음이었다.

데, 원단元旦의 연회 의식과 똑같이 하며, 이름하여 노주勞酒16)라
고 한다.

其有司歲所常祀者十有三：立春後丑日祀風師, 立夏後申日祀
雨師, 立秋後辰日祀靈星, 立冬後亥日祀司中·司命·司人·司祿,
季夏土王之日祭中霤, 孟冬祭司寒. 皆一獻. 祝稱：「天子謹遣.」

그 유사가 매년 지내는 항상적인 제사[常祀]는 13개가 있다. 입춘
立春 후 축일丑日에 풍사風師를 제사지내고, 입하立夏 후 신일申日에
우사雨師를 제사지내며, 입추立秋 후 진일辰日에 영성靈星17)을 제사
지내며, 입동立冬 후 해일亥日에 사중司中·사명司命·사인司人·사록

---

16) 노주勞酒 : 일반적으로 고대 天子가 향연을 베풀어 群臣을 위로하는 행
위를 말한다. 『예기』 「월령」에 "(孟春之月) 돌아와서는 太寢에서 술잔을
잡는다. 三公 九卿 諸侯 大夫들이 모두 이 술자리에 모인다. 이름하여
勞酒라고 한다. 執爵於大寢. 三公, 九卿, 諸侯, 大夫皆御. 命曰勞酒."라
는 용례가 있다.

17) 영성靈星 : 『詩經』 「周頌」에 "繹賓尸也. 高子曰 : 靈星之尸也."라는 구
절로 처음 등장한다. 『史記正義』에 의하면 龍星으로도 불리며, 28수 중
동방7수 角宿에 속한 한 별자리이다. 용성의 左角을 天田이라고도 하기
때문에 天田星이라고도 한다. 王先謙은 『後漢書集解』에서 后稷의 代稱
이라고 하였다. 따라서 주로 농사를 주관하는 신격으로 풍년을 기원하기
위해 제사지낸다. 역사적으로 漢 高祖 5년 처음으로 靈星祠를 설치하여
후직에서 제사지냈지만, 北齊시에는 명목만 남고 南郊禮와 같이 시행하
다가, 隋代 開皇初에 文帝가 도성 동남쪽 7리 延興門 남쪽에 영성단을
설치하고 입추 후 辰日에 제사를 거행한 이후 唐은 隋의 제도를 답습하
여 長安과 洛陽 두 곳에서 영성에 대한 제사를 지냈다.

司祿[18]을 제사지내며, 계하토왕季夏土王의 날에 중류中霤를 제사지

18) 사중·사명·사인·사록:『사기』천관서 및 이후의 정사「천문지」에서는
司中, 司命, 司祿을 각기 文昌星의 4~6번 째 별이라고 지적하고 있다.
司中과 司命은『周禮』「春官·大宗伯」에 "以禋祀祀昊天上帝, 以實柴
祀日月星辰, 以槱祀司中, 司命, 風師, 雨師, 血祭祭社稷, 五祀, 五嶽,
以貍沈祭山林川澤, 以疈辜祭四方百物"에서 처음 출현한다. 이 구절에
서 司中이 司命, 風師, 雨師와 병렬로 등장한 것은 이들 신이 같은 계열
의 신으로 인식되었음을 알려주는 것이며, 또한 (나무 등을 쌓아놓고) 불
을 질러 제사지내는 방법은 이들이 모두 일종의 天神이었음을 알려준다.
동시에『周禮注疏』의 주석에서 후한 鄭衆이 司中은 "三能三階也"라고
규정했는데,『武陵太守星傳』에서는 "三臺는 일명 天柱라고도 하며 上
臺는 司命으로 太尉가 되고, 中臺는 司中으로 司徒가 되며, 下臺는 司
祿으로 司空이 된다"라고 하였다. 또한 "(여섯 개의 별로 이루어진) 文昌
宮星의 네 번째 별이 司命이고, 다섯 번째 별은 司中이며, 여섯 번째 별
은 司祿이다"라고도 하였다. 이러한 자료를 통해 보면 일목요연하지는
않더라도 대체로 司中은 司命, 司祿과 함께 星官에 근원을 둔 어떤 天神
의 명칭으로 추정된다. 다만 여기에서도 사중이 구체적으로 어떤 일을
하는 것인지 분명하지는 않다.『逸周書』「命訓解」의 "天生民而成大命,
立司德正之以禍福"을 인용하여 여기의 司德이 司中인 것으로 보아 사
중의 역할은 민의 善惡 행위 등 품성을 살피는 것으로 추정하는 의견도
있고(呂思勉,『秦漢史』), 혹은 三臺와 三能이 점성술에서 종종 三公과
상관되어 삼공의 임면과 복록 및 명운을 예측하는 일과 관련된다는 사실
을 주목하여 司中을 이와 연결시키기도 하지만, 곡식과 농사와는 어떠한
관련이 있는지 명확하지 않고, 왜 곡식제사에 司中이 司命과 함께 등장하
는지는 명확하지 않다. 한편 司人은 본래 명칭은 '司民'인데 唐 太宗 李
世民의 民字를 피휘하여 사인으로 되었다는 설이 유력하다.『大唐郊祀
錄』에는 정현의 주석을 인용하여 軒轅角星이라고도 하였다. 또한『周禮』
「天府」에는 "司民과 司祿에 제사지낼 때 民數와 穀數를 바친다"라고 되
어 있는데, 祿이 穀을 의미하고 司祿이 곡식을 관장한다면, 司人은 곧

내며, 맹동孟冬에 사한司寒을 제사지낸다. 모두 1헌례一獻禮로 한다.
축문에서는 "삼가 천자가 파견하여 받든다."라고 한다.

其中春·中秋釋奠于文宣王·武成王, 皆以上丁·上戌, 國學以
祭酒·司業·博士三獻, 樂以軒縣. 前享一日, 奉禮郎設三獻位于
東門之內道北, 執事位於道南, 皆西向北上；學官·館官位於縣
東, 當執事西南, 西向, 學生位於館官之後, 皆重行北上；觀者位
於南門之內道之左右, 重行北面, 相對爲首. 設三獻門外位於東門
之外道南, 執事位於其後, 每等異位, 北向西上；館官·學官位於
三獻東南, 北向西上. 設先聖神座於廟室內西楹間, 東向；先師於
先聖東北, 南向；其餘弟子及二十一賢以次東陳, 南向西上. 其餘
皆如常祀.

중춘中春·중추中秋에 문선왕文宣王·무성왕武成王을 석전釋奠하
며, 모두 (그 달의) 첫 번째 정일[上丁]·첫 번째 무일[上戌]에 하며,
국학은 좨주祭酒·사업司業·박사博士로 3헌례로 하고, 악樂은 헌현
軒縣[19]으로 한다. 제사 전 1일에 봉례랑奉禮郎은 동문의 안쪽도로

民을 관장하는 신격이 된다. 실제로 『수서』 천문지에도 軒轅 17星은 북두
칠성의 북쪽에 있으며 … 左一星은 小民으로 少后宗이고, 右一星은 大
民으로 太后宗이다."라고 말하고 있다.

19) 헌현軒縣 : 3면에 악기를 걸어 진열하는 제후의 악기 진열방식으로 軒懸
이라고도 쓴다. 『周禮』「春官·小胥」에 있는 "正樂縣之位, 王宮縣, 諸侯
軒縣"이라는 구절에 대해 鄭玄은 鄭司農의 '宮縣은 4면에 (악기를) 거
는 것이고 軒縣은 그중 한 면을 제거한 것이다.'라는 해석을 인용하면서
그 한 면은 남쪽이라고 주석하였다.

북쪽에 3헌의 자리를 설치하고 도로 남쪽에 집사執事의 자리를 설치하는데, 모두 서쪽을 향하게 하고 북쪽을 윗자리로 한다. 학관學官과 관관館官의 자리는 악현의 동쪽에, 집사의 자리 서남쪽과 마주해서 서쪽을 향하게 하고, 학생의 자리는 관관館官의 뒤에 설치하는데, 모두 두 줄로 북쪽을 윗자리로 한다. 관람자의 자리는 남문의 안쪽도로의 좌우에 설치하는데, 두 줄로 북쪽을 바라보게 하며 서로 마주보는 자리를 윗자리로 삼는다. 3헌의 문밖 자리는 동문의 바깥도로 남쪽에 설치하고 집사의 자리는 그 뒤에 두고, 매 1등마다 서로 자리를 달리하여 북쪽을 향하게 하고 서쪽을 윗자리로 한다. 관관館官의 자리와 학관學官의 자리는 3헌의 동남쪽에 두고 북쪽을 향하게 하여 서쪽을 윗자리로 한다. 선성先聖의 신좌는 묘실廟室내의 서쪽 기둥 사이에 두고 동쪽을 향하게 한다. 선사先師는 선성의 동북쪽에 두고 남쪽을 향하게 한다. 그 나머지 제자 및 21현은 순차적으로 동쪽에 진열하는데 남쪽을 향하게 하고 서쪽을 윗자리로 한다. 그 나머지는 모두 상사常祀와 같게 한다.

皇子束脩: 束帛一篚, 五匹; 酒一壺, 二斗; 脩一案, 五脡. 其日平明, 皇子服學生之服【其服青衿】. 至學門外. 博士公服, 執事者引立學堂東階上, 西面. 相者引皇子立於門東, 西面. 陳束帛篚·壺酒·脯案於皇子西南, 當門北向, 重行西上. 將命者出, 立門西, 東面, 曰:「敢請就事.」皇子少進, 曰:「某方受業於先生, 敢請見.」將命者入告. 博士曰:「某也不德, 請皇子無辱.」【若已封王, 則云「請王無辱.」】將命者出告, 皇子固請. 博士曰:「某也不德, 請皇子就位, 某敢見.」將命者出告, 皇子曰:「某不敢以視賓客, 請終賜見.」將命者入告, 博士曰 : 「某辭不得命, 敢不從.」將命者出告, 執篚者以篚東面授皇子, 皇子執篚. 博士降俟于東階下, 西面. 相者引皇子, 執事者奉壺酒·脩案以從, 皇子入門而左, 詣西階之南, 東面. 奉酒·脩者立於皇子西南, 東面北上. 皇子跪, 奠篚, 再拜. 博士答再拜, 皇子還避, 遂進, 跪取篚. 相者引皇子進博士前, 東面授幣, 奉壺酒·脩案者從, 奠於博士前, 博士受幣, 執事者取酒·脩·幣以東. 相者引皇子立於階間近南, 北面, 奉酒·脩者出. 皇子拜訖, 相者引皇子出.

황자皇子 속수례束脩禮.20) 속백束帛 1광주리[篚], 5필 ; 주酒 1호壺,

----

20) 속수례束脩禮 : 束脩의 첫 용례는 『論語』 「述而篇」에 있는 "子曰, 自行束脩之以上, 吾未嘗無誨焉"이라는 구절이다. 이 구절에 대해 논의가 분분하지만, 크게 세 가지 해석이 있다. ① 박한 예물이라는 설이다. 이때 束은 다발로 열 개라는 뜻이며, 脩는 말린 고기포를 말하는 것으로 해석하여 束脩를 乾肉으로 본다. 邢昺이 "束脩는 禮에서 薄한 것이다."라고 주석한 것도 이러한 관점을 지지한 것이다. 이 해석은 朱熹를 비롯하여 후대 많은 주석가들의 지지를 받아 주류적 견해로 자리 잡았다. 이에 따라 束脩는 唐代에는 학교에 입학할 때 학생이 처음 보는 스승에게 보내는 존경의 의미를 갖는 작은 예물이라거나, 淸代 이후에는 학생이 선생에게 보내는 보수금의 의미로 확대 해석되었다. ② 연령설이다. 孔安國, 鄭玄 등 한대 이후 주석가들이 『논어』를 주석하면서 '束髮(머리를 묶다)' 혹은 '束帶修飾(띠를 매고 장식을 함)'이라고 해석하면서, 이러한 꾸밈이 15세 成童의 代稱으로 사용되었다는 것이다. 이렇게 15세가 되어 배움을 시작하는 것으로 이해하는 것은 위의 『논어』 문장을 이해하는 데에도 문맥상 자연스럽고, 孔子의 '吾十有五而志于學'이나 '有敎無類' 교육사상과도 통하여 설득력이 있었지만, 후대 학자들에게 크게 지지받지는 못했다. ③ 修飭說이다. 束을 약속으로, 脩를 治 혹은 수양으로 보아 자신의 수양을 약속한다는 의미로 이해하는 것이다. 康有爲도 이런 관점을 지지했고, 물

2두斗 ; 수수脩[말린 고기포] 1안案, 5정脡이다.21) 그날 날이 밝아오면
황자는 학생복을 입는다.【그 옷은 청금青衿이다.】국학國學 문밖에 도
착한다. 박사博士는 공복公服을 입고, 집사자執事者는 학당 동쪽 계
단에 인도하여 서서 서쪽을 바라보게 한다. 상자相者는 황자를 인도
하여 문의 동쪽에 서게 하고, 서쪽을 바라보게 한다. 황자의 서남쪽
에 한 광주리의 비단[속백비束帛篚] · 한 병의 술[호주壺酒] · 말린 고
기표[포안脯案]를 진설하고 문의 맞은편에서 북쪽을 향하게 하며 두
줄로 서쪽을 윗자리로 한다. 장명자將命者22)가 나와서, 문의 서쪽에

질보다 예의의 정신을 강조한 공자의 사상과도 일맥상통하는 면이 있었
지만, 孔子가 몸을 청결히 하고 노력 향상하는 학생들만 뽑아 가르친다는
것은 설득력이 부족하다는 지적이 많다. 여하튼 속수례가 北周시기 皇子
와 귀족자제들이 입학하여 교육을 받기 전에 행하는 예의로 시작된 이래,
唐代는 이 예의가 계승되어 국가의례로 채용되었다. 다만 관학에만 한정
되지 않고, 점차 사회계층 전반에 교육시 행하는 예의규범으로 확대되었
다.(賈發義, 杜紫薇,「唐代束脩禮研究」및 趙艶,「『論語』中"束脩"一詞
釋義商榷」참조)

21) 속백 … 5정이다 : 이것은 당 전기의 규정이고, 당 후기의 자료는 단 한 곳
에서만 확인되는데, 代宗 大曆 연간 歸崇敬의 국학개혁의 상소이다. 귀
숭경은 예물로 脯脩 1束, 淸酒 1壺, 衫布 1段을 제시하였다. 이 상소를
통해 보면 당 중후기 이후 속수례의 간소화가 사회적 관심사가 되었던
것으로 추정된다. 다만 상소의 일부만 받아들여졌을 뿐 대부분은 시행되
지 않았고, 속수례도 어떻게 변화되었는지 알 수 있는 구체적인 자료가
남아 있지 않다.

22) 장명자將命者 : 전통적인 주석을 근거로 將命을 傳命, 傳話로 이해하여
將命者는 '말을 전달하는 자'로 해석하는 것이 일반적이다. 『論語』「憲問
篇」의 "闕黨童子將命"라는 구절의 '將命'에 대해 馬融이 "傳賓主之語
出入也"라고 주석한 이래로, 朱子도 "傳賓主之言", 皇侃도 "傳賓主之

서고 동쪽을 바라보고 말하기를 "감히 일을 진행하기를 청합니다."
라고 한다. 황자가 약간 (앞으로) 나아가 말하기를 "아무개가 바야
흐로 선생께 수업을 받고자 하니 감히 뵙기를 청합니다."라고 한다.
장명자將命者가 들어가 (박사에게) 고한다. 박사가 말하기를 "아무
개는 부덕하니, 청컨대 황자께서는 왕림하지 마시옵소서"라고 말한
다.【만약 이미 왕에 봉해졌으면, "청컨대 왕께서는 왕림하지 마시옵소서"라
고 말한다.】 장명자가 나와서 고하면 황자는 거듭 청한다. 박사가 말
하기를 "아무개가 부덕하니 황자께서는 자리에 가 계십시오, 아무개
가 감히 뵙겠습니다."라고 한다. 장명자가 나와서 고하면 황자가 말
하기를 "아무개가 감히 선생을 빈객의 예로 만날 수 없으니, 끝내
뵙게 해주시기를 청합니다."라고 한다. 장명자가 들어와 고하면 박
사가 말하기를 "아무개가 사양하였으나, 허락하신다는 명을 받지 못
했으니, 감히 따르지 않을 수 있겠습니까?"라고 한다. 장명자가 나
와서 고하면 광주리를 잡은 자가 광주리를 동쪽으로 향하여 황자에
게 건네주고 황자는 광주리를 잡는다. 박사가 동쪽 계단 아래에서

辭"라고 하였고, 각 주석본을 포함한 현대 해석본에 이르기까지 대체로
'말을 전하다', '소식을 전하다'라는 뜻으로 해석하였다. 그러나 '將命'이
란 용어는 『儀禮』에 자주 등장하는데 이에 대한 정현의 해석은 대체로
세 가지로 분류된다. 첫째는 전통적인 해석대로 傳命이라고 보는 것이고,
둘째는 奉命이고, 셋째는 致命이다. 문제는 첫 번째 해석대로 전명이라고
보면 장명자는 들러리 즉 말을 전달하는 자가 되지만, 둘째나 셋째 해석을
따르면 장명자는 결코 들러리가 될 수 없고, 使者 자신이 될 수밖에 없다
는 사실이다. 따라서 將命은 전통적 해석인 '傳命'에 얽매이지 않고 '行
禮'로 이해하면 보다 명확해질 수 있다는 견해가 있다.(寧鎭疆, 「先秦 禮
典을 통해 본 『論語』에 보이는 "將命" 두 용례에 대한 검토」 참조)

기다리면서 서쪽을 바라본다.

상자相者가 황자를 인도하고, 집사자는 술과 말린 고기포를 받들고 따르며, 황자는 문을 들어가 왼쪽으로 향해 서쪽 계단의 남쪽에 이르러 동쪽을 바라본다. 술[酒]과 말린 고기포[脩]를 받들고 있는 자는 황자의 서남쪽에 서며 동쪽을 바라보고 북쪽을 윗자리로 한다. 황자가 꿇어앉아 광주리를 놓고 재배한다. 박사가 답례로 재배하면 황자는 오히려 피하고 이어서 나아가 꿇어앉아 광주리에서 폐백을 취한다.

상자相者가 인도하여 황자가 박사 앞으로 나아가 동쪽을 바라보고 폐백을 건네고, 술과 말린 고기포를 받들고 있는 자가 뒤따라 박사 앞에서 놓는다. 박사는 폐백을 받는다. 집사자는 술과 말린 고기포와 폐백을 취해 동쪽으로 간다. 상자相者는 황자를 인도하여 계단 사이 남쪽 가까이에 서며 북쪽을 바라보면 술 말린 고기포를 받들고 있는 자가 나간다. 황자가 절하는 것을 마치면 상자는 황자를 인도하여 나온다.

其學生束帛·酒·脩以見, 如皇子.

학생의 속백과 술과 말린 고기포의 예에 대해서는 황자皇子와 같게 한다.

武德二年, 始詔國子學立周公·孔子廟 ; 七年, 高祖釋奠焉, 以周公爲先聖, 孔子配. 九年封孔子之後爲襃聖侯. 貞觀二年, 左僕射房玄齡·博士朱子奢建言 :「周公·尼父俱聖人, 然釋奠於學, 以夫子也. 大業以前, 皆孔丘爲先聖, 顔回爲先師.」乃罷周公, 升孔子爲先聖, 以顔回配. 四年, 詔州 · 縣學皆作孔子廟. 十一年, 詔尊孔子爲宣父, 作廟於兗州, 給戶二十以奉之. 十四年, 太宗觀釋奠於國子學, 詔祭酒孔穎達講孝經.

　무덕武德 2년(619)에 비로소 조를 내려 국자학國子學에 주공周公과 공자묘孔子廟를 세우도록 하였다. 7년(624)에 고조는 석전례釋奠禮에서 주공을 선성先聖으로 하고 공자孔子를 배사하였다. 9년(626)에 공자의 후손을 봉하여 포성후襃聖侯로 삼았다.[23] 정관貞觀 2년(628)에 좌복야左僕射 방현령房玄齡(578~648)과 박사博士 주자사朱子奢(?~641)가 건언建言하였다. "주공周公 · 니보尼父[24]는 모두 성인聖人이니, 국자학에서 석전釋奠하고 공자를 제사지내야 합니다. 대업大業(605~617) 이전에는 모두 공구孔丘를 선성先聖으로 하고, 안

___

23) 공자의 후손을 … 삼았다 : 唐代 孔子 후손에 대해 우대책 중 封爵을 수여한 것 이외에, 중요한 것은 嫡長孫을 지방 관리로 임용한 것이다. 開元 17년 孔子의 35대손 孔璲之를 兗州長史로 임용한 이래, 36대손 孔萱를 兗州泗水縣令으로, 37대손 孔齊卿은 兗州司馬로, 38대손 孔唯眆은 兗州參軍으로, 39대손 孔策은 曲阜縣衛로, 40대손 孔振은 兗州觀察判官으로, 41대손 孔昭儉은 兗州司馬로, 42대손 孔光嗣는 哀帝 天祐 연간에 兗州泗水縣令으로 임용되었다.(王洪軍, 李淑芳,「唐代尊祀孔子研究」참조)

24) 니보尼父 : 魯哀公 16년에 孔子에게 하사한 공자에 대한 첫 번째 尊號이다. 공자의 字인 仲尼에서 따온 것으로 보이는 尼는 존칭이며, 父는 남자에 대한 미칭이다.(이 경우 발음은 '보'로 한다) 역대 이 尼父가 시호인가 아닌가에 대한 다양한 의견이 있다. 이후 공자에 대해서는 각종 시호와 존호 등이 개칭되거나 추증되면서 붙여졌는데, 이를 정리하면 다음 표와 같다.

회顔回를 선사先師로 삼았습니다." 이에 주공을 파하고, 공자를 올려 선성으로 하면서 안회를 배사하였다. 정관 4년(630)에, 주학州學·현학縣學에 다 공자묘孔子廟를 만들라는 조를 내렸다. 정관 11년(637)에, 조를 내려 공자를 높여 선보宣父라고 하고, 연주兖州에 묘廟를 만들었으니 20호戶를 주어 받들도록 하였다. 14년(640)에 태종은 국자학에서 석전례를 참관하였다. 조를 내려 좨주祭酒 공영달孔穎達이 『효경孝經』을 강의하도록 하였다.

二十一年, 詔左丘明·卜子夏·公羊高·穀梁赤·伏勝·高堂生·

시기	諡號 혹은 尊號
魯哀公 16年 夏四月 己丑 (기원전 479년)	尼父
前漢 平帝 元始 元年 (서력 1년)	襃成宣尼公
後漢 和帝 永元 4年 (92년)	襃尊侯
後魏 孝文帝 太和 16年 (492년)	文宣尼父
北周 靜帝 大象 2年 (580년)	鄒國公 (추증)
隋 文帝 開皇 元年 (581년)	先師尼父
唐 高祖 武德 7年 (624년)	先師
唐 太宗 貞觀 11年 (637년)	宣聖尼父 (宣父)
唐 高宗 乾封 元年 (666년)	太師 (추증)
則天武后 天授中 (690년)	隆道公 (추증)
唐 玄宗 開元 27年 (739년)	文宣王
後周 世祖 廣順 2年 (952년)	至聖文宣師
宋 眞宗 大中祥符 元年 (1008년)	玄聖文宣王
宋 眞宗 大中祥符 5年 (1012년)	至聖文宣王
西夏 仁宗 3年 (1146년)	文宣帝
元 成宗 大德 11年 (1307년)	大成至聖文宣王(武宗이 즉위 후 존호 바꿈)
明 世宗 嘉靖 9年 (1530년)	至聖先師
淸 順治 2年 (1645년)	大成至聖文宣先師
淸 順治 14年 (1657년)	至聖先師
民國 24年 (1935년)	大成至聖先師

戴聖·毛萇·孔安國·劉向·鄭眾·賈逵·杜子春·馬融·盧植·鄭康成·服虔·何休·王肅·王弼·杜預·范甯二十二人皆以配享. 而尼父廟學官自祭之, 祝曰: 「博士某昭告于先聖.」 州·縣之釋奠, 亦以博士祭. 中書侍郎許敬宗等奏: 「禮: 『學官釋奠于其先師.』 鄭氏謂: 『詩·書·禮·樂之官也.』 四時之學, 將習其道, 故釋奠各以其師, 而不及先聖. 惟春·秋合樂, 則天子視學, 有司總祭先聖·先師. 秦·漢釋奠無文, 魏則以太常行事, 晉·宋以學官主祭. 且國學樂以軒縣, 尊·俎須於官, 非臣下所可專也. 請國學釋奠以祭酒·司業·博士爲三獻, 辭稱『皇帝謹遣』. 州學以刺史·上佐·博士三獻, 縣學以令·丞·主簿若尉三獻. 如社祭, 給明衣.」 會皇太子釋奠, 自爲初獻, 以祭酒張後胤亞獻, 光州刺史攝司業趙弘智終獻.

정관貞觀 21년(647)에 조를 내려 좌구명左丘明·복자하卜子夏·공양고公羊高·곡량적穀梁赤·복승伏勝·고당생高堂生·대성戴聖·모장毛萇·공안국孔安國·유향劉向·정중鄭眾·가규賈逵·두자춘杜子春·마융馬融·노식盧植·정강성鄭康成·복건服虔·하휴何休·왕숙王肅·왕필王弼·두예杜預·범녕范甯 22인25)을 모두 배향配享하였다. 니보

---

25) 22인: 본문에 언급된 대로 貞觀 21년 孔廟에 배향된 22명의 賢者로 이른바 자주 '22賢'으로 칭해졌다. 주로 孔子의 제자 및 儒教經典에 주석을 달았던 大儒 등을 포함한다. 그러나 『舊唐書』 「儒學列傳」에는 21人으로 되어 있는 등 문헌에 따라 인원수가 21인 혹은 22인으로 변동이 있다. 이에 대해 宋代 王應麟의 『玉海』에는 唐 德宗시기 사람 蘇冕의 말을 인용하고 있는데, "貞觀, 顯慶 연간의 勅令에서는 21賢를 말하는데, 太極, 開元 연간 勅令의 人數를 검토하면, 22賢이다. 앞선 詔勅과 學令을 비교해보면 服虔 아래에 賈逵가 있다. 어느 해 어느 월에 들어간 것인지 알 수가 없다."라고 하였다. 이에 근거하면 唐 太宗, 高宗 시기에는 21인

묘尼父廟는 학관學官이 스스로 제사하였고 축문에는 (이렇게) 말하였다. "박사博士 아무개가 선성先聖에 밝게 아룁니다." 주현의 석전도 역시 박사가 제사하였다. 중서시랑中書侍郎 허경종許敬宗 등이 상주하였다.

예禮에[26] "학관學官은 그 선사先師에게 석전한다"고 하였습니다. 정씨鄭氏가 말하기를 "(이들은) 시·서·예·악의 관이다."라고 하였습니다. 사계절의 학습은 장차 그 도리를 익히기 위함으로, 각기 그 스승만을 석전釋奠했을 뿐 선성先聖에까지 미치지는 않았습니다. 오직 봄과 가을 합악을 행할 때 천자가 학교를 시찰하고 유사가 선성과 선사의 제사를 함께 지냈을 뿐입니다. 진한대秦漢代에는 석전에 대해 (남은) 글이 없습니다. 조위曹魏에서는 태상太常이 행사를 했고, 진晉과 유송劉宋은 학관學官이 제사를 주관했습니다. 또한 국학이 진설한 헌현軒縣의 악기 및 준尊과 조俎 등의 제기는 관(조정)으로부터 제공받았으니 신하가 전적으로 담당할 수 있는 바가 아닙니다. 청컨대 국학國學의 석전에서는 좨주祭酒·사업司業·박사博士 등이 3헌三獻을 하도록 하고, 축사에서는 "황제가 삼가 파견하여 봉행한다."라고 칭하도록 합니다. 주학州學은 자사刺史·상좌上

으로 칭해졌다가, 睿宗 이후에는 22인으로 칭해진 것으로 추정할 수 있다.(董喜寧,『孔廟祭祀研究』, 140쪽, 참조) 후에 十哲에도 포함되었던 子夏도 빠지면서 다시 21인이 되었고, 새로운 구성원이 계속 들어오면서 明代 嘉靖 연간에는 22賢의 명칭은 더 이상 사용하지 않고 先儒라는 용어로 대체되었다.

26) 예禮 :『禮記』「文王世子」를 말한다.

佐·박사博士가 3헌을 하도록 하고, 현학縣學은 영令·승丞·주부主簿 혹은 위尉가 3헌을 하도록 합니다. 사제社祭와 같이 명의明衣27)를 내립니다.

때마침 황태자가 석전례를 행하는데 스스로 초헌을 하고, 좌주祭酒 장후윤張後胤이 아헌亞獻을 했으며, 광주자사光州刺史 조흥지趙弘智가 사업司業을 대리하여 종헌을 하였다.

永徽中, 復以周公爲先聖·孔子爲先師, 顔回·左丘明以降皆從祀. 顯慶二年, 太尉長孫無忌等言:「禮:『釋奠于其先師.』若禮有高堂生, 樂有制氏, 詩有毛公, 書有伏生. 又禮:『始立學, 釋奠于先聖.』鄭氏注:『若周公·孔子也.』故貞觀以夫子爲聖, 衆儒爲先師. 且周公作禮樂, 當同王者之祀.」乃以周公配武王, 而孔子爲先聖.

영휘永徽(650~655) 중에 다시 주공周公을 선성先聖으로 공자孔子를 선사先師로 하고, 안회顔回와 좌구명左丘明을 내려 다 종사從祀시켰다. 현경顯慶 2년(657)에, 태위太尉 장손무기長孫無忌 등이 말했다.

예禮에 "그 선사에게 석전釋奠한다."라고 하였습니다. 예에는 (그 스승으로) 고당생高堂生이 있고, 악에는 제씨制氏가 있고, 시에는 모공毛公이 있고, 서書에는 복생伏生이 있는 것과

---

27) 명의明衣 : 제사에 앞서 재계 기간 중 목욕 후 입는 깨끗한 내의를 말한다. 『論語』「鄉黨篇」에 "齊, 必有明衣, 布(재계할 때는 반드시 명의가 있었으니, 베로 만들었다)"라는 언급이 있다.

같습니다. 또 예禮에 "비로소 학교를 세워 선성先聖에게 석전 한다."라고 하였습니다. 정씨鄭氏가 주석하기를 "주공周公, 공자孔子와 같은 경우이다."라고 하였습니다. 그러므로 정관貞觀 (627~649)시기에 부자夫子를 선성先聖으로 삼고, 뭇 유자儒者들을 선사先師로 삼았습니다. 또한 주공이 예악을 제작하였으니 마땅히 왕자王者의 제사와 같게 해야 합니다.

이에 무왕武王에 주공을 배향하고, 공자孔子를 선성先聖으로 하였다.

總章元年, 太子弘釋奠于學, 贈顔回爲太子少師, 曾參少保. 咸亨元年, 詔州·縣皆營孔子廟. 武后天授元年, 封周公爲褒德王, 孔子爲隆道公. 神龍元年, 以鄒·魯百戶爲隆道公采邑, 以奉歲祀, 子孫世襲褒聖侯. 睿宗太極元年, 以兗州隆道公近祠戶三十供灑掃, 加贈顔回太子太師, 曾參太子太保, 皆配享.

총장總章 원년(668)에 태자太子 이홍李弘이 국학에서 석전을 하고, 안회顔回를 태자소사太子少師로 추증하고, 증삼曾參을 태자소보太子少保로 추증하였다. 함형咸亨 원년(670)에 조詔를 내려 주현州縣은 모두 공자묘孔子廟를 세우도록 하였다. 측천무후 천수天授 원년(690)에 주공을 포덕왕褒德王으로 봉하고, 공자를 융도공隆道公으로 봉하였다. 신룡神龍 원년(705)에 추鄒와 노魯의 백호를 융도공의 채읍으로 삼아 매년 제사를 받들도록 하였다. 자손은 포성후褒聖侯를 세습하게 하였다. 예종睿宗 태극太極 원년(712)에 연주兗州 융도공隆道公 사묘祀廟 가까이에 있는 30호를 발출하여 관리하게 하고, 안회를 태자태사太子太師로, 증삼을 태자소보太子太保로 추증하고 모두 배향하였다.

玄宗開元七年, 皇太子齒胄於學, 謁先聖, 詔宋璟亞獻, 蘇頲終
獻. 臨享, 天子思齒胄義, 乃詔二獻皆用胄子, 祀先聖如釋奠. 右散
騎常侍褚無量講孝經·禮記文王世子篇.

현종 개원開元 7년(719)에 황태자가 국학에서 치주례齒胄禮를 하
고, 선성에 배알拜謁하니, 조詔를 내려 송경宋璟이 아헌을 하고, 소
정蘇頲이 종헌을 하도록 하였다. 제사[享]에 임하여, 천자는 치주齒
胄의 의미를 생각하여, 이에 조를 내려 2헌[아헌과 종헌]을 모두 주
자胄子[왕공의 후대]를 쓰도록 하고 선성先聖에게 제사하기를 석전
과 같이 하도록 하였다. 우산기상시右散騎常侍 저무량褚無量이 『효
경』과 『예기』「문왕세자文王世子」편을 강의하였다.

明年, 司業李元瓘奏:「先聖廟爲十哲象, 以先師顔子配, 則配
象當坐, 今乃立侍. 餘弟子列象廟堂不豫享, 而范甯等皆從祀. 請
釋奠十哲享於上, 而圖七十子於壁. 曾參以孝受經於夫子, 請享之
如二十二賢.」乃詔十哲爲坐象, 悉豫祀. 曾參特爲之象, 坐亞之.
圖七十子及二十二賢於廟壁.

다음 해에 사업司業 이원관李元瓘이 상주하였다.

선성묘先聖廟에 십철十哲[28]의 소상塑像을 만들고, 선사先師

---

28) 십철十哲 : 孔子 문하의 10명의 제자를 말한다. 『論語』「先進篇」에 있는
소위 '孔門四科之子'에서 비롯된 것으로, "덕행은 顔淵과 閔子騫, 冉伯

안회顔子를 배사하였습니다. 배사하는 소상은 당연히 앉아 있어야 하는데, 지금은 오히려 서서 모시고 있습니다. 나머지 제자들은 묘당에 소상들이 배열되어 있어 배제配祭를 받지 않으니, 범녕范甯 등은 모두 종사從祀하고 있습니다. 청컨대 석전례에서 십철의 선철을 위에서 제사 받도록 하고 벽에 70제자의 그림을 그려 넣기를 청합니다. 증삼曾參은 효도로 인해 부자夫子에게 경전을 수업 받았으니 청컨대 22현賢에 포함시켜 제사하기를 청합니다.

이에 조를 내려 십철十哲을 좌상으로 하고 모두 제사에 참여시켰다. 증삼은 특별히 소상을 만들어 좌상 중 두 번째로 하였다. 묘당 벽에 70제자 및 22현을 그려 넣었다.

二十七年, 詔夫子旣稱先聖, 可諡曰文宣王, 遣三公持節冊命, 以其嗣爲文宣公, 任州長史, 代代勿絶. 先時, 孔廟以周公南面, 而夫子坐西墉下. 貞觀中, 廢周公祭, 而夫子位未改. 至是, 二京國子監·天下州縣夫子始皆南向, 以顔淵配. 贈諸弟子爵公侯: 子淵兗公, 子騫費侯, 伯牛郓侯, 仲弓薛侯, 子有徐侯, 子路衛侯, 子我

牛와 仲弓, 언어는 宰我와 子貢, 政事는 冉有와 季路, 문학은 子游와 子夏" 등을 말한다. 이들을 孔廟 중에 10철로 배향했으며, 또한 公이나 侯를 추증하였다. 『舊唐書』 「禮儀志」4에도 이와 유사한 내용이 기재되어 있다. 후에 顔淵이 승격되면서 曾子가 보충되고, 曾子와 子思가 승격되면서 子張이 보충되는 등 변동이 있었으나, 四配가 제도화된 뒤로는 이러한 유동성도 없어졌다. 그러나, 후대 有若과 朱熹가 또 포함하여 12哲이 된다.

齊侯, 子貢黎侯, 子游吳侯, 子夏魏侯. 又贈曾參以降六十七人: 參成伯, 顓孫師陳伯, 澹臺滅明江伯, 宓子賤單伯, 原憲原伯, 公冶長莒伯, 南宮适郯伯, 公晳哀郳伯, 曾點宿伯, 顏路杞伯, 商瞿蒙伯, 高柴共伯, 漆雕開滕伯, 公伯寮任伯, 司馬牛向伯, 樊遲樊伯, 有若卞伯, 公西赤邵伯, 巫馬期鄫伯, 梁鱣梁伯, 顏柳蕭伯, 冉孺郜伯, 曹卹豐伯, 伯虔鄒伯, 公孫龍黃伯, 冉季產東平伯, 秦子南少梁伯, 漆雕斂武城伯, 顏子驕琅邪伯, 漆雕徒父須句伯, 壤駟赤北徵伯, 商澤睢陽伯, 石作蜀郈邑伯, 任不齊任城伯, 公夏首亢父伯, 公良孺東牟伯, 后處營丘伯, 秦開彭衙伯, 奚容蒧下邳伯〔三〕,29) 公肩定新田伯, 顏襄臨沂伯, 鄡單銅鞮伯, 句井疆淇陽伯, 罕父黑乘丘伯, 秦商上洛伯, 申黨召陵伯, 公祖子之期思伯, 榮子旗雩婁伯, 縣成鉅野伯, 左人郢臨淄伯, 燕伋漁陽伯, 鄭子徒滎陽伯, 秦非汧陽伯, 施常乘氏伯, 顏噲朱虛伯, 步叔乘淳于伯, 顏之僕東武伯, 原亢籍萊蕪伯, 樂欬昌平伯, 廉絜莒父伯, 顏何開陽伯, 叔仲會瑕丘伯, 狄黑臨濟伯, 邽巽平陸伯, 孔忠汶陽伯, 公西與如重丘伯, 公西蒧祝阿伯. 於是二京之祭, 牲太牢·樂宮縣·舞六佾矣. 州縣之牲以少牢而無樂.

개원 27년(739)에 조를 내려 부자夫子가 이미 선성先聖으로 칭해지지만 시호를 추가하여 문선왕文宣王으로 하고, 삼공을 보내 부절符節을 가지고 책봉하고, 그 후사는 문선공文宣公으로 하여, 주州의 장사長史에 임용하고, 대대로 끊어지지 않도록 하라고 하였다. 앞서

29) [교감기 3] "奚容蒧"에서 '蒧'은 각 판본에서는 원래 '箴'으로 되어 있다. 『史記』 권67 「仲尼弟子列傳」, 『大唐開元禮』 권54 및 『通典』 권53에 의해서 고쳤다.

공묘孔廟는 주공周公으로 남면하게 하고, 부자夫子는 서쪽 담장 아래 앉아 있었다. 정관貞觀 중에 주공의 제사를 폐지했으나, 부자夫子의 위치는 고치지 않았다. 이에, 두 수도(장안과 낙양)의 국자감國子監과 전국 각 주현에서 부자는 처음으로 모두 남향하게 고치고, 안연顔淵으로 배사하였다. 또한 모든 제자들에게 공후의 작을 하사하였다. 자연子淵은 연공兗公으로, 자건子騫은 비후費侯로, 백우伯牛는 운후鄆侯로, 중궁仲弓 설후薛侯로, 자유子有는 서후徐侯로, 자로子路는 철후衛侯로, 자아子我는 제후齊侯로, 자공子貢은 여후黎侯로, 자유子游는 오후吳侯로, 자하子夏는 위후魏侯로 하였다. 또 증삼이하 67인을 추증하였다. 증삼은 성백成伯으로, 전손사顓孫師는 진백陳伯으로, 담대멸명澹臺滅明은 강백江伯으로, 밀자천密子賤은 단백單伯으로, 원헌原憲은 원백原伯으로, 공야장公冶長은 거백莒伯으로, 남궁괄南宮适은 담백郯伯으로, 공석애公晳哀는 예백郳伯으로, 증점曾點은 숙백宿伯으로, 안로顔路는 기백으로杞伯, 상적商瞿은 몽백蒙伯으로, 고시高柴는 공백共伯으로, 칠조개漆雕開는 등백滕伯으로, 공백료公伯寮는 임백任伯으로, 사마우司馬牛는 향백向伯으로, 번지樊遲는 번백樊伯으로, 유약有若은 변백卞伯으로, 공서적公西赤은 소백邵伯으로, 무마기巫馬期는 증백鄫伯으로, 양전梁鱣은 양백梁伯으로, 안류顔柳는 소백蕭伯으로, 염유冉孺은 고백郜伯으로, 조술曹卹은 풍백豐伯으로, 백건伯虔은 추백鄒伯으로, 공손룡公孫龍은 황백黃伯으로, 염계산冉季産은 동평백東平伯으로, 진자남秦子南은 소양백少梁伯으로, 칠조렴漆雕斂은 무성백武城伯으로, 안자교顔子驕는 낭야백琅邪伯으로, 칠조도보漆雕徒父는 수구백須句伯으로, 양사적壤駟赤은 북징백北徵伯으로, 상택商澤은 휴양백睢陽伯으로, 석작촉石作蜀은 후읍백郈邑伯으로, 임부제任不齊는 임성백任城伯으로, 공하수公夏首는 항보백亢父伯으로, 공량유公良孺는 동모백東牟伯으로, 후처后處는 영구백營丘伯으로, 진개秦開는 팽아백彭衙伯으로, 해용점奚容蒧은 하비백下邳伯으로, 공견정公肩定은 신전백新田伯으로, 안양顔襄은 임기백臨沂伯으로, 교단鄡單은 동제백銅鞮伯으로, 구정강句井彊은 기양백淇陽伯으로, 한부흑罕父黑은 승구백乘丘伯으로, 진상秦商은 상락백上洛伯으로, 신당申黨은 소릉백召陵伯으로, 공조자지公祖子之는 기사백期思伯으로, 영자기榮子旗는 우루백雩婁伯으로, 현성縣成은 거야백鉅野伯으로, 좌인영左人郢은 임치백臨淄伯으로, 연급燕伋은 어양백漁陽伯으로, 정자도鄭子徒는 형양백滎陽伯으로, 진비秦非는 견양백汧陽伯으로, 시상施常은 승씨백乘氏伯으로, 안쾌顔噲는 주허백朱虛伯으로, 보숙승步叔乘은 순우백淳于伯으로, 안지복顔之僕은 동무백東武伯으로, 원항적原亢籍은 내무백萊蕪伯으로, 악해樂欬는 창평백昌平伯으로, 염결廉絜은 거보백莒父伯으로, 안하顔何는 계양백開陽伯으로, 숙중회叔仲會는 하구백瑕丘伯으로, 적흑狄黑은 임제백臨濟伯으로, 규손邽巽은 평육백平陸伯으로, 공충孔忠은 문양백汶陽伯으로, 공서여여公西輿如는 중구백重丘伯으로, 공서점公西蒧은 축아백祝阿伯으로 하였다. 이에 두 수도에서의 제사는 희생에 태뢰太牢를 쓰고, 악은 궁현으로 하며, 무舞는 육일六佾로 하였다. 주현의 (제사에서) 희생은 소뢰少牢로 하고 악무樂舞를 쓰지는 않았다.

二十八年, 詔春秋二仲上丁, 以三公攝事, 若會大祀, 則用中丁, 州·縣之祭, 上丁. 上元元年, 肅宗以歲旱罷中·小祀, 而文宣之祭, 至仲秋猶祠之於太學. 永泰二年八月, 脩國學祠堂成, 祭酒蕭

昕始奏釋奠, 宰相元載·杜鴻漸·李抱玉及常參官·六軍將軍就觀
焉. 自復二京, 惟正會之樂用宮縣, 郊廟之享, 登歌而已, 文·武二
舞亦不能具. 至是, 魚朝恩典監事, 乃奏宮縣於論堂, 而雜以敎坊
工伎. 貞元九年季冬, 貢擧人謁先師日與親享廟同, 有司言上丁釋
奠與大祠同, 卽用中丁, 乃更用日謁於學. 元和九年, 禮部奏貢擧
人謁先師, 自是不復行矣.

　개원 28년(740)에 조를 내려 봄과 가을 두 계절, 가운데 달, 첫 번
째 정일丁日에 삼공이 제사를 대행하도록 하고 만약 큰 제사를 만나
면 두 번째 정일을 사용하도록 하였고, 주현의 제사는 첫 번째 정일
로 하였다. 상원上元 원년(760)[30]에 숙종肅宗은 그해의 가뭄으로 인
해 중사와 소사의 제사를 중지했으나, 문선왕의 제사는 중추仲秋에
이르러 오히려 태학太學에서 제사하였다. 영태永泰 2년(766) 8월에
국학사당國學祠堂의 수리가 완성되자 좨주祭酒 소흔蕭昕이 비로소
석전례의 거행을 상주하였다. 재상 원재元載·두홍점杜鴻漸·이포옥
李抱玉 및 상참관常參官·육군장군六軍將軍이 참관하였다. 양경이 회
복된 뒤에도 다만 원단 조회의 음악에 궁현宮縣을 사용하고, 교묘郊
廟의 제사에는 등가登歌만 있었을 뿐이고, 문무文武 2무舞는 역시
갖출 수 없었다. 이에 어조은魚朝恩이 국자감의 사무를 관장하면서
논당論堂에서 궁현의 음악을 연주하기를 상주하였기에 교방敎坊의
악공과 기예인들을 섞어 참여시켰다. 정원貞元 9년(793) 겨울의 마
지막 달에 공거인貢擧人이 선사를 배알하는 날과 황제가 친히 종묘

---

30) 상원 원년 : 上元은 唐 高宗의 연호(674~676)인 동시에 肅宗의 연호
　　(760~761)이기도 하다.

에서 제사하는 날이 같아지자, 유사가 아뢰길 첫 번째 정일 석전례가 대사와 (날짜가) 똑같으니, 두 번째 정일로 사용해야 한다고 하였다. 이에 날짜를 바꿔 태학에서 배알하였다. 원화元和 9년(814)에 예부에서 공거인貢擧人이 선사를 배알하는 것을 상주하였는데, 이로부터 다시는 행해지지 않았다.

開元十九年, 始置太公尚父廟, 以留侯張良配. 中春·中秋上戊祭之, 牲·樂之制如文宣. 出師命將, 發日引辭于廟. 仍以古名將十人爲十哲配享. 天寶六載, 詔諸州武擧人上省, 先謁太公廟. 乾元元年, 太常少卿于休烈奏:「秋享漢祖廟, 旁無侍臣, 而太公乃以張良配. 子房生漢初, 佐高祖定天下, 時不與太公接. 古配食廟庭. 皆其佐命;太公, 人臣也, 誼無配享. 請以張良配漢祖廟.」

개원 19년(731)에 비로소 태공상보묘太公尚父廟³¹⁾를 설치하고, 유

---

31) 태공상보묘太公尚父廟 : 다른 명칭으로 줄여서 太公廟라고도 하고, 일반적으로는 武成王廟 혹은 간칭으로 武廟라고도 한다. 姜太公 呂尚을 제사하면서 역대 良將을 배사한 廟宇로 唐玄宗 開元 19년에 처음으로 세워졌다가 明太祖 洪武 연간에 폐지되었다. 唐 玄宗시기에는 姜太公이 主祭이고, 漢朝 留侯 張良을 配享하면서 아울러 歷代名將 10인을 종사시켰다. 唐 肅宗 上元 원년에는 太公望을 높여 武成王으로 하면서 제례의 의전을 孔子의 文宣王廟와 동일하게 하도록 하였다. 또한 太公尚父廟의 이름을 武成王廟으로 바꾸고 武廟를 간칭으로 하였다. 唐 德宗시기 時期에 顔眞卿이 확대하여 고금 64인의 名將을 종사하도록 건의하였다. 「禮樂志」5의 본문에 이들의 이름이 전부 소개되어 있다. 또한 宋 眞宗시기에는 姜太公을 昭烈武成王으로 추봉하였고, 고금 72인의 명장을 종사시키도록 다시 한 번 확대하였다. 元代에는 姜太公을 계속 武廟의

후留侯 장량張良을 배사하였다. 중춘과 중추의 첫 번째 무일戊日에 제사하고, 희생제물과 음악의 제도는 문선왕文宣王의 제사와 같게 하였다. 출정할 때 장수에게 명하여 출발일에 (태공상보)묘에서 고별인사를 하게 하였다. 이에 옛 명장 10인을 십철로 삼아 배향하였다. 천보天寶 6년(747)에 조서를 내려 모든 주의 무거인武擧人이 성省에서 올라와서 (경성에서 회시會試를 볼 때) 먼저 태공묘를 배알하도록 하였다. 건원乾元 원년(758)에 태상소경太常少卿 우휴열于休烈이 상주하였다.

가을에 한조묘漢祖廟[한고조묘]에 제사할 때 주변에 배시陪侍하는 신하들이 없었습니다. 그런데 태공太公은 이내 장량張良으로 배사합니다. 장자방張子房[장량]이 한초漢初에 태어나서 고조를 도와 천하를 평정했으니, 때가 태공과 이어지지는 않습니다. 고래로 묘정廟庭에 배식配食하는 경우는 모두 창업을 보좌했던 이들입니다. 태공은 (군주가 아니라) 신하입니다. 마땅히 곁에 배향하는 신하가 없어야 합니다. 청컨대 장량張良으로 한조묘漢祖廟를 배향하도록 하십시오.

上元元年, 尊太公爲武成王, 祭典與文宣王比, 以歷代良將爲十

主神으로 하면서도 從祀하던 名將의 규모를 축소시켜 다만 孫武子, 張良, 管仲, 樂毅, 諸葛亮 이하의 10인만을 從祀시켰다. 明代 洪武 연간에 이 廟宇를 폐지하면서 姜太公을 帝王廟에 종사시켰다. 淸代에는 關羽를 받드는 關公廟를 武廟라고 부르게 되었고, 민국시기에는 關羽와 岳飛를 合祀한 關岳廟를 武廟라고 부르면서 文廟와 상대하게 하기도 하였다.

哲象坐侍. 秦武安君白起·漢淮陰侯韓信·蜀丞相諸葛亮·唐尚書
右僕射衛國公李靖·司空英國公李勣列於左, 漢太子少傅張良·
齊大司馬田穰苴·吳將軍孫武·魏西河守吳起·燕昌國君樂毅列
於右, 以良爲配. 後罷中祀, 遂不祭.

상원上元 원년(760)에 태공을 높여 무성왕武成王으로 삼고, 제전
祭典은 문선왕文宣王과 비견되게 하고, 역대 명장으로 십철상을 제
작하여 앉아서 모시도록 하였다. 진秦 무안군武安君 백기白起·한漢
회음후淮陰侯 한신韓信·촉蜀 승상丞相 제갈량諸葛亮·당唐 상서우복
야尙書右僕射 위국공衛國公 이정李靖·사공司空 영국공英國公 이적李
勣은 왼쪽에 배치하고, 한漢 태사소부太子少傅 장량張良·제齊 대사
마大司馬 전양저田穰苴·오吳 장군將軍 손무孫武·위魏 서하수西河守
오기吳起·연燕 창국군昌國君 악의樂毅는 오른쪽에 배치하고 장량으
로 배사하였다. 후에 중사中祀가 정지되어 결국은 제사하지 않게 되
었다.

建中三年, 禮儀使顏眞卿奏:「治武成廟, 請如月令春·秋釋奠.
其追封以王, 宜用諸侯之數, 樂奏軒縣.」詔史館考定可配享者, 列
古今名將凡六十四人圖形焉: 越相國范蠡, 齊將孫臏, 趙信平君
廉頗, 秦將王翦, 漢相國平陽侯曹參·左丞相絳侯周勃·前將軍北
平太守李廣·大司馬冠軍侯霍去病, 後漢太傅高密侯鄧禹·左將
軍膠東侯賈復·執金吾雍奴侯寇恂·伏波將軍新息侯馬援·太尉
槐里侯皇甫嵩, 魏征東將軍晉陽侯張遼, 蜀前將軍漢壽亭侯關羽,
吳偏將軍南郡太守周瑜·丞相婁侯陸遜, 晉征南大將軍南城侯羊
祜·撫軍大將軍襄陽侯王濬, 東晉車騎將軍康樂公謝玄, 前燕太

宰錄尚書太原王慕容恪, 宋司空武陵公檀道濟, 梁太尉永寧郡公
王僧辯, 北齊尚書右僕射燕郡公慕容紹宗, 周大冢宰齊王宇文憲,
隋上柱國新義公韓擒虎·柱國太平公史萬歲, 唐右武候大將軍鄂
國公尉遲敬德·右武衛大將軍邢國公蘇定方·右武衛大將軍同中
書門下平章事韓國公張仁亶·兵部尚書同中書門下三品中山公
王晙·夏官尚書同中書門下三品朔方大總管王孝傑;齊相管仲·
安平君田單, 趙馬服君趙奢·大將軍武安君李牧, 漢梁王彭越·太
尉條侯周亞夫·大將軍長平侯衛青·後將軍營平侯趙充國, 後漢大
司馬廣平侯吳漢·征西大將軍夏陽侯馮異·建威大將軍好時侯耿
弇·太尉新豐侯段熲, 魏太尉鄧艾, 蜀車騎將軍西鄉侯張飛, 吳武
威將軍南郡太守屠陵侯呂蒙·大司馬荊州牧陸抗, 晉鎮南大將軍
當陽侯杜預·太尉長沙公陶侃, 前秦丞相王猛, 後魏太尉北平王
長孫嵩, 宋征虜將軍王鎮惡, 陳司空南平公吳明徹, 北齊右丞相咸
陽王斛律光, 周太傅大宗伯燕國公于謹·右僕射郇國公韋孝寬,
隋司空尚書令越國公楊素·右武候大將軍宋國公賀若弼, 唐司空
河間郡王孝恭·禮部尚書聞喜公裴行儉·兵部尚書同中書門下三
品代國公郭元振·朔方節度使兼御史大夫張齊丘·太尉中書令尚
父汾陽郡王郭子儀.

　건중建中 3년(782)에 예의사禮儀使 안진경顔眞卿이 상주하였다.
"무성묘武成廟에 제사할 때, 청컨대「월령月令」과 같이 봄과 가을에
석전례를 하십시오. 이미 추증하여 왕이더라도 마땅히 제후의 예를
써서 음악은 헌현軒縣을 연주하십시오." 조를 내려 사관史館에서 가
히 배향할 수 있는 자를 조사 확정하라고 하고, 고금 명장 무릇 64
인의 화상을 그려 진열하도록 하였다. 월越 상국相國 범려范蠡, 제장
齊將 손빈孫臏, 월趙 신평군信平君 염파廉頗, 진장秦將 왕전王翦, 한

漢 상국相國 평양후平陽侯 조참曹參·좌승상左丞相 강후絳侯 주발周勃·전장군前將軍 북평태수北平太守 이광李廣·대사마大司馬 관군후冠軍侯 곽거병霍去病, 후한後漢 태부太傅 고밀후高密侯 등우鄧禹·좌장군左將軍 교동후膠東侯 가복賈復·집금오執金吾 옹노후雍奴侯 구순寇恂·복파장군伏波將軍 신식후新息侯 마원馬援·태위太尉 괴리후槐里侯 황보숭皇甫嵩, 위魏 정동장군征東將軍 진양후晉陽侯 장료張遼, 촉蜀 전장군前將軍 한수정후漢壽亭侯 관우關羽, 오吳 편장군偏將軍 남군태수南郡太守 주유周瑜·승상丞相 누후婁侯 육손陸遜, 진晉 정남대장군征南大將軍 남성후南城侯 양호羊祜·무군대장군撫軍大將軍 양양후襄陽侯 왕준王濬, 동진東晉 거기장군車騎將軍 강락공康樂公 사현謝玄, 전연前燕 태재녹상서太宰錄尙書 태원왕太原王 모용각慕容恪, 송宋 사공司空 무릉공武陵公 단도제檀道濟, 양梁 태위太尉 영령군공永寧郡公 왕승변王僧辯, 북제北齊 상서우복야尙書右僕射 연군공燕郡公 모용소종慕容紹宗, 주周 대총재大冢宰 제왕齊王 우문헌宇文憲, 수隋 상주국上柱國 신의공新義公 한금호韓擒虎·주국柱國 태평공太平公 사만세史萬歲, 당唐 우무후대장군右武侯大將軍 악국공鄂國公 위지경덕尉遲敬德·우무위대장군右武衛大將軍 형국공邢國公 소정방蘇定方·우무위대장군右武衛大將軍 동중서문하평장사同中書門下平章事 한국공韓國公 장인단張仁亶·병부상서兵部尙書 동중서문하삼품同中書門下三品 중산공中山公 왕준王晙·하관상서夏官尙書 동중서문하삼품同中書門下三品 삭방대총관朔方大總管 왕효걸王孝傑, 제상齊相 관중管仲·안평군安平君 전단田單, 조趙 마복군馬服君 조사趙奢·대장군大將軍 무안군武安君 이목李牧, 한漢 양왕梁王 팽월彭越·태위太尉 조후條侯 주아부周亞夫·대장군大將軍 장평후長平侯 위청衛靑·후장군

122 『신당서』권15

後將軍 영평후營平侯 조충국趙充國, 후한後漢 대사마大司馬 광평후廣
平侯 오한吳漢·정서대장군征西大將軍 하양후夏陽侯 풍이馮異·건위
대장군建威大將軍 호치후好畤侯 경엄耿弇·태위太尉 신풍후新豊侯 단
경段熲, 위魏 태위太尉 등애鄧艾, 촉蜀 거기장군車騎將軍 서향후西鄕
侯 장비張飛, 오吳 무위장군武威將軍 남군태수南郡太守 잔릉후孱陵侯
여몽呂蒙·대사마大司馬 형주목荊州牧 육항陸抗, 진晉 진남대장군鎭
南大將軍 당양후當陽侯 두예杜預·태위太尉 장사공長沙公 도간陶侃,
전진前秦 승상丞相 왕맹王猛, 후위後魏 태위太尉 북평왕北平王 장손
숭長孫嵩, 송 정로장군宋征虜將軍 왕진악王鎭惡, 진陳 사공司空 남평
공南平公 오명철吳明徹, 북제北齊 우승상右丞相 함양왕咸陽王 곡률광
斛律光, 주周 태부太傅 대종백大宗伯 연국공燕國公 우근于謹·우복야
右僕射 운국공鄆國公 위효관韋孝寬, 수隋 사공司空 상서령尙書令 월
국공越國公 양소楊素·우무후대장군右武候大將軍 송국공宋國公 하약
필賀若弼, 당唐 사공司空 하간군왕河間郡王 왕효공王孝恭·예부상서
禮部尙書 문희공聞喜公 배행검裵行儉·병부상서兵部尙書 동중서문하
삼품同中書門下三品 대국공代國公 곽원진郭元振·삭방절도사朔方節度
使 겸어사대부兼御史大夫 장제구張齊丘·태위太尉 중서령상부中書令
尙父 분양군왕汾陽郡王 곽자의郭子儀.

貞元二年, 刑部尙書關播奏:「太公古稱大賢, 下乃置亞聖, 義
有未安. 而仲尼十哲, 皆當時弟子, 今以異時名將, 列之弟子, 非
類也. 請但用古今名將配享, 去亞聖十哲之名.」自是, 唯享武成王
及留侯, 而諸將不復祭矣.

정원貞元 2년(786)에 형부상서刑部尙書 관파關播(719~797)[32]가

상주하였다.

태공太公은 고래로 대현大賢으로 칭해왔는데, 후대에 아성亞
聖에 배치하였으니, 의리상 미안함이 있습니다. 중니 십철十哲
은 모두 당시의 제자들인데, 지금은 다른 시대의 명장을 가지
고 (태공의) 제자로 배치하니 유형이 맞지 않는 것입니다. 청컨
대 다만 고금의 명장이란 호칭을 가지고 배향하시고, 아성이나
십철의 호칭은 버리십시오.

이로부터 오직 무성왕武成王 및 유후留侯[장량]만 제사 지내고,
(다른) 모든 장수들은 다시는 제사하지 않았다.

四年, 兵部侍郎李紓言:「開元中, 太公廟以張良配, 以太常卿·
少卿三獻, 祝文曰:『皇帝遣某敢昭告.』至上元元年贈太公以王爵,
祭典同文宣, 有司遂以太尉獻, 祝版親署. 夫太公周之太師, 張良
漢之少傅, 今至尊屈禮於臣佐, 神何敢歆? 且文宣百世所宗, 故樂
以宮縣, 獻以太尉, 尊師崇道也. 太公述作止六韜, 勳業著一代,
請祝辭不進署, 改昭告爲敬祭, 留侯爲致祭, 獻官用太常卿以下.」
百官議之, 多請如紓言. 左司郎中嚴涗等議曰:「按紓援典訓尊卑
之節, 當矣, 抑猶有未盡. 夫大名徽號, 不容虛美, 而太公兵權奇
計之人耳, 當殷之失德, 諸侯歸周, 遂爲佐命. 祀典不云乎, 『法施

---

32) 관파關播(719~797) : 衛州 汲縣(현재 河南省 衛輝市) 출신이다. 關羽의
    후예로 알려져 있고, 唐 德宗 연간의 재상을 지냈다. 涇原兵變 후 刑部尙
    書에서 물러났고, 咸安公主가 回紇과 和親하려 들어갈 때 호송하기도
    했다.

於人則祀之』? 如仲尼祖述堯舜, 憲章文武, 刪詩書, 定禮樂, 使君
君·臣臣·父父·子子皆宗之, 法施於人矣. 貞觀中, 以太公兵家者
流, 始令磻溪立廟. 開元漸著上戊釋奠禮, 其進不薄矣. 上元之際,
執事者苟意於兵, 遂封王爵, 號擬文宣, 彼於聖人非倫也. 謂宜去
武成王號, 復爲太公廟, 奠享之制如紆請.」刑部員外郎陸淳等議
曰:「武成王, 殷臣也, 紂暴不諫, 而佐周傾之. 夫尊道者師其人,
使天下之人入是廟, 登是堂, 稽其人, 思其道, 則立節死義之士安
所奮乎? 聖人宗堯·舜, 賢夷·齊, 不法桓·文, 不贊伊尹, 殆謂此
也. 武成之名, 與文宣偶, 非不刊之典也. 臣愚謂罷上元追封立廟,
復磻溪祠, 有司以時享, 斯得矣.」左領軍大將軍令狐建等二十四
人議曰:「兵革未靖, 宜右武以起忠烈. 今特貶損, 非勸也. 且追王
爵, 以時祠, 爲武教主, 文·武並宗, 典禮已久, 改之非也.」乃詔以
將軍爲獻官, 餘用紆奏. 自是, 以上將軍·大將軍·將軍爲三獻.

　정원 4년(788)에 병부시랑兵部侍郞 이서李紓33)가 말하였다.

　　개원開元 중에 태공묘에 장량張良을 배향하고, 태상경太常卿
　　과 소경少卿으로써 3헌의 제사를 올리며, 축문에 이르기를 "황
　　제가 아무개를 파견하여 감히 밝게 고합니다."라고 하였습니
　　다. 상원上元 원년(760)에 이르러 태공을 왕으로 추증追贈하고,
　　제사 의전은 문선왕과 같게 했으니, 유사는 드디어는 태위太尉
　　가 담당하게 하여 제사를 드리고, 축판祝版에 친히 서명하였습

---

33) 이서李紓 : 정확한 생졸연대는 미상이나 唐 玄宗과 德宗 시기에 활동했
　　던 인물이다. 자는 仲舒이다. 唐代 禮部侍郞 李希言의 아들로 알려져
　　있다. 天寶末 秘書省校書郞을 거쳐 德宗시기에 兵部侍郞에 올랐다. 본
　　문의 상소문을 포함하여「興元紀功述」등의 글이 남아 있다.

니다. 무릇 태공은 주의 태사太師이고, 장량張良은 한의 소부少
傅인데, 지금 지존至尊한 황제가 오히려 신좌臣佐의 자리에 머
물러 몸을 굽히고 예를 낮추니 신령이 어찌 감히 흠향할 수
있겠습니까?

또한 문선文宣은 백세의 근원이 되는 바이니, 음악은 궁현宮
縣으로 하고, 제사를 드릴 때 태위太尉를 유사로 삼는 것은 스
승을 존경하고 도를 숭상하기 때문입니다. 태공의 저작은 다만
『육도六韜』에만 그치고, 공훈과 업적도 일대一代에만 드러나
니, 청컨대 축사祝辭에는 (황제의) 서명을 하지 말고, '소고昭告
(밝게 고함)'란 용어를 고쳐 '경제敬祭(공경히 제사함)'로 하고,
유후留侯(장량)에 대해서는 치제致祭의 예를 행하고, 헌관獻官
은 태상경太常卿 이하를 쓰도록 하십시오.[34]

백관이 의론하여 대부분 이서李紓의 말대로 하기를 청하였다. 좌
사낭중左司郎中 엄세嚴況 등이 의론하여 말하였다.

살펴보건대, 이서의 경전 인용과 존비예절의 해석이 합당합
니다. 다만 아직 미진한 부분이 있는 것 같습니다. 무릇 대명大

---

34) 청컨대 … 쓰도록 하십시오 : 『唐會要』에는 원문이 다음과 같이 되어 있
다. "其祝文請不進署, 其「敢昭告於」, 請改爲「致祭於」; 其獻官請準
舊式, 差大常卿已下充." 이 건의는 세 가지를 포함하고 있는데, ① 황제
의 친필서명을 하지 말 것, ② 축문의 형식을 고칠 것 ③ 獻祭에서 태상경
이하의 관원을 파견할 것 등이다. 축문의 형식 문제에 관해서는 『당회요』
의 문장이 "敢昭告於 …"라는 구절을 "致祭於 …"로 고치라는 것으로 본
문보다 비교적 명확하여 이해하기 쉽다.

名과 휘호徽號는 공허한 미칭을 허용하지 않습니다. 태공은 병법에서의 권모술수와 기묘한 계책에 정통한 인물로 때마침 은殷의 덕정이 상실하여 제후들이 주周에 귀의할 때 천자를 보좌하여 창업하는 신하가 되었습니다. 사전祀典에서 "법이 백성에게 시행되면 그를 제사한다."라고 말하지 않았습니까?35) 중니仲尼가 요순을 조술祖述하고, (주의) 문왕과 무왕을 헌장憲章으로 삼고, 시서詩書를 산정刪定하고 예악을 정하여 군주는 군주답고 신하는 신하답고 아버지는 아버지답고 아들은 아들답게 하여서 모두 이를 종지로 삼은 것이니, 이것은 곧 법이 백성들에게 시행된 것입니다. 정관貞觀 중에 태공을 병가자兵家者 부류로 여기고, 비로소 영을 내려 반계磻溪36)에 묘廟를 세웠습니

---

35) 사전에서 … 않았습니까? : 원문의 "法施於人則祭之"는 『禮記』「祭法」에 등장하는 말이다. 「祭法」에서는 聖人이 제사 지내야 하는 대상으로 삼은 다음 5가지 경우를 제시하고 있다. ① 백성에 善法을 시행한 자, ② 죽음을 무릅쓰고 일에 힘쓰는 자, ③ 노고로 나라의 안정에 힘쓴 자, ④ 天災로 인한 재해를 막아준 자, ⑤ 나라의 큰 근심을 물리친 자.(法施於民則祀之, 以死勤事則祀之, 以勞定國則祀之, 能御大菑則祀之, 能捍大患則祀之) 여기에서 문제는 ①의 法을 법률이나 제도, 규범 등으로 해석한다면 악법이나 부당한 제도 등을 시행하는 경우에도 제사한다는 것은 납득되지 않기 때문에, 法을 功으로 해석하는 의견(『經籍纂詁』「洽韵」)도 있다. 즉, 민에 공을 세운 자를 제사한다는 것이다.

36) 반계磻溪 : 강태공이 낚시를 했다고 전해지는 곳으로 현재 섬서성 寶鷄市 동남쪽에 있다. 酈道元의 『水經注』에는 "성 서북쪽에 돌을 끼고 흐르는 물이 있는데, 날아갈 듯한 여울이 깊고 빨라서 사람들이 磻溪라고 불렀다. 太公이 일찍이 이곳에서 낚시를 했다고 말해진다.(城西北有石夾水, 飛湍浚急, 人亦謂之磻溪, 言太公嘗釣于此也)"라고 설명하고 있다.

다. 개원開元 시기에 점차 첫 번째 무일戊日에 석전례를 거행
하도록 저록하였기에 그 존경하고 받드는 것이 박한 것이 아니
었습니다. 상원上元 즈음에 정사를 담당하는 이가 임의로 병법
에 뜻을 두고, 결국 왕으로 봉하여, 호칭이 문선文宣에 비견되
었으나, 그는 성인과 비교되는 인물이 아닙니다. (신 등이) 생
각하건대 마땅히 무성왕武成王의 호칭을 버리고, 다시 태공묘
太公廟로 하며, 전향奠享의 제도는 이서李紓의 청과 같이 하십
시오.

형부원외랑刑部員外郎 육순陸淳(?~806) 등이 의론하여 말했다.

　무성왕武成王은 은殷의 신하입니다. (은의) 주왕紂王이 포악
하니 간언을 하지 않고, 주周를 도와 은을 무너뜨렸던 것입니
다. 무릇 도를 높이는 자가 그 사람을 스승으로 삼아, 천하의
사람으로 하여금 그 묘廟에 들어가고, 그 당堂에 오르며, 그 사
람을 상기하고, 그 도를 생각하게 하면, 절개를 세우고 의를 위
해 죽는 선비가 어찌 분발할 수 있겠습니까? 성인聖人이 요순
堯舜을 종宗으로, 백이伯夷·숙제叔齊를 현자로 삼아, 제환공齊
桓公과 진문공晉文公을 본받지 않고, 이윤伊尹을 찬미하지 않
은 것은 대개 이것을 일컬은 것입니다. 무성武成의 이름을 문
선왕과 서로 짝하게 한 것은 고정불변의 전범典範이 아닌 것입
니다. 신이 생각건대 상원上元시기 추봉하고 입묘한 것을 철회
하고 다시 반계磻溪의 사묘祠廟로 회복하여, 유사가 시향時享
을 하게 하는 것이 옳다고 봅니다.

좌령군대장군左領軍大將軍 영호건令狐建 등 24인이 의론하여 말했다.

전쟁이 아직 그치지 않았기에 마땅히 무공을 추숭하여 충열 지사忠烈之士를 흥기시키는 것이 마땅합니다. 지금은 특히 무를 폄훼하고 낮추는 것은 권장할 일이 아닙니다. 하물며 왕작王爵을 추증하고 계절마다 제사하여 (태공을) 무교武敎의 종주宗主로 삼은 것은, 문과 무를 아울러 종宗으로 삼는 것으로 전례가 시행된 지 이미 오래되었으니 고치는 것은 잘못이라고 생각합니다.

이에 조를 내려 장군을 헌관獻官으로 삼고, 나머지는 이서李紓가 상주한 대로 하라고 하였다. 이로부터 상장군·대장군·장군이 3헌이 되었다.

其五岳·四鎮, 歲一祭, 各以五郊迎氣日祭之. 東岳岱山於兗州, 東鎮沂山於沂州, 南岳衡山於衡州, 南鎮會稽於越州, 中岳嵩高於河南, 西岳華山於華州, 西鎮吳山於隴州, 北岳常山於定州, 北鎮醫無閭於營州, 東海於萊州, 淮於唐州, 南海於廣州, 江於益州, 西海及河於同州, 北海及濟於河南.

오악五岳·사진四鎮[37]은 매년 한 번 제사를 지내는데, 각기 오교

---

37) 오악 사진 : 五嶽은 漢 宣帝시기 조서로 정식 선포되면서 성립하였다. 동악 泰山, 서악 華山, 남악 衡山(초기는 霍山), 북악 大茂山, 중악 嵩山을 말한다. 金元明淸시기 北京이 수도가 되면서 北嶽이 오히려 수도의 남쪽

에서 기氣를 맞이하는 날에 제사한다. 동악東岳 대산岱山은 연주兗州에서, 동진東鎭 기산沂山은 기주沂州에서, 남악南岳 형산衡山은 형주衡州에서, 남진南鎭 회계會稽는 월주越州에서, 중악中岳 숭고嵩高는 하남河南에서, 서악西岳 화산華山은 화주華州에서, 서진西鎭 오산吳山은 농주隴州에서, 북악北岳 상산常山은 정주定州에서, 북진北鎭 의무려醫無閭는 영주營州에서, 동해東海는 내주萊州에서, 회수淮水는

에 위치하게 되니 明代에는 山西省의 恒山을 북악으로 삼았다. 한편 鎭은 본래 五嶽과 마찬가지로 높은 명산을 가리킨다. 『周禮』 「春官」에는 九州에 하나씩의 山鎭이 있어 '四鎭五嶽'(『周禮』 「春官·大司樂」)으로 칭하기도 했다. 『주례』 구주산진 중 오악에 포함되지 않은 것은 沂山, 吳山(嶽山), 霍山, 醫無閭山, 會稽山 등이었는데, 남조 박사 明山賓이 이들 오악 이외의 전국적인 명산을 '鎭'으로 부르면서 고정화되기 시작하였다. 隋代에 이르러 嶽鎭海瀆에 대한 국가제사 제도가 만들어지면서 이들 五鎭에 별도의 祠를 세우고 五鎭을 확정했다. 唐代에는 『大唐開元禮』 등에서 冀州의 霍山을 제외하고 '五嶽四鎭'을 칭하기도 하면서 五鎭과 四鎭이 병행되기도 했지만, 후대에는 대체로 五鎭으로 정착되었다.

中嶽廟

登封 城東에 위치하며 秦初에 세워져 太室祀로 칭해지다가 남북조시기 中岳廟로 개칭되었다.(陝西省博物館編, 『隋唐文化』, 中華書局, 1990)

당주唐州에서, 남해南海는 광주廣州에서, 장강長江은 익주益州에서, 서해西海 및 황하黃河는 동주同州에서, 북해北海 및 제수濟水는 하남 河南에서 제사 지낸다.

禮樂六
예악 6

최진묵 역주

二日賓禮, 以待四夷之君長與其使者.

(오례의) 두 번째는 빈례賓禮[1]라고 말한다. (이 예로써) 사이四夷의 군장과 그 사자使者를 접대하는 것이다.

蕃國主來朝, 遣使者迎勞, 前一日, 守宮設次於館門之外道右,

---

1) 빈례賓禮 : 五禮의 하나로『周禮』에서는 "賓禮로 邦國과 친해진다"라고 설명했지만, 실상 오례 중에서 비중이 가장 작다.『大唐開元禮』는 총 150 卷에 238篇의 내용을 담고 있지만, 빈례는「蕃主來朝遣使迎勞」,「皇帝遣使戒蕃主見日」,「蕃主奉見」,「皇帝受蕃使表及幣」,「皇帝宴蕃國主」,「皇帝宴蕃國使」등 고작 2권 6편에 불과하다. 내용상으로 주로 蕃國의 君主나 使臣을 만나고 연회를 베푸는 의례과정이 포함되므로 현대적 개념의 外交와도 등치시키기 어렵다. 당왕조 외교의 일부분였다고 보는 것이 타당할 것이다. 실제「대당개원례」에서 蕃人에 관한 예의항목이 41편에 포함되어 있지만, 이것을 모두 빈례로 규정하지는 않은 것이다. 아래는 章懷太子墓에서 출토된 東客使圖로, 唐代 賓禮의 실제상황을 생동감 있게 느끼게 해주는 자료이다.

唐 章懷太子墓의 東客使圖

왼쪽 3인은 鴻臚寺卿 등 唐의 官員으로, 오른쪽 3인은 외국사절로 추정한다. 외국사절 중 중간이 고구려인 내지 신라인으로 보는 견해가 많다.(『中國大百科全書, 考古學』 52쪽에서 인용)

南向. 其日, 使者就次, 蕃主服其國服, 立於東階下, 西面. 使者朝服出次, 立於門西, 東面 ; 從者執束帛立於其南. 有司出門, 西面曰 :「敢請事.」 使者曰 :「奉制勞某主.」 稱其國名. 有司入告, 蕃主迎於門外之東, 西面再拜, 俱入. 使者先升, 立於西階上, 執束帛者從升, 立於其北, 俱東向. 蕃主乃升, 立於東階上, 西面. 使者執幣曰 :「有制.」 蕃主將下拜, 使者曰 :「有後制, 無下拜.」 蕃主旋, 北面再拜稽首. 使者宣制, 蕃主進受命, 退復位, 以幣授左右, 又再拜稽首. 使者降, 出立於門外之西, 東面. 蕃主送於門之外, 西, 止使者, 揖以俱入, 讓升, 蕃主先升東階上, 西面 ; 使者升西階上, 東面. 蕃主以土物儐使者〔一〕,2) 使者再拜受. 蕃主再拜送物, 使者降, 出, 蕃主從出門外, 皆如初. 蕃主再拜送使者, 還. 蕃主入, 鴻臚迎引詣朝堂, 依方北面立, 所司奏聞, 舍人承敕出, 稱「有敕」. 蕃主再拜. 宣勞, 又再拜. 乃就館.

번국蕃國의 군주가 내조來朝하면, (먼저) 사자를 보내 영접하고 위로한다. 하루 전에 수궁守宮3)은 관4)문館門의 바깥길 오른쪽에 장

---

2) [교감기 1] "蕃主以土物儐使者"에서 '土'자는 원래 각 판본에서는 '主'자로 되어 있다. 『大唐開元禮』 권79와 『通典』 권131에 의해 고쳤다.

3) 수궁守宮 : 守宮署를 말한다. 令과 丞이 있다. 『唐六典』에 의하면 守宮令은 邦國의 장막 따위를 공급하는 일을 관장하는데, 물품의 명목을 판별하고 출입을 회계한다. 丞은 그 차관이다. 大祭祀나 大朝會 大駕의 순행 때 王公百官의 자리를 正殿의 남문 밖에 설치한다. 또한 吏部 禮部 兵部 등에서 考試할 때나 王公의 혼례 등에서 장막 공급을 책임진다.

4) 관 : 候館을 말한다. 『儀禮』「聘禮」의 "及館"에 대한 주석에서 "원교의 안에 候館이 있는데, 잠깐 쉬거나 목욕을 할 수 있다."라고 하였다. 驛館을 말하며, 구체적으로는 長樂驛이다. 唐代에는 외국사절이 올 때 長安 萬年縣 이동 15리 되는 곳에 長樂驛이 있고, 일반적으로 여기에서 사절

막을 설치하는데, 남쪽을 향하게 한다. (내조하는 바로) 그날에, 사자가 장막으로 나아가면 번주蕃主는 그 나라의 (오복)에 맞는 복장을 하고, 동쪽 계단 아래에 서서 서쪽을 향한다. 사자使者는 조복朝服을 입고 장막을 나서서, 문의 서쪽에 서서 동쪽을 바라본다. 종자從者는 속백束帛을 집고 그 남쪽에 선다. 유사有司가 문을 나가서 서쪽을 바라보며 아뢴다. "감히 청하니 행사를 시작하십시오." 사자가 말하기를 "명을 받들어 아무개 나라의 군주를 위로합니다."라고 하며, 그 나라 이름을 부른다. 유사가 들어와 고하면, 번주는 문밖의 동쪽에서 맞이하여 서쪽을 향하여 재배하고, 함께 들어온다. 사자가 먼저 (당堂에) 올라, 서쪽 계단 위에 서고, 속백을 집은 자는 따라서 올라 그 북쪽에 서며, 모두 동쪽을 향한다. 번주가 이내 오르고 동쪽 계단 위에 서서 서쪽을 향한다. 사자는 폐백을 잡고 말한다. "제서制書가 있습니다." 번주가 장차 아래로 내려가 절하고자 하면[下拜] 사자가 말한다. "또 제서制書가 있으니, (지금) 하배下拜할 필요가 없습니다." 번주가 몸을 돌려 북쪽을 바라보고 재배하며 머리를 조아린다. 사자가 제制를 선포하면 번주는 나아가 명을 받고 물러나 자리로 돌아와 폐백을 좌우에게 건네주고 또 재배하며 머리를 조아린다. 사자가 (당을) 내려가, (관을) 나가서 문밖의 서쪽에 서서 동쪽을 향한다. 번주는 문밖까지 나와 전송하며, 서쪽을 향해 사자를 만류하고 읍양을 하며 함께 들어와 (당에) 오르는 것을 서로 양보한다. 번주가 먼저 동쪽 계단 위로 올라 서쪽을 바라본다. 사자는

을 영접한다. 長樂驛은 중요한 교통요지로 동쪽으로는 潼關을 나가서 洛陽에 이를 수 있고, 동남쪽으로는 武關을 나서 荊襄에 이를 수 있는 곳이다. 일반 迎送 의식은 모두 여기에서 행해진다.

서쪽 계단 위로 올라 동쪽을 바라본다. 번주는 토산물로 사자에게 공경함을 보이고, 사자는 재배하고 받는다. 번주는 재배하고 예물을 보내고, 사자는 (당을) 내려가서, (관을) 나오고, 번주가 따라서 문 밖까지 나오는데, 모두 처음 하였던 것과 같이 한다. 번주는 재배하고 사자를 보내고 돌아온다. 번주가 입조入朝하면, 홍려鴻臚5)가 영접하여 조당朝堂까지 인도하고, 방향에 따라서 북쪽을 바라보고 서면, 유사有司가 황제에게 상주하고, 사인舍人은 칙령敕令을 받들고 나와서, "칙명이 있습니다."라고 선포한다. 번주는 재배한다. 칙령을 선포하고 노고를 위로하면, 또 재배한다. 이에 (홍려객)관6)으로

---

5) 홍려鴻臚: 鴻臚寺를 말한다. 『周禮』에 의하면 大賓客의 禮를 관장하는 大行人이 있었고, 秦代에는 典客이라고 하였지만, 漢代에 鴻臚라고 고쳤다. 이후 명칭상의 변동이 다소 있었고, 시대에 따라 때로 폐지되기도 했지만, 대체로 清代까지 이 명칭이 유지되었다. 唐代 鴻臚寺에는 鴻臚卿 1인과 鴻臚少卿 2인을 두었다. 鴻臚卿의 직무는 賓客과 凶禮에 관한 의례를 관장하였고, 典客과 司儀 두 관서를 거느렸다. 少卿은 그 차관이다. 무릇 사방 夷狄의 君長들이 황제를 朝見할 때, 그 등위를 변별하여 빈객으로 접대하는 일을 하였다. 鴻臚의 뜻에 관해서는 두 가지 주석이 있다. ① 鴻은 聲이고, 臚는 傳이라고 하여, 윗사람의 말을 아래로 전달하고 알려 인도한다는 의미.(『通典』 「職官」에서의 應劭의 注와 杜佑의 해석) ② 鴻은 大이고, 臚는 陳序라고 하여, 禮로써 賓客을 순서대로 늘어놓으려는 것이다.(『太平御覽』에서 인용한 韋昭의 『辨釋名』)

6) 홍려객관: 唐代 외국사절 등을 접대하는 빈관은 四方館과 鴻臚客館 두 종류가 있었다. 隋代 鴻臚寺에 예속되어 있던 四方館은 唐代에는 中書省에 예속되어 通事舍人이 주관하였다. 徐松의 『兩京城坊考』에 의하면 長安의 四方館은 承天門 거리의 서쪽, 宮城의 남쪽으로 第2 橫街의 북쪽에 있다고 하였다. 한편 鴻臚客館은 홍려시 아래에 典客署에서 관리하

돌아온다.

皇帝遣使戒蕃主見日, 如勞禮. 宣制曰:「某日, 某主見.」蕃主
拜稽首. 使者降, 出, 蕃主送.

황제가 사자를 보내 번주에게 회견할 날을 알리는 일은 영접하여
위로하는 예와 같게 한다. 제制를 선포하며 말한다. "아무개 날에 아
무개 군주를 만난다." 번주는 절하고 머리를 조아린다. 사자가 (당
을) 내려가서 (홍려객관을) 나오면, 번주는 전송한다.

蕃主奉見. 前一日, 尚舍奉御設御幄於太極殿, 南向;蕃主坐於
西南, 東向. 守宮設次, 太樂令展宮縣, 設擧麾位於上下, 鼓吹令
設十二桉, 乘黃令陳車輅, 尚輦奉御陳輿輦. 典儀設蕃主立位於縣
南道西, 北面;蕃國諸官之位於其後, 重行, 北面西上, 典儀位于
縣之東北, 贊者二人在南, 差退, 俱西面. 諸衛各勒部, 屯門列黃
麾仗. 所司迎引蕃主至承天門外, 就次. 本司入奏, 鈒戟近仗皆入.
典儀帥贊者先入, 就位. 侍中版奏「請中嚴」. 諸侍衛之官及符寶郎
詣閤奉迎, 蕃主及其屬各立於閤外西廂, 東面. 侍中版奏「外辦」.
皇帝服通天冠·絳紗袍, 乘輿以出. 舍人引蕃主入門, 舒和之樂作.

었다. 전객서는 장안에 조공하려 오는 사방의 번객의 각종 사무를 관장하
였고, 실제 回紇使者가 머물렀다는 기록도 있다. 장안에 있는 鴻臚客館
의 위치는『兩京城坊考』에 承天門의 남쪽, 제7 橫街의 북쪽으로 기록되
어 있다. 賓禮중에 번주가 내조하면 사자를 보내 노고를 위로하는 의례
및 황제가 사자를 보내 번주를 회견하는 날을 알리는 의례 등이 홍려객관
에서 시행되었다.

典儀曰：「再拜.」 蕃主再拜稽首. 侍中承制降詣蕃主西北, 東面曰
：「有制.」 蕃主再拜稽首. 乃宣制, 又再拜稽首. 侍中還奏, 承制降
勞, 敕升座. 蕃主再拜稽首, 升座. 侍中承制勞問, 蕃主俛伏避席,
將下拜, 侍中承制曰：「無下拜.」 蕃主復位, 拜而對. 侍中還奏, 承
制勞還館. 蕃主降, 復縣南位, 再拜稽首. 其官屬勞以舍人, 與其主
俱出. 侍中奏「禮畢」. 皇帝興.

번주가 (황제를) 받들어 뵙기. 하루 전에 상사봉어尙舍奉御[7]는 태
극전太極殿에 황제의 장막을 설치하고, 남쪽을 향하게 한다. 번주는
서남쪽에 앉아서 동쪽을 향한다. 수궁守宮이 장막을 설치하고, 태악
령太樂令은 궁현宮縣을 전개하며, 전殿의 위아래에 거휘擧麾의 자리
를 설치하며, 고취령鼓吹令은 12안案[8]을 설치하고, 승황령乘黃令은

---

7) 상사봉어尙舍奉御 : 尙舍局 소속의 관원으로 奉御는 2인으로 從5品上이
   다. 『周禮』에 이미 尙舍가 있어 황제가 行幸하다가 머무는 곳에 帷 幕
   幄 帟 등의 각종 장막의 설치를 관장하였다. 이외 궁전의 뜰에서의 제사
   관련용품의 설치, 湯沐, 燈燭, 청소 등의 일을 맡았다. 唐은 隋의 제도를
   따랐지만, 高宗 龍朔 2年(662)에 奉宸大夫로 바꾸었다가, 咸亨 元年
   (670)에 복구하였다.

8) 12안 : 鼓吹12案은 南朝 梁 武帝시기 처음 시작되었다. 樂懸 이외에 殿
   庭에 설치하여 향연에 활용하였는데, 熊羆를 그려 장식했기 때문에 鼓吹
   熊羆12案이라고도 불린다. 隋代에는 熊羆 외에도 貙豹(이리와 표범)의
   문식을 더해서 百獸의 舞를 상징했다고 한다. 당대 12안은 段安節의 『樂
   府雜錄』에 잘 소개되어 있는데, 熊羆架는 12개로 하여 나무로 조각하며,
   높이는 1장 정도이고 그 모양은 床과 같았으며, 含元殿 앞에서 〈十二時〉
   〈萬宇淸〉〈月重輪〉 등의 雅樂을 연주했다고 하였다. 이 고취12안은 조회
   시에 建鼓 외에, 羽葆鼓, 大鼓, 金錞 각 1개, 歌 2인, 簫 2인, 笳 2인을
   더했기에 전체 樂工은 12에 9를 곱한 108인이 된다. 宮縣과 별도로 鼓吹

거로車輅를 진열하며, 상련봉어尙輦奉御는 여련輿輦을 진열한다. 전의典儀는 궁현宮縣 남쪽길 서쪽에 번주가 서 있을 자리를 설정하고 북쪽을 향하게 한다. 번국 여러 관원들의 자리는 그 뒤에 설치하는데, 두 줄로 북쪽을 바라보게 하고 서쪽을 윗자리로 한다. 전의는 궁현의 동북쪽에 위치하며, 찬자贊者 2인은 남쪽에 서열에 따라 약간 뒤로 물러나 있으며 모두 서쪽을 향한다. 각 시위관侍衛官은 부원을 배치하여 문 입구에 도열하여 황휘의장黃麾儀仗을 진열한다. 유사가 번주를 맞이하여 인도해서 승천문承天門 밖까지 번주를 영접 인도하고 장막으로 나아간다. 유사가 들어와 상주하면 삽鈒[창]과 극戟[창] 등 근위近衛의 의장도 모두 들어온다. 전의典儀는 찬자贊者를 이끌고 먼저 들어와 자리로 나아간다. 시중侍中이 홀판笏版을 들고 "궁정의 경비를 청합니다."라고 상주한다. 모든 시위侍衛의 관원 및 부보랑符寶郎은 합문閤門[측문]에 이르러 받들어 영접하고, 번주 및 그 속원들은 각기 합문 밖의 서상西廂에 서서 동쪽을 향한다. 시중侍中이 "궁정의 경비가 갖추어졌습니다[外辦]"라고 홀판을 들고 상주한다. 황제는 통천관通天冠을 쓰고 강사포絳紗袍를 입고, 가마를 타고 나온다. 사인舍人이 번주를 인도하여 문으로 들어오면, 〈서화악舒和樂〉이 연주된다. 전의典儀가 아뢴다. "재배하십시오." 번주는 재배하고 머리를 조아린다. 시중侍中이 제制를 받들어 (전

12案을 설치했기 때문에 12案의 음악은 전통 雅樂과는 차별이 있었다고 판단한다. 즉 전통 궁정아악이 儀禮的 性格과 장엄함이 강했다면, 鼓吹 12案은 歌舞와 雜技 百戱 등이 포함되어 오락성과 관람용의 성격이 강조되었다고 보는 것이다. 鼓吹12案은 唐代 元正과 冬至 등의 朝會나 大射 儀 등에서 사용되었다.(許繼起,「鼓吹十二案考釋」참조)

을) 내려와 번주에 이르면 서북쪽으로 서서 동쪽을 향하여 아뢴다. "제서制書가 있습니다." 번주는 재배하고 머리를 조아린다. 이에 제制를 선포하면, 또 재배하고 머리를 조아린다. 시중이 돌아와 상주하고 제서制書를 받들고 내려와 노고를 위로하고, 칙령을 전하여 자리에 오르게 한다. 번주는 재배하고 머리를 조아리며 자리에 오른다. 시중은 제서制書를 받들어 (번주를) 위로하고 안부를 물으며, 번주가 몸을 굽혀 자리를 떠나 장차 내려와 절하고자 하면, 시중은 제서를 받들어 말한다. "하배下拜할 필요는 없습니다." 번주는 자리로 돌아가서 절하고서 마주 대답한다. 시중이 몸을 돌려 상주하고 제서를 받들어 노고를 위로하고 영빈관으로 돌아가도록 한다. 번주는 내려와 궁현의 남쪽 자리로 돌아와 재배하고 머리를 조아린다. 그 관속官屬은 사인舍人으로부터 노고를 위로받고, 자신의 번주와 함께 모두 나온다. 시중이 "예를 마쳤습니다."라고 상주한다. 황제는 일어난다.

若蕃國遣使奉表幣, 其勞及戒見皆如蕃國主. 庭實陳於客前, 中書侍郎受表置於案, 至西階以表升. 有司各率其屬受其幣焉.

만약 번국이 사신을 파견하여 표문表文이나 폐백을 바치면, 그 노고를 위로하고 회견 날을 알리는[戒見] 의례는 모두 번국의 군주와 똑같이 한다. 궁정의 예물은 사자의 앞에 진열하며, 중서시랑中書侍郎은 표문을 받아 궤안에 놓고 서쪽 계단에 이르러 표문을 올린다. 유사가 각기 그 속원들을 이끌고 그 폐백을 받는다.(사진참조)

步輦圖. 閻立本이 그린 토번사신을 접견하는 唐 태종
(關佩貞, 『千年古都西安』, 商務印書館 香港分館, 1987)

其宴蕃國主及其使, 皆如見禮. 皇帝已卽御坐, 蕃主入, 其有獻
物陳於其前. 侍中承制降敕, 蕃主升座. 蕃主再拜奉贄, 曰:「某國
蕃臣某敢獻壤奠.」侍中升奏, 承旨曰:「朕其受之.」侍中降於蕃
主東北, 西面, 稱「有制」. 蕃主再拜, 乃宣制. 又再拜以贄授侍中,
以授有司. 有司受其餘幣, 俱以東. 舍人承旨降敕就座, 蕃國諸官
俱再拜. 應升殿者自西階, 其不升殿者分別立於廊下席後. 典儀曰
:「就坐.」階下贊者承傳, 皆就座. 太樂令引歌者及琴瑟至階, 脫
履, 升坐, 其笙管者, 就階間北面立. 尙食奉御進酒, 至階, 典儀曰
:「酒至, 興.」階下贊者承傳, 皆俛伏, 興, 立. 殿中監及階省酒,
尙食奉御進酒, 皇帝擧酒, 良醞令行酒. 典儀曰:「再拜.」階下贊
者承傳, 皆再拜, 受觶. 皇帝初擧酒, 登歌作昭和三終. 尙食奉御受
虛觶, 奠于坫. 酒三行, 尙食奉御進食, 典儀曰:「食至, 興.」階下
贊者承傳, 皆興, 立. 殿中監及階省按, 尙食奉御品嘗食, 以次進,
太官令行蕃主以下食按. 典儀曰:「就坐.」階下贊者承傳, 皆就坐.
皇帝乃飯, 蕃主以下皆飯. 徹按, 又行酒, 遂設庶羞. 二舞以次入,

作. 食畢, 蕃主以下復位于縣南, 皆再拜. 若有筐篚, 舍人前承旨降
宣敕, 蕃主以下又再拜, 乃出.

그 번국의 군주 및 그 사자를 위한 향연은 모두 상견례相見禮와 똑
같이 한다. 황제가 이미 어좌에 앉은 후, 번주가 들어오고 그 헌상하
는 예물이 있으면 그 앞에 진열한다. 시중이 제서制書를 받들고 내려
와 칙령을 전하면 번주는 자리에 오른다. 번주는 재배하고 폐백을 바
치며 아뢴다. "아무개 나라의 번주 아무개가 감히 토산의 공물을 바
칩니다." 시중이 올라가 상주하고, 황제의 뜻을 받들어 말한다. "짐이
그것을 받겠노라." 시중이 전에서 내려와 번주의 동북쪽에 서서 서
쪽을 향하여 "제서制書가 있습니다."라고 말한다. 번주가 재배하면
이내 제서를 선포한다. 또 재배하고 폐백을 시중에게 주면 (시중은)
유사에게 건네준다. 유사는 그 나머지 폐백을 받아서 모두 동쪽에
놓아둔다. 사인舍人이 황제의 뜻을 받들어 내려와서 칙령을 전하여
자리로 나아가게 하면, 번국의 여러 관원들은 모두 재배한다. 전에
올라야 하는 자는 서쪽 계단으로부터 (오르고), 전에 오르지 않는 자
는 나눠서 별도로 복도 아래의 좌석[廊下席]의 뒤쪽에 선다. 전의典儀
말한다. "자리로 나아가시오." 계단 아래 찬자贊者가 전달을 전해주
면 모두 자리로 나아간다. 태악령太樂令은 노래하는 자와 금슬琴瑟을
연주하는 자를 인도하여 계단에 이르면 신발을 벗고 자리에 오르고,
그 생관笙管을 부는 자는 계단 사이로 나아가 북쪽을 바라보며 선다.
상식봉어尙食奉御가 술을 올리고, 계단에 이르면, 전의典儀가 말한
다. "술이 도착했습니다. 일어나십시오." 계단아래에서 찬자贊者가
전언傳言을 전해주면, 모두 몸을 엎드렸다가 일어나 선다. 전중감殿
中監은 계단 앞에 이르러 술을 살피고, 상식봉어가 술을 올리면, 황제

는 술을 마시고, 양온령良醞令은 순서에 따라 술을 따른다. 전의가 말
한다. "재배하시오." 계단 아래에서 찬자가 전언을 전해주면 모두 재
배하고, 술잔을 받는다. 황제가 첫 번째로 술을 마실 때 등가登歌는
〈소화昭和〉 3악장을 연주한다. 상식봉어는 빈 술잔을 받아 잔대에 둔
다. 술을 세 번 따르면, 상식봉어는 음식을 올리고, 전의는 말한다.
"음식이 도착했습니다. 일어나십시오." 계단 아래에서 찬자가 전언을
전달하면 모두 일어나 선다. 전중감은 계단에 이르러 음식상을 살피
고, 상식봉어는 음식을 맛보면, 순서대로 음식을 올리고, 태관령太官
令이 번주 이하에게까지 음식상을 보낸다. 전의가 말한다. "자리로
나아가십시오." 계단 아래에서 찬자가 전언을 전달하면 모두 자리로
나아간다. 황제가 이내 식사를 하고 번주 이하도 모두 식사를 한다.
음식상을 물리치고, 또 술을 따르며, 마침내 여러 가지 (진귀한) 음식
을 진설한다. 문무文舞와 무무武舞 2무대舞隊가 순서대로 들어와 춤
을 춘다. 식사가 끝나면, 번주 이하는 궁현의 남쪽에서 자리로 돌아
가서 모두 재배한다. 만약 (음식을 담는) 광주리9) 등 (황제의 하사품)
이 있다면, 사인은 앞으로 나아가 황제의 뜻을 받들어 칙령勅令을 선
포하고10), 번주 이하는 또 재배하고, 이내 (문을) 나온다.

---

9) 광주리 : 원문은 筐篚이다. 筐과 篚는 모두 대나무로 만든 음식 등 물건을
담는 기물이다. 다만 筐은 사각형의 형태이고, 篚는 원형이다. 筐篚는 점
차 본래의 의미가 확장되어 禮物이나 결혼 전 남자가 여자에게 보내는
聘禮를 말하기도 했는데, 여기에서는 皇帝가 내리는 下賜品, 즉 제왕의
恩賜인 것으로 이해된다. 杜甫가 지은 5백 자로 된 장편시 〈自京赴奉先
縣咏懷五百字〉에 나오는 "聖人筐篚恩, 實欲邦國活.성인이 광비를 하사
한 은혜는, 실은 나라를 살리고자 한 것이었는데."이라는 구절이 이 해석
의 용례이다.

其三曰軍禮.

(오례의) 세 번째는 군례軍禮[11]라고 말한다.

皇帝親征.

황제의 친정.

纂嚴. 前期一日, 有司設御幄於太極殿, 南向. 文武群官次於殿庭東西, 每等異位, 重行北向. 乘黃令陳革輅以下車旗于庭. 其日未明, 諸衛勒所部, 列黃麾仗. 平明, 侍臣·將帥·從行之官皆平巾幘·袴褶. 留守之官公服, 就次. 上水五刻, 侍中版奏「請中嚴」. 鈒戟近仗列于庭. 三刻, 群官就位, 諸侍臣詣閤奉迎. 侍中版奏「外辦」. 皇帝服武弁, 御輿以出, 卽御座. 典儀曰:「再拜.」在位者皆再拜. 中書令承旨敕百寮群官出, 侍中跪奏「禮畢」. 皇帝入自東

---

10) 칙령을 선포하고 : 원문은 降宣勅이다. 降은 '조서를 내리다'라는 뜻이고, 宣은 '칙령을 선포하다'라는 의미이므로, 사실상 같은 말의 반복이다. 따라서 降宣勅은 '칙령을 선포하다'라고 해석할 수 있다.

11) 군례軍禮 : 五禮 중 하나이다. 『周禮』에서는 大師之禮, 大均之禮, 大田之禮, 大役之禮, 大封之禮로 구분했지만, 『儀禮』에는 軍禮의 編章이 존재하지 않는다. 선진시기의 大均, 大役, 大封之禮는 秦漢 이후 더 이상 존재하지 않았고, 진한대 이후에 군례는 군사훈련이나 전쟁 등에서 필요한 각종 예의 규범을 말하게 되었다. 시대에 따라 부침이 있지만, 『대당개원례』는 皇帝의 親征, 황제 講武, 황제 田狩, 황제 射, 大將 出征, 馬祖 제사 등 말에 관한 여러 의례, 合朔伐鼓, 大儺 등으로 23종의 의례를 군례에 포함시켰다.

房, 侍臣從至閤.

계엄戒嚴[찬엄纂嚴]. 하루 전에, 유사는 태극전太極殿에 어악御幄을 설치하고 남쪽을 향하게 한다. 문무의 여러 관원들의 장막은 태극전 뜰의 동서로 나눠 설치하고 매 등급에 따라 위치를 달리하며 두 줄로 세워 북쪽을 향하게 한다. 승황령乘黃令은 혁노革輅 이하 수레의 깃발을 궁정의 뜰에 진열한다. 그날, 날이 밝기 전에 모든 시위관의 부서에는 황휘의장을 줄지어 세운다. 날이 밝아오면 시신侍臣·장수將帥·종행관從行官 모두 평건책平巾幘과 고습袴褶을 착용한다. 유수관留守官은 공복公服을 하고 장막으로 나아간다. (주루) 상수上水 5각刻에 시중은 "궁정의 경비를 청합니다."라고 홀판을 들고 상주한다. 삽鈒과 극戟 등의 근위 의장은 궁정의 뜰에 진열한다. 3각刻에 여러 관원들이 자리로 나아가고, 모든 시신侍臣들이 합문閤門[옆문]에 이르러 받들어 영접한다. 시중이 "외부의 경비가 이루어졌습니다."라고 홀을 들고 상주한다. 황제는 무변武弁을 착용하고, 황제의 가마를 타고 나와서 바로 어좌에 앉는다. 전의典儀가 말한다. "재배하십시오." 자리에 있던 사람들은 모두 재배한다. 중서령中書令은 황제의 뜻을 받들어 모든 관원들에게 칙령을 전하여, 물러나가게 한다. 시중은 꿇어앉아 "예를 마쳤습니다."라고 상주한다. 황제는 동방東房으로부터 들어오고, 시신은 따라서 합문에 이른다.

乃禰于昊天上帝. 前一日, 皇帝清齊於太極殿, 諸豫告之官·侍臣·軍將與在位者皆清齊一日. 其日, 皇帝服武弁, 乘革輅, 備大駕, 至于壇所. 其牲二及玉幣皆以蒼. 尊以太尊·山罍各二, 其獻一. 皇帝已飲福, 諸軍將升自東階, 立于神座前, 北向西上, 飲福

受胙. 將軍之次在外壇南門之外道東, 西向北上. 其卽事之位在縣
南, 北面. 每等異位, 重行西上. 其奠玉帛・進熟・飲福・望燎, 皆
如南郊.

　이어 호천상제昊天上帝에게의 류禷[12] 제사. 하루 전에 황제는 태
극전에서 청재清齊[13]를 하고, 고제告祭에 참여하는 모든 관원들・시
신侍臣・군장軍將과 재위자在位者는 모두 청재 1일을 한다. 그날에
황제는 무변武弁을 입고, 혁로革輅를 타며 대가大駕를 갖추어 단이
있는 곳에 이른다. 그 희생제물 두 마리 및 옥폐玉幣는 모두 푸른
[蒼]것으로 한다. 술동이는 태준太尊과 산뢰山罍 각 2개를 쓰고, 그
(술잔을 드리는) 헌례獻禮는 1헌으로 한다. 황제가 음복飲福을 마치
면, 모든 군장軍將들은 동쪽 계단으로부터 올라와 신좌神座의 앞에
서는데, 북쪽으로 향하여 서쪽을 윗자리로 한다. 음복하고 수조受胙
한다. 장군의 장막은 외유外壝의 남문의 바깥길 동쪽에 위치하여 서
쪽을 향하고 북쪽을 윗자리로 한다. (장군의) 제사할 때의 위치는 악
현의 남쪽으로 하고 북쪽을 향한다. 매 등급마다 자리를 달리하고
두 줄로 해서 서쪽을 윗자리로 한다. 그 나머지 전옥백奠玉帛・진숙
進熟[익힌 음식을 올림]・음복飲福・망요望燎는 모두 남교 제사와 똑

---

12) 류禷 : 국가에 大事가 있을 때 上帝 혹은 社稷과 宗廟에 재앙을 피하고
　　복을 구하는 일종의 기도의식으로 일종의 祭天儀禮이지만, 祭天儀禮와
　　완전히 일치하는 것은 아니다. 『說文解字』에 의하면 禷자의 본의는 白犬
　　이며, 禷祭는 白犬을 희생으로 하는 祭儀이다. 따라서 禷祭는 上古시기
　　중국 북방지구의 犬祭禮俗 중의 일종의 특별한 유형인 것으로 보인다.
　　(龐慧, 「"類"與"禷"祭」 참조)
13) 청재清齊 : 매우 깔끔하고 청결한 상태를 말하며, 몸뿐만 아니라 각종 기
　　물 및 방 등을 모두 포함한다.

같이 한다.

其宜于社, 造于廟, 皆各如其禮而一獻. 軍將飮福于太稷, 廟則皇考之室.

사사社祠에서의 의제宜祭와 종묘의 조제造祭는[14] 모두 각기 그 예와 같게 행하는데, 1헌의 (예)로 한다. 군장軍將은 태직太稷에서 음복하고, 묘제廟祭는 황고皇考의 실실에서 제사한다.

其凱旋, 則陳俘馘於廟南門之外, 軍實陳于其後.

개선凱旋하면 묘의 남문밖에 포로의 귀[俘馘]를 진열하고, 전리품[軍實]은 그 뒤에 전시한다.

其解嚴, 皇帝服通天冠·絳紗袍, 群臣再拜以退, 而無所詔. 其餘皆如纂嚴.

계엄을 해제할 때에는 황제는 통천관通天冠을 쓰고 강사포絳紗袍를 입으며, 모든 신하들은 재배하고 뒤로 물러나지만, 조서를 내리

---

14) 사사에서의 … 조제는 : 원문 "其宜于社, 造于廟"는 『禮記』「王制」에 등장한다. 『禮記』에는 "天子將出征, 類乎上帝, 宜乎社, 造乎禰, 禡于所征之地.(천자가 장차 출정할 때는 上帝에게 類祭를 지내고, 社에서 宜祭를 지내며, 조상에게 造祭를 지내고, 출정한 땅에서 禡祭를 지낸다)"는 구절이 있다. 여기에서 鄭玄은 類, 宜, 造를 제사 명칭으로 주석하였다. 이에 근거하면 宜祭는 전쟁과 兵凶의 위기에서 안정을 구한다는 의미가 있고, 造祭는 告祭로 이해된다.

는 일은 없다. 그 나머지는 모두 계엄일 때와 똑같이 한다.

若禡于所征之地, 則爲壇再重, 以熊席祀軒轅氏. 兵部建兩旗于外壝南門之外, 陳甲冑·弓矢于神位之側, 植槊于其後. 尊以犧·象·山罍各二, 饌以特牲. 皇帝服武弁, 群臣戎服, 三獻. 其接於神者皆如常祀, 瘞而不燎. 其軍將之位如禷.

출정지에서 마제禡祭를 지낼 때, 두 겹으로 둘러 쌓인 유壝를 만들고, 웅석熊席을 이용하여 헌원씨軒轅氏에게 제사한다. 병부兵部에서는 외유外壝의 남문의 밖에 두 개의 깃발을 세우고, 신위의 곁에 갑옷과 활과 화살[弓矢]를 진열하며, 그 뒤에 삼지창[삭槊]을 꽂는다. 술동이로는 희준犧尊·상준象尊·산뢰山罍 각 2개를 쓰며, 찬식饌食으로는 특생特牲을 쓴다. 황제는 무변武弁을 입고, 여러 신하들은 융복戎服을 입으며, 3헌례獻禮로 한다. 신과 교접하는 순서 등은 모두 일상적인 제사[常祀]와 같게 하며, (제물을) 매장은 하지만 태우지는 않는다. 그 군장軍將의 위차位次는 유제禷祭와 똑같게 한다.

其軷于國門, 右校委土於國門外爲軷, 又爲瘞埳於神位西北, 太祝布神位於軷前, 南向. 太官令帥宰人割羊. 郊社之屬設尊·罍·篚·羃於神左, 俱右向；置幣於尊所. 皇帝將至, 太祝立於罍·洗東南, 西向再拜, 取幣進, 跪奠於神. 進饌者薦脯醢, 加羊於軷西首. 太祝盥手洗爵, 酌酒進, 跪奠於神, 興, 少退, 北向立, 讀祝. 太祝再拜. 少頃, 帥齋郎奉幣·爵·酒饌, 宰人擧羊肆解之, 太祝幷載, 埋於埳. 執尊者徹罍·篚·席, 駕至, 權停. 太祝以爵酌酒, 授太僕卿, 左倂轡, 右受酒, 祭兩軹及軓前, 乃飮, 授爵, 駕轢軷而行.

도성문에서의 발제軷祭에서 우교령右校令은 도성문 밖에서 흙을 쌓아 흙 언덕을 만들어 발제를 하고, 또 신좌의 서복쪽에 예감瘞坎을 만들며, 태축太祝이 발제 전에 신위를 (흙 언덕에) 놓는데, 남쪽으로 향하게 한다. 태관령太官令은 재인宰人을 이끌고 양羊을 죽인다. 교사령郊社令의 부속 관원들은 신좌의 왼쪽에 준尊·뇌罍·비篚·멱冪을 설치하고 모두 오른쪽을 향하게 한다. 폐백은 준을 두는 곳에 둔다. 황제가 장차 이르면 태축太祝은 뇌罍와 세洗의 동남쪽에 서서, 서쪽을 향하고 재배하며, 폐백을 취해 나아가, 꿇어 앉아 신위에 올린다. 진찬자進饌者는 포脯와 육장[醢醢]을 올리고, 발제의 흙언덕 서쪽 머리쪽에 양고기를 더한다. 태축은 손을 씻고 작을 씻어 술을 따르며 나아가, 신위에 꿇어 앉아 올린 후, 일어나, 약간 물러나 북쪽을 향해 서며 축문을 읽는다. 태축이 재배한다. 조금 지난 후, 제랑齋郞을 이끌고 폐백과 작爵과 주찬酒饌을 올리며, 재인宰人은 양고기를 잘게 썰고 자르며, 태축은 아울러 갈무리한 후 구덩이에 매장한다. 집준자執尊者는 뇌罍·비篚·자리[席]등을 철시하며, 황제가 도착하면 잠시 중지한다. 태축이 작에 술을 따라, 태복경太僕卿에게 건네는데, 왼손으로 고삐를 잡고 오른손으로 술을 받아, (수레의) 양쪽 굴대머리[軹]와 바퀴 앞에 제사드리고, 이내 마신 후 작을 건네주면, 수레는 발제의 흙 언덕을 밟으며 지나간다.

其所過山川, 遣官告, 以一獻. 若遣將出征, 則皆有司行事.

그 지나가는 산천山川에서는 관원을 보내 고제告祭를 하고 1헌례獻禮를 드린다. 만약 파견한 장군이 출정을 했다면, 유사가 행사를 한다.

賊平而宣露布. 其日, 守宮量設群官次. 露布至, 兵部侍郎奉以
奏聞, 承制集文武群官·客使於東朝堂, 各服其服. 奉禮設版位於
其前, 近南, 文東武西, 重行北向. 又設客使之位. 設中書令位於群
官之北, 南面. 吏部·兵部贊群官·客使, 謁者引就位. 中書令受露
布置於桉. 令史二人絳公服, 對擧之以從. 中書令出, 就南面位, 持
桉者立於西南, 東面. 中書令取露布, 稱「有制」. 群官·客使皆再
拜. 遂宣之, 又再拜, 舞蹈, 又再拜. 兵部尚書進受露布, 退復位,
兵部侍郎前受之. 中書令入, 群官·客使各還次.

적이 평정되면 노포露布15)의 예를 선포한다. 그날에 수궁守宮은
정황에 따라 여러 관원들의 장막을 설치한다. 노포가 도착한 후, 병
부시랑兵部侍郎은 이를 받들어 황제에게 상주하고, 제제를 받들어
동조당東朝堂에서 문무 모든 관원과 객사客使를 모아놓는데, 각기
규정에 맞는 복장을 한다. 봉례랑奉禮郎은 그 앞에 판위版位를 설치
하며, 남쪽에 가깝게 하여 문관은 동쪽에 무관은 서쪽에 두 줄로 서
서 북쪽을 향하게 한다. 또 객사客使의 자리를 설치한다. 중서령中書
令의 자리는 여러 관원의 북쪽에 두고 남쪽을 바라보게 한다. 이부
와 병부의 협조하는 여러 관원·객사客使들은 알자謁者가 인도하여
자리로 나아간다. 중서령은 노포를 받아 궤안[桉]에 안치한다. (예
부)영사令史 2인은 강공복絳公服을 입고, 서로 짝하여 따르게 한다.

---

15) 노포露布 : 전쟁의 첩보를 빨리 전달하기 위해 士兵이 말을 타고 빨려 달
리면서 정보를 쓴 布帛을 장대 위에 걸어놓고 알리는 정보전달 방법이다.
종이가 생산되기 이전에 효과나 공개성에서 가장 유효한 방법이었다. 혹
은 본문에서처럼 승리한 내용을 널리 알리기 위해 布帛에 글을 써서 장대
위에 걸어놓고 모든 사람에게 알리기도 하였다. 밀봉하지 않은 檄文이나
布告文 등에 활용하였다.

중서령이 나와 남면의 자리로 나아간다. 궤안을 가진자는 서남쪽에 서서 동쪽을 바라본다. 중서령은 노포를 취하고 "제서制書가 있습니다."라고 칭한다. 여러 관원·객사客使는 모두 재배한다. 드리어 (제서를) 선포하면 또 재배하고, 춤을 추고, 또 재배한다. 병부상서兵部尚書는 나아가 노포를 받고, 물러나 자리로 돌아오며, 병부시랑兵部侍郎은 앞에서 이를 전해 받는다. 중서령이 들어오면 여러 관원 및 객사는 각기 장막으로 돌아온다.

仲冬之月, 講武於都外.

중추월에 교외에서 강무講武[16]를 한다.

---

16) 강무講武 : 일반 군사훈련이나 검열이 아닌 閱兵 등 행사화된 군사훈련 의례를 말한다. 사료 상에는 종종 일반 군사훈련과 구분이 모호한 경우가 적지 않다. 이에 따라 학자들 사이에 이견이 많은 영역 중의 하나이다. 아래는 唐代 실시된 講武의 사례를 도표화한 것이다. [전거약칭 : 구(구당서), 신(신당서), 회(당회요), 책(책부원귀), 감(자치통감)](丸橋充拓, 「唐宋變革期의 軍禮와 秩序」 참조)

황제	년도	월	장소	비고	전거
고조	武德 1 (618)	10		소집의 詔만 남음	신, 회, 책
	武德 5 (622)	11	宜州		구, 책
	武德 8 (625)	11	宜州同官縣		구, 회, 책
	武德 9 (626)	3	昆明池		책
태종	貞觀 8 (634)	12	長安城西		구, 신, 회
	貞觀 15 (641)	10	伊闕	田獵으로 기록되기도 함 (신당서, 책부원귀)	구
고종	顯慶 2 (657)	11	新鄭		구, 신, 회, 책
	顯慶 5 (660)	3	幷州城北		구, 신, 회, 책
	麟德 2 (664)	4	邙山		구, 신, 회, 책

前期十有一日, 所司奏請講武. 兵部承詔, 遂命將帥簡軍士, 除地爲場, 方一千二百步, 四出爲和門. 又爲步·騎六軍營域, 左右廂各爲三軍, 北上. 中間相去三百步, 立五表, 表間五十步, 爲二軍進止之節. 別墠地於北廂, 南向. 前三日, 尚舍奉御設大次於墠. 前一日, 講武將帥及士卒集於墠所, 建旗爲和門, 如方色. 都墠之中及四角皆建五采牙旗·旗鼓甲仗. 大將以下, 各有統帥. 大將被甲乘馬, 敎習士衆. 少者在前, 長者在後. 其還, 則反之. 長者持弓矢, 短者持戈矛, 力者持旌, 勇者持鉦·鼓·刀·楯爲前行, 持槊者次之, 弓箭者爲後. 使其習見旌旗·金鼓之節. 旗臥則跪, 旗擧則起.

11일 전에 유사가 강무를 주청한다. 병부는 조詔를 받아 드디어 장수에게 군사를 선발할 것을 명하고, 풀을 뽑고 땅을 평평히 다듬어 (연병)장을 만드는데, 사방 1,200보로 하고, 사면에 화문和門[군문]을 낸다. 또 보병과 기병 6군의 군영을 만들고, 좌우상左右廂에는 각기 3군을 만들며 북쪽을 윗자리로 한다. 중간의 서로의 거리는 3백보로 하고, 5표表를 세우고, 표 사이의 거리는 50보로 하며, 2군이 진퇴의 표식으로 삼는다. 북상北廂에는 별도의 정지한 터[선지墠地]

황제	년도	월	장소	비고	전거
무후	聖曆 1? (697)	10			구, 회
현종	先天 2 (713)	10	驪山	다음 달에 田獵	구, 회, 책, 감
	開元 8 (719)	8		소집의 詔만 남음	회
숙종	至德 2 (757)	8	鳳翔府門	안사의난 후, 장안회복 직후	구, 신, 회, 책
	至德 3 (758)	1	含元殿庭	장안회복 직후	구, 신, 회, 책
대종	寶應 1 (762)	9	明鳳門街		신, 책
	大曆 9 (774)	4		郭子儀로 大閱시킴	구, 책
무종	會昌 2 (842)	7	左神策軍		신
희종	廣明 1 (881)	11	左神策軍	황소의 장안침략 직전	신, 감

를 만들며 남쪽을 향하게 한다. 3일 전에 상사봉어尚舍奉御는 선표에 대차大次를 설치한다. 하루 전에 강무장수講武將帥 및 사졸士卒은 선소표所에 모여, 깃발을 세워 화문和門을 만드는데, 오방색과 같게 한다. 도선都墠의 중앙 및 네 모퉁이에 모두 오채아기五采牙旗·기고旗鼓[17]와 갑장甲仗[무기] 등 (의장을) 세운다. 대장大將 이하는 (평상시의 규정대로) 각기 통솔을 한다. 대장은 갑옷을 입고 말을 타고 사졸을 교습시킨다. 연소자는 앞에서, 연장자는 뒤에 선다. 돌아올 때는 곧 반대로 한다. 키가 큰 자는 활과 화살을 잡고, 키가 작은 자는 방패와 창을 잡으며, 힘 있는 자는 정기旌旗[깃발]를 들고, 용감한 자는 징·북·칼·방패를 잡고 앞줄에 서며, 창[삭槊]을 잡은 자는 다음 줄에 서며, 활과 화살을 맨 자는 가장 뒤에 선다. 그들로 하여금 정기旌旗를 보고, 금고金鼓의 소리를 들어서 절도를 익히는 것이다. 깃발이 누이면 즉 꿇어앉고, 깃발이 들리면 즉 일어나는 것이다.

---

17) 기고旗鼓 : 깃발과 북을 말한다. 군중에서 전투를 지휘할 때 쓰는 도구로, 깃발을 눕히면 병사들이 꿇어앉고, 깃발을 들어 올리면 일어난다. 북은 金鼓를 칭하는데, 징을 치면 정지하고 북을 치면 나아간다. 『左傳』「成公 2年」條의 "師之耳目 在吾旗鼓 進退從之"라는 구절에 대해 楊伯峻은 "『孫子』「軍爭篇」에서 인용한 『軍政』에 말하기를 '말로 서로 물어 볼 수 없으니 金鼓를 쓰는 것이고, 보려고 해도 서로 볼 수 없으니 旌旗를 쓰는 것이다. 무릇 金鼓 旌旗는 한 사람의 耳目이다.言不相問, 故爲之金鼓 ; 視不相見, 故爲之旌旗. 夫金鼓, 旌旗者, 所以一人之耳目也."라고 주석하였다.

講武之日，未明十刻而嚴，五刻而甲，步軍爲直陣以俟，大將立旗鼓之下．六軍各鼓十二·鉦一·大角四．未明七刻，鼓一嚴，侍中奏「開宮殿門及城門」．五刻，再嚴，侍中版奏「請中嚴」．文武官應從者俱先置，文武官皆公服，所司爲小駕．二刻，三嚴，諸衛各督其隊與鈒戟以次入，陳於殿庭．皇帝乘革輅至墠所，兵部尙書介冑乘馬奉引，入自北門，至兩步軍之北，南向．黃門侍郎請降輅．乃入大次．兵部尙書停於東廂，西向．領軍減小駕，騎士立於都墠之四周〔二〕,[18] 侍臣左右立於大次之前，北上．九品以上皆公服，東·西在侍臣之外十步所，重行北上．諸州使人及蕃客先集於北門外，東方·南方立於道東，西方·北方立於道西，北上．駕將至，奉禮曰:「再拜」〔三〕.[19] 在位者皆再拜．皇帝入次，謁者引諸州使人，鴻臚引蕃客，東方·南方立於大次東北，西方·北方立於西北，觀者立於都墠騎士仗外四周，然後講武．

강무講武날에는 날이 밝기 전 10각[20]에 계엄을 하고, 5각에 갑옷을 입으며, 보병은 직진直陣을 하고 대기하며, 대장大將은 깃발과 북

18) [교감기 2] "騎士立於都墠之四周"에서 '四'자는 각 판본에서는 원래 '西'자로 되어 있다.『大唐開元禮』권85 및『通典』권132에 의해 고쳤다.

19) [교감기 3] "奉禮曰再拜"에서 '再'자는 각 판본에서는 원래 '可'자로 되어 있다.『大唐開元禮』권85 및『通典』권132 및 本卷 上下의 文章에 의해 고쳤다.

20) 10각刻 : 고대 漏刻制는 하루를 12시간, 100刻으로 나눈다. 1시간이 몇 刻이 되는지 환산할 때 100각 제도는 다소 불편하기 때문에 96각제, 108각제, 120각제 등도 종종 시행되었다. 여하튼 일단 100각을 12시간로 나누면 1시간은 8⅓刻이 된다. 여기에서의 1시간은 현재 하루 24시간제로는 2시간 즉, 120분에 해당한다. 따라서 1刻을 현재의 시간으로 환산하면 14.4분(14분 24초)이 된다. 즉, 10刻이면 144분이 되는 것이다.

아래에 선다. 6군六軍은 각기 북 12개·징 1개·대각大角[관악기] 4 개를 갖는다. 날이 밝기 전 7각에 북을 한 번 치면 1엄이 되며, 시중侍中은 "궁전문 및 성문을 열었습니다."라고 상주한다. 5각에 (북을 두 번 치면) 재엄再嚴이 되며, 시중은 "궁정의 경비를 엄히 하십시 오."라고 홀판을 들고 상주한다. 문무관원으로 당연히 따라야 하는 자들은 모두 앞서 배치하고, 문무관원은 모두 공복公服을 입고, 유사 는 소가小駕의 의장을 준비한다. 2각에 (북을 세 번 쳐서) 3엄嚴이 되며, 모든 시위관원侍衛官員들은 각기 그 부대를 이끌고 창[鈒戟] 등 의장과 함께 순차로 들어오고, 궁전의 뜰에 진열한다. 황제가 혁 로거革輅車를 타고 선소壇所에 이르면, 병부상서는 갑옷을 입고 투 구를 쓰며 말을 타고서 경호 인도하여, 북문으로부터 들어와 두 보 병군의 북쪽에 이르러 남쪽을 향하게 한다. 황문시랑黃門侍郎은 (황 제에게) 수레에서 내릴 것을 청한다. 이에 대차大次에 들어선다. 병 부상서는 동상東廂에 머물러 서쪽을 향하게 한다. 영군領軍은 소가 小駕의 의장을 덜어내고, 기사騎士들은 황제가 정차한 도선都壇의 사방에 둘러서며, 시신侍臣들은 대차의 앞에 좌우로 서서 북쪽을 윗 자리로 한다. 9품 이상은 모두 공복을 입고, 동과 서쪽으로 시신들의 바깥 10보가 되는 곳에서 두 줄로 서서 북쪽을 윗자리로 한다. 모든 주州의 사인使人 및 번객蕃客은 먼저 북문 바깥에 모였다가, 동쪽과 남쪽에서 온 이들은 도로의 동쪽에 서고, 서쪽과 북쪽에서 온 이들 은 도로의 서쪽에 서는데, 북쪽을 윗자리로 한다. (황제의) 수레가 장차 이르면 봉례랑奉禮郎이 말하기를 "재배하십시오."라고 한다. 자리에 있는 사람들은 모두 재배한다. 황제가 장막에 들어오면 알자 謁者는 모든 주의 사인使人들을 인도하고, 홍려鴻臚는 번객을 인도하여, 동쪽과 남쪽에서 온 이들은 대차大次의 동북쪽에 서고, 서쪽과 북쪽에서 온 이들은 서북쪽에 서도록 하고, 구경하는 자들은 황제가 정차한 도선都墠의 기사騎士 의장 밖의 사방 주위에 선다. 그런 뒤에 강무講武를 시작한다.

吹大角三通. 中軍將各以鞞令鼓, 二軍俱擊鼓. 三鼓, 有司偃旗, 步士皆跪. 諸帥果毅以上, 各集於其中軍. 左廂中軍大將立於旗鼓之東, 西面, 諸軍將立於其南; 右廂中軍大將立於旗鼓之西, 東面, 諸軍將立於其南. 北面, 以聽大將誓. 左右三軍各長史二人, 振鐸分徇, 諸果毅各以誓詞告其所部. 遂聲鼓, 有司擧旗, 士衆皆起行, 及表, 擊鉦, 乃止. 又擊三鼓, 有司偃旗, 士衆皆跪. 又擊鼓, 有司擧旗, 士衆皆起, 驟及表, 乃止. 東軍一鼓, 擧靑旗爲直陣; 西軍亦鼓, 擧白旗爲方陣以應. 次西軍鼓, 擧赤旗爲銳陣; 東軍亦鼓, 擧黑旗爲曲陣以應. 次東軍鼓, 擧黃旗爲圓陣; 西軍亦鼓, 擧靑旗爲直陣以應. 次西軍鼓, 擧白旗爲方陣; 東軍亦鼓, 擧赤旗爲銳陣以應. 次東軍鼓, 擧黑旗爲曲陣; 西軍亦鼓, 擧黃旗爲圓陣以應. 凡陣, 先擧者爲客, 後擧者爲主. 每變陣, 二軍各選刀·楯五十人挑戰, 第一·第二挑戰迭爲勇怯之狀, 第三挑戰爲敵均之勢, 第四·第五挑戰爲勝敗之形. 每將變陣, 先鼓而直陣, 然後變從餘陣之法. 旣已, 兩軍俱爲直陣. 又擊三鼓, 有司偃旗, 士衆皆跪. 又聲鼓擧旗, 士衆皆起, 騎馳·徒走, 左右軍俱至中表, 相擬擊而還. 每退至一行表, 跪起如前, 遂復其初. 侍中跪奏「請觀騎軍」, 承制曰: 「可.」二軍騎軍皆如步軍之法, 每陣各八騎挑戰, 五陣畢, 大擊鼓而前, 盤馬相擬擊而罷. 遂振旅. 侍中跪奏稱: 「侍中臣某言, 禮畢.」乃還.

대각大角을 세 번 분다. 중군장中軍將은 비고鞞鼓로써 명령을 전하여 북을 치게 하면, 2군軍은 모두 북을 친다. 북을 세 번 치고 유사가 깃발을 눕히면, 보병 사졸들은 모두 꿇어앉는다. 모든 장수 중 과의果毅 이상은 각기 중군中軍에 모인다. 좌익의 중군대장中軍大將은 기고旗鼓의 동쪽에 서서, 서쪽을 향하고, 모든 군장軍將들은 그 남쪽에 선다. 우익의 중군대장中軍大將은 기고旗鼓의 서쪽에 서며 동쪽을 향하고 모든 군장들은 그 남쪽에 서서 북쪽을 향하여, 대장의 맹서盟誓를 듣는다. 좌우 3군은 각기 장사長史 2인이 방울[탁鐸]을 울리며 (군중軍中을) 나눠 돌고, 모든 과의果毅는 각자 (장군의) 서사誓詞를 자신의 부대에 알린다. 이어서 함성을 지르며 북을 치고 유사가 깃발을 들면, 사졸 병사들은 모두 일어나 행진하여, 표表[신호를 써넣은 목주]에 미치고, 징을 치면 이내 그친다. 또 세 번 북을 치면, 유사가 깃발을 눕히고 사졸 병사들은 모두 모두 꿇어앉는다. 또 북을 치고 유사가 깃발을 들면, 사졸 병사들은 모두 일어나 신속히 표에 이르러 멈춘다. 동군東軍이 북을 한 번 치고, 청기靑旗를 들어 직진直陣을 만들고 서군이 역시 북을 치고, 백기白旗를 들어 방진方陣을 만들어 대응한다. 다음 서군西軍이 북을 치고, 적기赤旗를 들어 예진銳陣을 만든다. 동군東軍이 역시 북을 치고, 흑기黑旗를 들어 곡진曲陣을 만들어 대응한다. 다음 동군東軍이 북을 치고, 황기黃旗를 들어 환진圜陣을 만든다. 서군 역시 북을 치고 청기를 들어 직진直陣으로 대응한다. 다음 서군이 북을 치고 백기를 들어 방진方陣을 만든다. 동군 역시 북을 치고, 적기赤旗를 들어 예진을 만들어 대응한다. 다음 동군이 북을 치고 흑기를 들어 곡진曲陣을 만든다. 서군이 역시 북을 치고 황기를 들어 환진을 만들어 대응한다. 무릇 진陣

에서 깃발을 먼저 드는 자는 객客이 되고, 뒤에 드는 자는 주主가 된다. 매번 진이 변할 때, 2군이 각기 칼과 방패를 든 50인을 뽑아 도전을 하며, 제1·제2 도전은 번갈아 용감과 비겁의 형상을 보이고, 제3의 도전은 적과 균형의 형세를 보이고, 제4·제5 도전은 승패의 형세를 보인다. 매번 진의 형태를 바꿀 때마다, 먼저 북을 치는 쪽이면 직진直陣이 되고, 그 뒤 변환은 나머지 진법을 따른다. 변환이 다 끝나고 양군은 함께 직진直陣을 이룬다. 또 북을 세 번 치고, 유사가 깃발을 눕히면 사졸 병사들은 모두 꿇어앉는다. 또 북을 치고 깃발을 들면, 사졸 병사들은 모두 일어나며, 말로 달리거나 도보로 달려, 좌군과 우군이 모두 중간의 표식처에 이르고, 서로 견주어 북을 치며 되돌아온다. 매번 하나의 표식처에 이를 때마다 이전과 같이 꿇어앉고, 이어 당초의 진형陣形으로 회복한다. 시중侍中이 꿇어앉아 상주한다. "청컨대 기마병을 관람하시옵소서." 제制를 받들어 말한다. "실행해도 된다." (동서) 2군의 기마군은 모두 보병의 법과 같게 하며, 매 진에 8개 기병을 써서 도전하고, 5진을 마치면, 힘써 북을 치고 앞으로 나아가고 말을 멈춰 세워 빙빙 돌면서 서로 견주어 북을 치며 파한다. 이어서 군대를 정렬한다. 시중이 꿇어앉아 상주하여 말한다. "시중侍中 신臣 아무개가 말씀드립니다. 예를 마쳤습니다." 이에 돌아온다.

皇帝狩田之禮, 亦以仲冬.

황제의 수전례狩田禮,[21] 역시 중동(仲冬[22])에 한다.

21) 수전례狩田禮 : 狩田은 田獵의 일종으로, 『左傳』 「隱公 5年」條에 따르면
계절에 따라 명칭을 달리하는데, 봄에는 春蒐, 여름에는 夏苗, 가을에는
秋獮, 겨울에는 冬狩라고 하였다. 봄에는 임신하지 않은 동물을 잡는 것
이며, 여름에는 농가의 작물을 훼손시키는 동물을 위주로 포획하는 것이
고, 가을은 추수를 보장하기 위해 식량이나 과일을 훔치는 동물을 잡는다.
겨울은 다소 자유로워 잡고 싶은 동물 잡을 수 있었다. 겨울의 狩田은
다른 계절에 비해 가장 많이 시행되었을 뿐만 아니라, 練兵 閱兵 등 군사
훈련과 동시에 진행되어 사료상에도 講武와 田獵을 혼용해 사용하기도
하였다. 唐代 狩田은 隋代 이래의 三驅制(세 단계로 포획동물을 황제의
신변 근처로 몰아 황제가 활을 쏘아 잡기 좋은 환경을 만들어 주는 포획
법)를 계속 시행하였다. 아래는 唐代 玄宗까지의 田獵을 시행했던 사례
를 표로 정리한 것이다.(陳朝鮮, 「唐代前期王室狩獵之風管窺」 참조) 현
종이후의 田獵은 代宗 1회, 德宗 5회, 憲宗은 시도했다가 중지한 사례만
3회, 穆宗 5회, 敬宗 2회, 武宗 5회, 宣宗 2회, 昭宗 1회 등이 확인된다.
그러나 특히 德宗 이후의 후기의 田獵은 儀禮라기보다 오락의 성격이
강해지는 것으로 보고 있다.(呂學良, 「試論唐朝狩禮的"名""實"及其
政治關係」 참조)

황제	출렵시간	출렵지점	비고
고조	武德 2年 12월 丙申	華山	
	武德 3年 정월 己巳	渭濱	
	武德 4年 윤10월 壬戌	好	
	武德 4年 윤10월 乙丑	九	
	武德 4年 윤10월 丁卯	仲山	
	武德 4年 윤10월 戊辰	淸水谷	
	武德 5年 11월 癸卯	富平北源	
	武德 5年 12월 丙辰	萬壽原	華池(『구당서』)
	武德 6年 2월 壬子	驪山	辛亥日 (『구당서』)
	武德 6年 10월 庚申	白鹿原	
	武德 6年 11월 辛卯	沙苑	
	武德 6年 11월 丁亥	華陰	『자치통감』

황제	출렵시간	출렵지점	비고
태종	武德 6年 11월 丁酉	伏龍原	
	武德 7年 10월 辛未	南	
	武德 7年 10월 庚寅	圍川	
	武德 7年 12월 戊辰	高陵	
	武德 8年 4월 甲申	甘谷	
	武德 8年 10월 辛巳	周氏陂北原	
	武德 8年 11월 辛卯	宜州西原	
	武德 8年 11월 癸丑	華池北原	
	武德 8年 12월 庚戌	鳴犢泉	
태종	貞觀 4年 10월 辛卯	貴泉谷	
	貞觀 4年 10월 甲辰	魚龍川	
	貞觀 4年 12월 甲辰	鹿苑	
	貞觀 5年 正月 癸酉	昆明池	
	貞觀 5年 12월 癸卯	驪山	
	貞觀 7年 12월 丙辰	少陵原	
	貞觀 11年 11월 乙未	濟源麥山	
	貞觀 12年 2월 乙亥	河濱	
	貞觀 12年 10월 己卯	始平	
	貞觀 13年 12월 壬辰	咸陽	
	貞觀 14年 閏10月 甲辰	堯山	
	貞觀 14年 閏10月 庚戌	同州	
	貞觀 14年 12월 癸卯	樊州	
	貞觀 15年 10월 辛卯	伊闕	
	貞觀 16年 11월 丙辰	武功	
	貞觀 16年 11월 壬戌	岐山之陽	
	貞觀 16年 12월 甲辰	驪山	
	貞觀 18年 10월 己巳	天池	
	貞觀 22年 2월 己卯	華原	
고종	顯慶 2年 11月 乙巳	南	
	顯慶 5年 12月 辛未	安樂川	
	龍朔 元年 10月 丁卯	陸渾	
	龍朔 元年 10月 戊辰	非山	
	龍朔 2年 12月 癸酉	昆陽	許州 葉縣 昆水之陽(『구당서』)
	咸亨 2年 12月 癸酉	葉縣	『자치통감』

前期, 兵部集衆庶脩田法, 虞部表所田之野, 建旗於其後. 前一日, 諸將帥士集於旗下. 質明, 弊旗, 後至者罰. 兵部申田令, 遂圍田. 其兩翼之將皆建旗. 及夜, 布圍, 闕其南面. 駕至田所, 皇帝鼓行入圍, 鼓吹令以鼓六十陳於皇帝東南, 西向 ; 六十陳於西南, 東向. 皆乘馬, 各備簫角. 諸將皆鼓行圍. 乃設驅逆之騎. 皇帝乘馬南向, 有司斂大綏以從. 諸公·王以下皆乘馬, 帶弓矢, 陳於前後. 所司之屬又斂小綏以從. 乃驅獸出前. 初, 一驅過, 有司整飭弓矢以前. 再驅過, 有司奉進弓矢. 三驅過, 皇帝乃從禽左而射之. 每驅必三獸以上. 皇帝發, 抗大綏, 然後公·王發, 抗小綏. 驅逆之騎止, 然後百姓獵.

황제	출렵시간	출렵지점	비고
	上元 元年 11月 己酉	曲武原	『자치통감』
중종	神龍 元年 10月 乙丑	新安	
예종	先天 元年 10月 辛卯	驪山	
	先天 元年 10月 癸卯	渭川	『구당서』
현종	先天 2年 11月 甲辰	渭川	
	開元 8年 10月 壬午	下	
	開元 10年 10月 甲寅	上宜州	
	開元 14年 12月 丁巳	方秀川	
	開元 15年 11月 丁卯	城南	
	開元 17年 12月 乙丑	渭濱	『구당서』

22) 중동仲冬 : 겨울의 가운데 달이다. 전렵의 시기를 겨울에 한정한 것은 농사에 대한 방해를 줄이기 위한 것임이 분명하지만, 『周禮』에서 4계절 모두 전렵의 의례를 규정하고 있는 것과는 다소 다르다. 이는 아마도 『禮記』「月令」에서 季秋에 田獵을, 孟冬에 講武를 행하는 규정처럼, 한 계절에 국한시키는 발상과도 연관될 것으로 추정된다. 『周禮』에서 『大唐開元禮』까지의 軍禮들의 개최시기의 변화와 사상적 의미를 검토해 볼 필요가 있는 것 같다.

기일에 앞서, 병부兵部는 중서인衆庶人을 모아 狩獵수렵의 법을 교육시키고, 우부虞部[23]는 수렵대상의 전야田野에 표식을 하며, 그 뒤에 깃발을 세운다. 하루 전에 여러 장수와 병사들을 깃발 아래 모은다. 날이 밝아 깃발을 눕힌 뒤에 (늦게) 도착한 자는 처벌한다. 병부는 田狩令을 공표한 후, 드디어 전야田野를 포위한다. 그 양쪽의 장군들은 모두 깃발을 세운다. 밤이 되면 (양쪽이 합하여) 포위하고 그 남쪽을 (출구로) 비워둔다. (황제의) 수레가 전소田所에 이르면 황제는 북을 치고 행진하여 포위망으로 들어오고, 고취령鼓吹令은 고수敲手 60인을 황제의 동남쪽에 배치하고 서쪽을 향하게 한다. 또한 (또 다른) 고수 60인은 (황제의) 서남쪽에 배치하여 동쪽을 향하게 한다. 모두 말을 타고 각기 소각簫角을 갖춘다. 모든 장군들은 모두 북을 치고 행진하여 포위한다. 이에 (사냥동물을) 몰고 쫓는 기병을 설치한다. 황제는 말을 타고 남쪽으로 향하고, 유사는 대수大綏 깃발을 거두어 따른다. 여러 공公·왕王 이하는 모두 말을 타고 활과 화살을 갖고, 앞뒤로 도열한다. 유사의 속관들은 또 소수小綏 깃발을 거두어 따른다. 이에 짐승을 몰아 앞쪽으로 내보낸다. 비로소 1차 몰이가 끝나면, 유사는 활과 화살을 정돈한다. 2차 몰이가 끝나면, 유사는 활과 화살을 받들고 나아간다. 3차 몰이가 끝나면, 황제는 이에 짐승의 왼쪽을 (겨냥하여) 활을 쏜다. 매번 반드시 3마리 이상의 짐승을 몰이한다. 황제가 화살을 쏘면 대수大綏 깃발을 들어 올리고, 그 후에 공公·왕王이 화살을 쏘면, 소수小綏 깃발을 들어 올린다. 몰

---

23) 우부虞部 : 『周禮』「地官」에 山虞와 澤虞가 있었고, 이것이 대개 虞部의 직임으로 천하의 땔감과 산택에 관한 일을 관장하며 四時의 禁忌를 판별한다. 虞部郞中 1인은 從5品上이고, 虞部員外郞 1인은 從6品上이다.

이하는 기병이 멈추면, 그 후에 백성들이 수렵한다.

凡射獸, 自左而射之, 達於右腢爲上射, 達右耳本爲次射, 左髀
達於右䯊爲下射. 群獸相從不盡殺, 已被射者不重射. 不射其面,
不翦其毛. 凡出表者不逐之. 田將止, 虞部建旗於田內, 乃雷擊駕
鼓及諸將之鼓, 士從譟呼. 諸得禽獻旗下, 致其左耳. 大獸公之, 小
獸私之. 其上者供宗廟, 次者供賓客, 下者充庖廚. 乃命有司饁獸
於四郊, 以獸告至於廟社.

무릇 짐승을 활로 쏠 때에는 왼쪽으로부터 활을 쏘아 오른쪽 어
깻죽지에 도달하는 것을 상사上射라고 하고, 오른쪽 귀뿌리에 도달
하는 것을 차사次射라고 하며, 왼쪽 넓적다리에서 오른쪽 갈비뼈에
달하는 것을 하사下射라고 한다. 무리진 짐승들이 서로 따를 때는
쫓아가 모두 다 죽이지는 않으며, 이미 화살에 맞은 것은 거듭 쏘지
도 않는다. (짐승의) 안면을 쏘지 않으며, 그 털을 자르지도 않는다.
무릇 (사냥 범위의) 표식을 넘어 도망간 것은 더 이상 쫓지 않는다.
전야田野가 장차 그치면, 우부虞部는 전내田內[포위망 안]에 깃발을
세우고, 이에 황제의 북[駕鼓]과 여러 장군의 북을 세게 치면, 중인
들은 환성을 지른다. 사로잡은 여러 짐승들은 깃발 아래 제사드리며
왼쪽 귀를 자른다. 큰 짐승은 공공의 것으로 하고, 작은 짐승은 개인
의 소유로 한다. 그것 중 상급의 것은 종묘에 바치고, 그다음 것은
빈객에게 드리며, 가장 하급품은 포주庖廚[푸주간]에 충당한다. 이에
유사에게 명하여 사냥한 짐승으로 사교四郊에서 제사지내도록 하고,
종묘와 사직에서 고제告祭하도록 한다.

射.

활쏘기.[사례射禮]24)

前一日, 太樂令設宮縣之樂, 鼓吹令設十二桉於射殿之庭, 東面
縣在東階東, 西面縣在西階西. 南北二縣及登歌廣開中央, 避射

---

24) 사례射禮 : 射는 본래 六藝의 하나로 고대 貴族들이 반드시 갖춰야 할
기본적 소양에 속하는 것이었다. 『주례』에 射禮는 大射, 鄕射, 燕射 및
賓射 4종류로 구분되어 있지만, 賓射를 제외하고 3종류로 분류하기도 한
다. 五禮體系가 정착되면서 射禮는 軍禮에 속하였지만, 점차 嘉禮의 속
성을 갖기도 하였다. 『唐會要』에 기재된 大射禮의 실시 정황은 아래 표
와 같다.(于俊利,「唐代宮廷射禮的社會文化學考釋」참조) 전체적으로
射禮가 唐代 전반기에 집중되어 있고, 貞觀 시기가 고조기였다는 점, 매
년 실시한 것도 아니며 어떤 특정성을 갖는 것도 아니라는 사실을 알 수
있다. 3월과 9월에 실시한 것은 漢代이래의 관행을 이은 것이다.

번호	실시 년도	실시 월일	기사 내용
1	武德 2년	정월	賜群臣大射于元武門
2	武德 4년	8월	賜三品以上射于武德殿
3	貞觀 3년	3월 3일	賜重臣大射于元德門
4	貞觀 5년	3월 3일	賜文武五品以上射于武德殿
5	貞觀 6년	3월 3일	賜群臣大射于武德殿
6	貞觀 11년	3월 3일	引五品以上大射于儀鳳殿
7	貞觀 16년	3월 3일	賜百僚大射于觀德殿
8	貞觀 16년	9월 9일	賜文武五品以上射于元武門
9	永徽 3년	3월 3일	幸觀德殿, 賜群臣大射
10	永徽 5년	9월 3일	御丹宵樓 觀三品以上行大射禮. 四日, 賜五品以上射于永光門樓, 以觀之
11	麟德 원년	3월 3일	展大射禮
12	先天 원년	9월 9일	御安福門觀百僚射
13	開元 4년	3월 3일	賜百官射
14	開元 8년	9월 7일	制賜百官九日射. 給事中許景先駁奏, 遂罷之
15	開元 21년	9월 9일	賜射于安福樓下

位. 張熊侯去殿九十步, 設乏於侯西十步·北十步. 設五楅庭前,
少西. 布侍射者位於西階前, 東面北上. 布司馬位於侍射位之南,
東面. 布獲者位乏東, 東面. 布侍射者射位於殿階下, 當前少西, 橫
布, 南面. 侍射者弓矢俟於西門外. 陳賞物於東階下, 少東. 置罰豐
於西階下, 少西. 設罰尊於西階, 南北以殿深. 設篚於尊西, 南肆,
實爵加羃.

하루 전에 태악령太樂令은 궁현宮縣의 악을 설치하고, 고취령鼓吹
令은 射禮를 하는 궁전의 뜰에서 12안을 설치하며, 동쪽 면의 악현
은 동쪽 계단의 동쪽에, 서쪽 면의 악현은 서쪽 계단의 서쪽에 둔다.
남북의 2개의 악현 및 등가登歌의 자리는 중앙을 넓게 하여, 활 쏘는
자리[射位]를 피한다. 전殿으로부터 90보 떨어진 곳에 웅후熊侯[25]
과녁을 설치하고, 과녁의 서쪽 10보, 북쪽 10보에 살가리개[乏]를 설
치한다. 뜰앞에 5개의 화살통[楅]을 설치하며 약간 서쪽으로 한다.
시사자侍射者의 자리는 서쪽 계단 앞에 배치하며 동쪽을 바라보게
하고, 북쪽을 윗자리로 한다. 사마司馬의 자리는 시사위의 남쪽에 배
치하며 동쪽을 바라보게 한다. 획자獲者의 자리는 살가리개의 동쪽

---

25) 웅후熊侯 : 과녁의 鵠 부분을 곰 가죽으로 만든 과녁으로, 제사를 도울
    때 제후가 사용한다. 과녁의 전체 너비는 1장 4척이고 鵠은 그 3분의 1이
    다. 아래 그림은 聶崇義의 『三禮圖集注』에 그려진 熊侯이다.

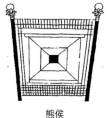

熊侯

에 배치하며 동쪽을 바라보게 한다. 시사자의 활 쏘는 자리는 전의 계단 아래에 배치하고, 전면을 마주해 약간 서쪽으로 하여 횡으로 배치하고 남쪽을 바라보게 한다. 시사자의 활과 화살은 서문밖에서 대기한다. 상으로 하사할 물건은 동쪽 계단 아래에서 약간 동쪽으로 진열한다. 벌주罰酒를 주기 위한 잔반침대[豐]은 서쪽 계단 아래에서 약간 서쪽으로 놓는다. 벌준罰尊은 서쪽 계단에 설치하고, 남북으로의 전殿의 길이에 맞춘다. 대광주리[篚]는 준尊의 서쪽에 배치하고 남쪽으로 줄지어놓으며, (비에) 작爵을 넣을 때에는 덮개[冪]로 덮는다.

其日質明, 皇帝服武弁, 文武官俱公服, 典謁引入見, 樂作, 如元會之儀. 酒二遍, 侍中一人奏稱:「有司謹具, 請射.」侍中一人前承制, 退稱:「制曰可.」王·公以下皆降. 文官立於東階下, 西面北上. 武官立於西階下, 於射之後, 東面北上. 持鈒隊群立於兩邊, 千牛備身二人奉御弓及矢立於東階上, 西面, 執弓者在北. 又設坫於執弓者之前, 又置御決·拾笥於其上. 獲者持旌自乏南行, 當侯東, 行至侯, 負侯北面立. 侍射者出西門外, 取弓矢, 兩手奉弓, 摺乘矢帶, 入, 立於殿下射位西, 東面. 司馬奉弓自西階升, 當西楹前, 南面, 揮弓, 命獲者以旌去侯西行十步, 北行至乏止. 司馬降自西階, 復位. 千牛中郎一人奉決·拾以笥, 千牛將軍奉弓, 千牛郎將奉矢, 進, 立於御榻東少南, 西向. 郎將跪奠笥於御榻前, 少東. 遂拂以巾, 取決, 興, 贊設決. 又跪取拾, 興, 贊設拾. 以笥退, 奠於坫. 千牛將軍北面張弓, 以袂順左右隈, 上再下一, 【弓左右隈, 謂弓面上下. 以衣袂摩拭上面再, 下面一.】西面, 左執弣·右執簫以進. 千牛郎將以巾拂矢進, 一一供御. 欲射, 協律郎舉麾, 先奏鼓吹, 及奏樂驪虞五節, 御及射[四],26) 第一矢與第六節相應, 第二矢與第七節相應, 以至九節. 協律郎偃麾, 樂止. 千牛將軍以矢行奏, 中曰「獲」, 下曰「留」, 上曰「揚」, 左曰「左方」, 右曰「右方」.【留, 謂矢短不及侯; 揚, 謂矢過侯; 左·右, 謂矢偏不正】千牛將軍於御座東, 西面受弓, 退, 付千牛於東階上. 千牛郎將以筒受決·拾, 奠於坫.

그날 날이 밝아올 때, 황제는 무변武弁을 입으며, 문무관원은 모두 공복公服을 입고, 전알典謁은 (이들을) 인도하여 전에 나아가 상견하게 하며 음악이 연주되고, 원회元會의 의식과 똑같이 한다. 술이 두 번 돌려지면, 시중 한 사람이 상주하여 말한다. "유사는 삼가 준비되었습니다. 청컨대 활쏘기를 시작하십시오." 시중 한 사람이 앞에서 제制를 받고서 물러나 말한다. "제制에서 가하다고 하였습니다." 왕王· 공公이하 모두 내려간다. 문관은 동쪽 계단 아래에 서며 서쪽을 바라보고 북쪽을 윗자리로 한다. 무관은 서쪽 계단 아래에 서서 살가리개[乏] 뒤에서, 동쪽을 바라보고 북쪽을 윗자리로 한다. 창[삽鈒]을 가진 의장대는 양쪽으로 무리지어 서며, 천우비신千牛備身27) 2인은 활과 화살을 받들고 동쪽 계단 위에 서서 서쪽을 바라본다. 집궁자執弓者는 북쪽에 있다. 또한 집궁자의 앞에 술잔대[坫]

---

26) [교감기 4] "御及射"는 『大唐開元禮』 권86 및 『通典』 권133에서는 '及' 자가 '乃'자로 되어 있다.

27) 천우비신千牛備身 : 千牛라고도 하며, 고급 禁衛武官이다. 北魏 宣武帝 시기에 처음 만들어져 鮮卑族의 軍制와 상관있을 것으로 추정한다. 千牛 는 칼이름으로 날카로운 칼로 소를 도살한다는 의미이며, 千牛刀를 가지고 황제 옆에 서서 경호한다. 唐代에는 左右千牛衛가 禁衛 중의 하나로 설치되었다.

를 설치하며, 또 그 위에 어결御決28)과 습습29)을 넣은 상자[사筍]를 놓는다. 획자獲者는 정기旌旗를 가지고 살가리개로부터 남쪽으로 가서 과녁의 동쪽과 마주하는 곳에서 과녁에 이르러, 과녁을 등지고 북쪽을 향하여 선다. 시사자는 서문 밖으로 나와, 활과 화살을 취하고, 양손으로 활을 잡고, (허리) 띠에 4개의 화살[乘矢]30)을 꽂고 들어와, 전殿 아래 사위射位의 서쪽에 서서 동쪽을 바라본다. 사마司馬는 활을 받들고 서쪽 계단으로부터 오르고 서쪽 기둥 앞과 마주하는 곳에서, 남쪽을 바라보고 활을 시위에 걸고[揮弓, 활을 얹는다], 획자獲者에게 정기旌旗를 가지고 과녁의 서쪽으로 10보 가고, 또 북쪽으로 가서 살가리개에 이르러 멈추라고 명령한다. 사마司馬는 서쪽 계단으로부터 내려와 자리로 복귀한다. 천우중랑千牛中郎 1인은 상자에 담은 결決과 습습을 받들고, 천우장군千牛將軍은 활을 받들고, 천우낭장千牛郎將은 화살을 받들어 나아가서 어탑御榻[황제가 앉고 눕는 가구]의 동쪽에서 약간 남쪽으로 서서 서쪽으로 향한다. (천우)낭장郎將은 꿇어앉아 어탑 앞에 상자를 놓는데 약간 동쪽에 놓는다. 이어 수건으로 먼지를 털어낸 다음 결決을 취하고, 일어난다. (황제가) 결決을 끼는 것을 돕는다. 또 꿇어앉아 습습을 취하고 일어나,

---

28) 결決 : 활을 쏠 때 시위를 당기는 데 편하게 하고 다치지 않게 하기 위해, 오른쪽 엄지손가락에 끼는 깍지를 말한다. 대개 상아나 뼈로 만든다.
29) 습습 : 拾은 '遂'라고도 한다. 遂는 가죽으로 만든 보호대이다. 활을 쏠 때 왼쪽 어깨에 착용하여 옷이 활에 말려 들어가는 것을 막는 것으로, 옷을 고정시키는 가죽끈 즉 射韝이다. 활을 쏘지 않을 때는 거두는 것이라는 의미로 '拾'이라고 한다.
30) 4개의 화살 : 『儀禮』 「鄕射禮」에서 鄭玄은 "乘矢는 四矢이다"라고 주석하였다.

(황제가) 습拾을 착용하는 것을 돕는다. 상자[筒]를 들고 뒤로 물러나, 잔대에 내려놓는다. 천우장군千牛將軍은 북쪽을 향하여 활을 시위에 걸고, 옷소매로 활 손잡이[隈]31)의 좌우를 털어내는데, 위는 두 번 아래는 한 번 하고, 【활의 좌우 손잡이는 활 앞면의 상하를 말한다. 옷소매로 문질러 닦아내는데 윗면은 두 번, 아랫면은 한번 한다.】 서쪽을 향하여 왼손으로는 (활의) 줌통[弣]를 잡고, 오른손으로는 (활의) 끝머리[소簫]를 잡고 올린다. 천우낭장은 수건으로 화살을 문질러 닦고 바치는데, 하나하나 황제에게 건네준다. 활을 쏘려고 할 때, 협률랑協律郎은 휘기麾旗를 들고, 먼저 고취악을 연주하고, 〈추우騶虞〉32) 5절을 연주하면, 황제가 활을 쏘아 첫 발과 제6 절이 상응하고, 두 번째 발과 제7 절이 상응하여 계속 9절까지 이른다. 협률랑이 휘기를 눕히면, 음악은 그친다. 천우장군은 화살이 날아간 것을 보고 상주하는데, 적중하면 "획獲"이라고 하고, (과녁 앞에서) 떨어지면 "유留"라고 하며, 위로 날라가면 "양揚"이라고 하며, 왼쪽으로 가면 "좌방左方", 오른쪽으로 가면 "우방右方"이라고 한다.【유留는 화살이 (비행거리가) 짧아 과녁에 미치지 못한 것이고, 양揚은 화살이 과녁을 지나친 것

---

31) 활 손잡이[隈] : 隈는 『儀禮』 鄭玄 주에는 '弓淵'으로 되어 있다. 연못처럼 활의 굽어 휘어진 부분을 말한다.

32) 추우騶虞 : 『詩經』 「國風·召南」에 있는 마지막 한 편의 시의 이름이다. 전체 2章으로 되어 있고, 각 章은 3句로 되어 있다. 詩의 主旨에 관해 쟁론이 많은데 천자를 위해 새와 짐승을 관리하는 小官吏를 위한 詩라거나, 혹은 狩獵人을 위한 詩라는 등의 주장이 있다. 본래 騶虞는 騶吾 혹은 騶牙라고도 칭해지며, 전설상의 상상 동물로 육식성이지만 온순하여 仁獸라고도 불린다. 『周禮』 「春官·鍾師」에는 "王이 활을 쏠 때 騶虞를 연주하고, 諸侯는 貍首를 연주한다"라고 말하고 있다.

을 말하며, 좌와 우는, 화살이 한쪽으로 치우쳐 곧바로 나아가지 않은 것을 말한다.】 천우장군은 어좌의 동쪽에서, 서쪽을 향해 활을 받고 물러나며, 동쪽 계단 위에 서 있는 천우랑千牛郎에게 건네준다. 천우낭장은 상자에 결決과 습拾을 담고, 잔대에 놓는다.

侍射者進, 升射席北面立, 左旋, 東面張弓, 南面挾矢. 協律郎擧麾, 乃作樂, 不作鼓吹. 樂奏 貍首三節, 然後發矢. 若侍射者多, 則齊發. 第一發與第四節相應, 第二發與第五節相應, 以至七節. 協律郎偃麾, 樂止. 弓右旋, 東西弛弓, 如面立, 乃退復西階下, 立. 司馬升自西階, 自西楹前, 南面, 揮弓, 命取矢. 取矢者以御矢付千牛於東階下, 侍射者釋弓於位, 庭前北面東上. 有司奏請賞罰, 侍中稱:「制曰可.」有司立楅之西, 東面, 監唱射矢. 取矢者各唱中者姓名. 中者立於東階下, 西面北上; 不中者立於西階下, 東面北上. 俱再拜. 有司於東階下以付賞物. 酌者於罰尊西, 東面, 跪, 奠爵於豐上. 不中者進豐南, 北面跪, 取爵, 立飮, 卒爵, 奠豐下. 酌者北面跪, 取虛爵酌奠, 不中者以次繼飮, 皆如初. 典謁引王公以下及侍射者, 皆庭前北面相對爲首, 再拜訖, 引出. 持鈒隊復位. 皇帝入, 奏樂, 警蹕. 有司以弓矢出中門外, 侍射者出. 若特射無侍射之人, 則不設楅, 不陳賞罰. 若燕遊小射, 則常服, 不陳樂縣, 不行會禮.

시사자侍射者가 나아가, 활 쏘는 자리에 올라 북쪽을 향하여 서고 왼쪽으로 돌아 동쪽을 향해 활시위를 걸고, 남쪽을 향해 화살을 끼운다. 협률랑이 휘기를 들면, 이에 음악을 연주하지만, 고취악을 연주하지는 않는다. 음악은 〈이수貍首〉33) 3절을 연주하고 그 후에 화살을 발사한다. 만약 시사자가 많으면, 즉 일제히 발사한다. 제1 발이 제4 절과 상응하고, 제2 발이 제5 절과 상응하여, 7절에까지 이르게 된다. 협률랑이 휘기를 들면 음악은 그친다. 시사자는 활을 오른쪽으로 회전시켜 동서로 활을 풀어 정면에 서 있을 때와 같이 하고, 이내 물러나 다시 서쪽 계단 아래로 돌아와 선다. 사마司馬는 서쪽 계단으로부터 올라서 서쪽 기둥 앞에서 남쪽을 향하고 활을 시위에 걸고 화살을 취할 것을 명한다. 취시자取矢者는 동쪽 계단 아래에서 어시御矢를 천우千牛에게 건네주고, 시사자侍射者는 자리에 활을 벗어놓고, 뜰 앞에서 북쪽을 향하여 동쪽을 윗자리로 한다. 유사가 상벌을 주청하면, 시중이 말한다. "(황제께서) 제서制書를 내려 '좋다'라고 말씀하였습니다." 유사가 화살통의 서쪽에 서서 동쪽을 향하여 적중한 화살을 큰 소리로 보고하는 것을 감독한다. 취시자取矢者는 각기 적중자의 성명을 큰 소리로 보고한다. 적중자는 동쪽 계단 아래에 서서 서쪽을 향하고 북쪽을 윗자리로 한다. 적중하지 못한 자는 서쪽 계단 아래에 서서 동쪽을 향하고 북쪽을 윗자리로 한다. 모두 재배한다. 유사가 동쪽 계단 아래에서 상품을 건네준다. 술 따르는 자가 벌준罰尊의 서쪽에서 동쪽을 바라보고 꿇어앉아 잔받침대 [풍豐] 위에 술을 따른다. 적중하지 못한 자는 잔받침대의 남쪽으로

---

33) 이수貍首 : 2章으로 되어 있는 잃어버린 詩의 한 篇名이다. 諸侯가 화살을 쏠 때 절도를 위해 연주하던 음악으로 알려져 있다. 『儀禮』 「大射禮」의 鄭玄注는 "貍首는 잃어버린 詩 〈曾孫〉이다. 貍는 '오지 않는다'는 뜻이다. 그 詩 중에 '朝會하지 않는 諸侯의 머리를 쏜다'라는 구절이 있었고, 이로 인해 이 이름이 생긴 것이다.貍首, 逸詩曾孫也. 貍之言不來也. 其詩有'射諸侯首不朝者'之言, 因以名篇."라고 하였다.

나아가 북쪽을 향하여 꿇어앉아 작爵을 취해 서서 마시고, 다 마시면, 잔받침대 아래에 놓는다. 술 따르는 자는 북쪽을 향하여 꿇어앉아, 빈 작을 취해 술을 따라 놓으면 적중하지 못한 자는 차례로 이어 계속 마시는데 모두 처음과 똑같이 한다. 전알典謁이 왕공이하 및 시어자를 인도하고, 모두 뜰 앞에서 북쪽을 향하여 마주하는 자리를 윗 자리로 삼아 재배를 마치면 인도하여 나간다. 창[삽鈒]을 가진 의장대는 자리로 돌아간다. 황제가 들어서면 음악이 연주되고 경호와 벽제辟除한다. 유사가 활과 화살을 중문 밖으로 내가고, 시어자는 나간다. 만약 시사侍射하는 사람 없이 특별히 활을 쏜다면, 화살통[楅]도 설치하지 않고, 상벌(관련한 물품)도 진열하지 않는다. 만약 연회나 유희의 소사小射라면, 평상복을 입으며, 악현樂縣도 진설하지 않으며 조회 의례도 행하지 않는다.

合朔伐鼓[五].34)

합삭벌고례合朔伐鼓禮. (일식에 북을 치는 의례)35)

---

34) [교감기 5] "合朔伐鼓"는 각 판본에서는 원래 '合'자 앞에 '不'자가 있었다. 『大唐開元禮』 권90 및 『通典』 권133에 의해 삭제했다.

35) 합삭벌고례 : 合朔은 달이 태양과 지구 사이에 들어가 일직선이 되는 날이며, 이때를 음력으로 매월 초하루로 정하였다. 伐鼓禮는 이날 日食이 생기면, 북을 쳐서 해를 구하는 의식이다. 『左傳』에 의하면 昭公 17년 6월에 日食이 발생했는데, 祝史가 폐백을 드리기를 청하니 昭子가 日食에 社에서 북을 치고 諸侯는 社에 폐백을 드리는 것이 禮라고 말한다. 이에 平子는 正月의 日食은 陰氣가 陽氣를 침범한 것으로 재난이 발생

其日前二刻, 郊社令及門僕赤幘絳衣, 守四門, 令巡門監察. 鼓
吹令平巾幘·褲褶, 帥工人以方色執麾旒, 分置四門屋下, 設龍蛇
鼓於右. 東門者立於北塾, 南面; 南門者立於東塾, 西面; 西門者
立於南塾, 北面; 北門者立於西塾, 東面. 隊正一人平巾幘·褲褶,
執刀, 帥衛士五人執五兵立於鼓外, 矛在東, 戟在南, 斧·鉞在西,
槊在北. 郊社令立攢於社壇四隅, 以朱絲繩縈之. 太史一人赤幘·
赤衣, 立於社壇北, 向日觀變. 黃麾次之; 龍鼓一次之, 在北; 弓
一·矢四次之. 諸兵鼓立候變. 日有變, 史官曰:「祥有變.」工人擧
麾, 龍鼓發聲如雷. 史官曰:「止.」乃止.

그날 일식日食 있기 전 2각36)에 교사령郊社令 및 수문인[門僕]은

할 징조이므로 북을 치고 폐백을 드리는 예를 행하지만, 그 외의 일식은
이러한 의례를 하지 않는다고 말한다. 春秋시기 이미 日食에 伐鼓禮가
상식화되어 있음을 알려준다.

36) 일식 있기 전 2각 : 여기에서 2刻은 현재의 시간으로 28분 48초이다. 그렇
다면 일식이 발생하기 대략 30분 전에 合朔伐鼓禮를 준비한다는 것을
알 수 있다. 또한 이 기사는 일식이 규칙적인 천체운동으로 언제 일식이
발생하는지 이미 예측 가능했다는 사실을 시사한다. 後漢 이후 日食의
규칙성을 이미 인지하고 있었고, 唐代에는 거의 상식이 되었음이 확실하
다. 따라서 日食이 황제의 신변이나 국가에 이변을 예고한다는 災異說은
사실상 사명을 상실했지만, 그럼에도 이 구절은 당대에 여전히 일식을
전통적으로 해석하고 日을 구하는 救日儀式이 중요한 儀禮로 남아있었
음을 보여주고 있다. 천문역법이 발전하고 日食에 대한 과학적 인식이
증대되었음에도 불구하고 오히려 救日儀式은 점차 복잡화하고 규정화되
는 추세를 보여 준다. 특히 '日食前 2刻'이라는 규정은 唐代 국가의례에
서 시간에 대한 엄격성을 보여 주는 하나의 사례이지만, 皇帝가 冬至에
圜丘에서 제사할 때 '未明 3刻', 孟夏에 圜丘에서 雩祭를 지낼 때 '未明
5刻', 立春에 風師에 제사할 때 '未明 2刻' 등 여타 제사에서도 시간에

적건赤巾을 쓰고 강의絳衣를 입고, 사방의 문을 지키며, 교사령은 문을 순시하고 감찰한다. 고취령鼓吹令은 평건책平巾幘에 고습褲褶을 입고, 악공樂工을 거느리고 사방색에 맞게 휘류麾旒를 잡고, 사방문의 옥屋 아래에 나눠 배치하고, 오른쪽에 용사고龍蛇鼓를 설치한다. 동문을 지키는 자는 북숙北塾에 서서 남쪽을 향한다. 남문을 지키는 사람들은 동숙東塾에 서서 서쪽을 향한다. 서문을 지키는 사람들은 남숙南塾에 서서 북쪽을 향한다. 북문을 지키는 사람들은 서숙西塾에 서서 동쪽을 향한다. 대정隊正 한 사람은 평건책平巾幘과 고습褲褶을 입고 칼을 잡으며 위사衛士 5인이 각기 다섯 종류의 병기를 잡고 북 바깥에서 서는 것을 통솔한다. 모矛는 동쪽에, 극戟은 남쪽에, 부斧와 월鉞은 서쪽에, 삭矟[삼지창]은 북쪽에 세운다. 교사령은 사단의 네 모퉁이에 찬欑37)을 세우고 붉은 실끈으로 감아 돌린다. 태사太史 한 사람은 적책赤幘과 적의赤衣를 입고 사단社壇의 북쪽에 서서, 태양을 향하고 변화를 관찰한다. 황휘기黃麾旗를 그 다음으로

대한 엄밀한 규정을 살필 수 있다.

37) 찬欑 : 『說文解字』와 『康熙字典』에 없는 한자로, 우리 玉篇에도 발음 불명으로 되어 있다. 그러나 『廣韻』에는 作管切, 子算切, 七亂切 등의 反切音이 소개되어 있고, 『集韻』에도 祖管切, 祖算切, 取亂切 등의 反切이 기록되어 있다. 이로 추정하면 '찬', '잔', '찬' 등의 발음이 예상된다. 여기에서는 『강희자전』에 수록된 '欑'과 동일한 글자로 보고 '찬'으로 표기하였다. 『北史』 「王思政傳」에는 "東魏來攻潁川, 思政作火欑, 火箭, 焚其攻具."라는 기록이 있고, 『隋書』 「煬帝紀」에도 "五年, 民開欑刃之類, 皆禁絶之."라는 구절이 있다. 이 기록으로 보면, 欑은 화공을 할 수 있는 창의 한 종류였을 것으로 판단된다. 실제로 '欑'은 '작은 창'이라는 訓을 갖고 있다.

세운다. 용고龍鼓 하나를 그 다음으로 세우고 북쪽에 둔다. 활 하나
와 화살 4개를 그 다음으로 세운다. 모든 병기를 든 이와 북을 잡은
이는 서서 변화를 기다린다. 태양에 변화가 있으면 사관史官이 말한
다. "징조에 변화가 있습니다." 악공은 휘기麾旗를 들고, 용고龍鼓는
우레와 같은 소리를 낸다. 사관이 말한다. "멈추시오." 이내 멈춘다.

其日, 皇帝素服, 避正殿, 百官廢務, 自府史以上皆素服, 各於其
廳事之前, 重行, 每等異位, 向日立. 明復而止.

그날(일식이 있는 날)에, 황제는 소복素服을 하고, 정전正殿을 피
하며, 백관百官들은 업무를 폐하고, 부사府史 이상으로부터는 모두
소복을 하고, 각기 그 관아의 앞에서 두 줄로 서서 매 등급에 따라
위치를 달리하여 태양을 향해 선다. 태양이 다시 밝아지면 그만둔다.

貞元三年八月, 日有食之, 有司將伐鼓, 德宗不許. 太常卿董晉
言:「伐鼓所以責陰而助陽也, 請聽有司依經伐鼓.」不報. 由是其
禮遂廢.

정원貞元 3년(787) 8월에, 일식이 있었다. 유사가 장차 벌고伐鼓의
예를 행하고자 하였으나, 덕종德宗이 윤허하지 않았다. 태상경太常卿
동진董晉(724~799)이 말하였다. "벌고伐鼓의 예는 음陰을 책하고 양
陽을 돕는 것입니다. 청컨대 유사가 경전에 의거해 벌고의 예를 행
하는 것을 들어주시옵소서." (황제의) 답이 없었다. 이로부터 이 의
례는 드디어 폐지되었다.[38]

大儺之禮.

대나례.39)

選人年十二以上・十六以下爲侲子, 假面, 赤布褲褶. 二十四人
爲一隊, 六人爲列. 執事十二人, 赤幘・赤衣, 麻鞭. 工人二十二人,
其一人方相氏, 假面, 黃金四目, 蒙熊皮, 黑衣・朱裳, 右執楯;
[六]40)其一人爲唱帥, 假面, 皮衣, 執棒; 鼓・角各十, 合爲一隊.
隊別鼓吹令一人, 太卜令一人, 各監所部; 巫師二人, 以逐惡鬼于
禁中. 有司預備每門雄雞及酒, 擬於宮城正門・皇城諸門磔攘, 設
祭. 太祝一人, 齋郎三人, 右校爲瘞埳, 各於皇城中門外之右. 前一
日之夕, 儺者赴集所, 具其器服以待事.

---

38) 이 의례는 드디어 폐지되었다 : 合朔伐鼓 의식은 德宗代 일시 중지되었
지만, 貞元 10년(794) 4월과 長慶 2년(822) 3월 등에 태양이 어그러짐이
보고되자 조정은 개원례에 준해서 황제는 정무를 보지 않고 조회를 열지
않으며 관리들은 本司를 지키는 등의 재앙을 구하는 조치를 시행한다.
天祐 3년(906) 4월에는 日食이 있자 故事에 따라 '社에서 북을 치는' 의
식을 하기도 하였다. 따라서 이 시기 伐鼓의식은 일시 잠정적으로 폐지된
것에 불과하며, 合朔伐鼓儀禮는 宋代 이후에도 여전히 皇帝政治의 중요
한 일부분으로 존재하였다.

39) 대나례 : 연말에 재앙이나 질병을 가져오는 악귀를 쫓아내는 의례로 周代
부터 시행되었다. 唐代에는 궁정과 州縣 등의 지방에서 각기 행해졌지만,
지방의 나례는 규모도 작았다. 그러나 민간의 나례 활동은 歌舞와 예술적
표현 등이 증가하면서 점차 唐代 儺禮는 세속화 내지 오락화되는 경향이
두드러졌다고 평가한다.

40) [교감기 6] "右執楯"은 『大唐開元禮』 권90 및 『通典』 권133에서는 모두
"右執戈, 左執楯"으로 되어 있다.

연령 12세 이상에서 16세 이하의 소년을 뽑아 진자侲子[41]로 삼아 가면을 씌우고, 적포고습赤布袴褶을 입힌다. 24인을 일대一隊로 삼고, 6인을 열列로 삼는다. 집사執事 12인은 적책赤幘과 적의赤衣를 입고, 마편麻鞭[마로 만든 채찍]을 든다. 악공 22인에서 그중 한 사람은 방상씨方相氏[42]로 (분장하여) 가면을 쓰고 황금의 네 개의 눈을 하고, 곰가죽을 덮어쓰고, 검은색 상의[黑衣]와 붉은 색 치마[朱裳]를 하고 오른손에는 방패를 잡는다. 또 그중 한 사람은 창수唱帥

41) 진자侲子 : '아이 초라니'로 번역되는 儺者의 하나이다. 周代 方相氏가 거느리는 百隸가 漢代 이후 侲子로 대체된 것이다. 방상씨의 驅儺를 돕는 역할을 하며, 적색 위주의 복장을 한다. 인원은 100여 명이 넘는 것으로 되어 있으나, 百隸와 달리 후대 侲子는 연령제한이 생겨 唐代 이전에는 10세 이상에서 12세 이하였지만, 唐代에 12세 이상 16세 이하로 바뀌었다. 唐代 侲子의 노래나 동작 등은 神을 즐겁게 하던 일에서 사람을 즐겁게 하는 형태로 전환된다고 본다.(郭矗矗, 范春義,「唐代宮廷儺儀考略」 참조)

42) 방상씨方相氏 : 본래 『周禮』「夏官·司馬」에 속하는 관직으로, 질병을 일으키는 귀신이나 山川의 요괴를 몰아내는 일을 한다. 장례에서는 장례 행렬 앞에서 길을 여는 일도 한다. 武士인 狂夫 4인으로 구성되어 본문에 묘사된 것처럼 곰가죽을 걸치고 黑衣와 朱裳을 입고 창과 방패와 든다. 方相이라는 말은 '放想'이라는 뜻으로 공포스러운 모습이 상상을 초월한

方相氏(武氏祠 畫像)

다는 의미이다.『漢舊儀』, 張衡의〈東京賦〉,『後漢書』「禮儀志」,『隋書』「禮儀志」,『大唐開元禮』 등에 방상씨 관련 언급 등이 있다. 방상씨가 疾疫의 귀신을 몰아내는 大儺의식이 唐代에는 軍禮의 하나로 되었다.

로 분장한다. 가면을 쓰고 짐승가죽 옷을 입고 몽둥이를 잡는다. 북과 각角 각각 10개씩 하여 합하여 일대一隊를 만든다. 대별로 고취령鼓吹令 1인, 태복령太卜令 1인을 따로 두어, 각기 휘하에 소속된 이들을 감독하게 한다. 무사巫師 2인은 금중禁中에서 악귀를 쫓아내게 한다. 유사는 매 문門에 수탉과 술을 준비하여, 궁성 정문과 황성皇城 모든 문43)에서 희생을 찢어 죽이고, 제사를 실행하는 것과 유사하게 한다. 태축太祝 1인과, 제랑齋郎44) 3인, 우교서右校署는 각기 황성 중문 밖의 오른쪽에 예감瘞埳을 만든다. 하루 전의 저녁에 나례儺禮를 행하는 자는 집회소로 가서 그 도구와 복장을 갖추고 행사를 기다린다.

其日未明, 諸衛依時刻勒所部, 屯門列仗, 近仗入陳於階. 鼓吹令帥儺者各集於宮門外. 內侍詣皇帝所御殿前奏「侲子備, 請逐疫」. 出命寺伯六人, 分引儺者於長樂門·永安門以入, 至左右上閤, 鼓譟以進. 方相氏執戈揚楯唱, 侲子和, 曰:「甲作食殟, 胇胃食虎, 雄伯食魅, 騰簡食不祥, 攬諸食咎, 伯奇食夢, 彊梁·祖明共食磔死寄生, 委隨食觀, 錯斷食巨, 窮奇·騰根共食蠱, 凡使一十

---

43) 궁성 정문과 황성의 모든 문: 儺禮 중에 희생을 죽이는 장소이다. 문헌에 따라 이 磔牲의 장소에 대한 표현이 조금씩 다르기는 하지만, 사실상 같은 장소를 칭하고 있다. 宮門 및 城四門(『隋書』「禮儀志」, 『舊唐書』「禮儀志」), 宮門과 城門(『新唐書』「百官志」) 宮門 및 國東南西北城四門(『全唐門』) 등으로 되어 있다.
44) 제랑齋郎: 唐 太常寺에 소속된 관원이다. 北魏때부터 太常齋郎, 祀官齋郎이 있었고, 唐代에는 太常寺에 속한 郊社署에 齋郎 110인이 있었다.

二神追惡凶, 赫汝軀, 拉汝幹, 節解汝肉, 抽汝肺腸, 汝不急去, 後者爲糧.」周呼訖, 前後鼓譟而出, 諸隊各趨順天門以出, 分詣諸城門, 出郭而止.

　그날 날이 밝기 전에 각 시위관은 시각에 따라 담당 관원을 안배하고 문밖에 주둔하여 의장을 진열하고, 근위 의장은 (궁문에) 진입하여 계단에까지 진열한다. 고취령鼓吹令은 나자儺者를 통솔하여 각자 궁문 밖에 집결하게 하고. 내시內侍는 황제가 있는 어전 앞에 이르러 상주한다. "진자侲子가 준비되었으니, 청컨대 역귀疫鬼를 몰아내십시오." 명령이 나오면 시백寺伯 6인은 나누어 나자儺者를 이끌고 장락문長樂門과 영안문永安門으로 들어간다. 좌우의 상합上閤에 이르면, 북을 치며 나아간다. 방상씨方相氏는 창을 잡고 방패를 날리며 노래 부르면, 진자侲子는 화답하여 말한다. "갑작甲作은 재앙[흉화殃]을 잡아먹고, 필위胇胃는 호랑이[虎]를 잡아먹으며, 웅백雄伯은 요괴[매魅]를 잡아먹고, 등간騰簡은 상서롭지 못한 것[불상不祥]을 잡아먹으며, 남저攬諸는 허물[구咎]을 잡아먹고, 백기伯奇는 악몽惡夢을 잡아먹으며, 강량彊梁과 조명祖明은 함께 책형으로 사지가 찢겨 죽었다가 다시 붙어서 살아난 귀신[책사기생磔死寄生]을 잡아먹으며, 위수委隨는 허깨비[관觀]를 잡아먹고, 착단錯斷은 거대한 괴물[거巨]를 잡아먹고, 궁기窮奇와 등근騰根은 함께 뱃속 벌레[고蠱]를 잡아먹어라! 무릇 12신으로 하여금 흉악한 악귀들을 내쫓고, 너희들 몸을 으르고, 너희들 간을 빼앗고,[45] 너희들의 살을 도려내고, 너희

---

45) 너의 간을 빼앗고 : 『통전』에는 '拉汝幹節(너의 간과 뼈를 빼앗고)'이라고 되어 있다.

들의 폐장을 꺼내게 할 것이니, 너희들이 빨리 달아나지 않으면, 12 신들의 밥이 되리라."46) 사방으로 함성을 지르고, 앞뒤로 북을 치면서 떠들며 나가며, 모든 대열은 각기 빨리 달려 순천문[順天門]47)으로 나와, 나눠서 성문에 도달하고 성곽을 나오면 그친다.

---

46) 갑작甲作이 … 밥이 되리라 : 12神獸가 질병이나 재앙 등 화를 초래하는 각종 鬼를 잡아먹는다는 내용이다. 『後漢書』 「禮儀志」에 처음 출현한다. 12신수나 이들에 잡아먹히는 악귀들에 대한 명확한 근원은 찾기 어렵다. 다만 伯奇는 雲夢秦簡 『日書』에 나오는 豹嫡와 같은 존재로 추정하며, 혹은 周 宣王 시기의 大臣 尹吉甫의 子로 실존 인물로 확인하기도 하고 (『漢書』 권53 "景十三王傳, 顏師古曰, 伯奇, 周尹吉甫之子也. 事後母至孝, 而後母譖之於吉甫. 吉甫欲殺之, 伯奇乃亡走山林.") 彊梁은 『山海經』 「大荒北經」의 彊良과 같은 존재로 볼 수 있으며, 窮奇는 『山海經』 「海內北經」에 "형상은 호랑이 같고 날개가 있다."라는 언급으로 문헌상 확인된다. 출토자료 상으로도 殷墟大墓에서의 神虎像, 信陽楚墓나 洛陽西漢墓 M61의 벽화는 『後漢書』 「禮儀志」의 12神獸의 일부인 것으로 보는 의견이 많다.(劉源, 「試論上古宗敎藝術中的 "彊良" 主題」 참조) 이 12神獸는 후대 12生肖神으로 전환된다. 중국의 大儺儀式을 수용한 것으로 보이는 朝鮮代 成俔의 『慵齋叢話』에는 大儺儀式의 12神獸에서 12띠동물의 가면이 등장하고 있다. 이는 당대 敦煌의 민간 驅儺方式과 매우 흡사하기에 唐代에는 後漢代 儺神의 이름만 남고 실질은 없어지면서 儺神이 12生肖神으로 바뀌었다는 점을 시사한다고 본다.(胡穎, 王天如, 「古儺儀中 "十二獸" 的內涵與嬗變新解」 참조) 한편, 이들에 잡아먹히는 악귀 중 "磔死寄生"은 '磔死'와 '寄生'으로 나눠 두 개의 귀신으로 보는 의견이 있지만, 彊梁과 祖明이 함께 잡아먹는다는 사실 및 글자의 의미상으로 참수 당하거나 책형으로 사지가 찢겨 죽은 자가 다시 몸이 붙어 살아났다는 것이므로 하나의 귀신으로 보는 것이 타당하다.

儺者將出, 祝布神席, 當中門南向. 出訖, 宰手·齋郞鬸牲匈磔
之神席之西, 藉以席, 北首. 齋郞酌淸酒, 太祝受, 奠之. 祝史持版
於座右, 跪讀祝文曰:「維某年歲次月朔日, 天子遣太祝臣姓名昭
告于太陰之神.」興, 奠版于席, 乃擧牲幷酒瘞於垍.

나자儺者가 장차 나오면, 태축太祝은 신의 자리를 배치하고, 중문
을 바로 마주 보며 남쪽으로 향한다. 행례인行禮人이 나온 후에, 재

漢畫像石 중의 彊良

漢畫像石 중의 窮奇

殷墟大墓의 神虎

47) 순천문順天門 : 唐 長安 皇城의 南門이다. 武德 元年(618년)에 昭陽門
으로 고쳤다가, 神龍 元年(705년)에 承天門으로 다시 개명했다.

수宰手와 재랑齋郎은 희생의 가슴을 가르고 잘라 신의 자리 서쪽으로 가서 자리를 깔고 머리를 북쪽으로 향하게 놓는다. 재랑齋郎은 청주淸酒를 따르고, 태축은 받아서 놓는다. 축사祝史는 신좌의 오른쪽에서 판을 잡고 꿇어앉아 축문을 읽으며 말한다. "유維 모년 세차 歲次[48] 모월 삭일에 천자께서 태축 신臣 아무개를 보내 태음의 신에게 밝혀 고하노라." 일어나 자리에 축판을 바치고 이내 희생과 술을 들어 구덩이에 묻는다.

---

48) 세차歲次 : '維歲次'로 祭文에서 연도를 표시하는 상투적인 어법으로 알려져 있지만, 본래 歲次는 歲星 즉 木星의 위치를 말하는 것으로 歲星紀年法의 잔재이다. 歲星紀年法은 대략 12년 주기의 목성이 黃道 좌표상 어디에 있는가를 표시하는 것으로 목성의 위치에 의해 연도를 표기하는 방식이다. 皇帝의 年號를 사용되기 이전인 전국시기까지 주로 사용되었지만, 이후에는 占術이나 祭祀 등에서 부분적으로 남아있었다.

新唐書卷十七
『신당서』 권17

禮樂七
예악 7

김정신 역주

四日嘉禮.

네 번째는 가례嘉禮[1]이다.

皇帝加元服.

황제의 관례冠禮를 거행한다.[元服][2]

有司卜日, 告于天地宗廟.

유사有司가 택일하여 천지와 종묘에 고한다.

前一日, 尚舍設席於太極殿中楹柱之間, 莞筵紛純, 加藻席緇
純, 加次席黼純. 有司設次, 展縣, 設案, 陳車輦. 設文官五品以上

---

1) 가례嘉禮 : 吉禮·凶禮·軍禮·賓禮·嘉禮 등 예의 다섯 가지 범주 중 하
   나이다. 五禮의 기능에 대해 『周禮』 「春官·大宗伯」에서는 "길례로 방국
   의 귀신을 제사하고, 흉례로 나라의 흉사를 애도하고, 빈례로 방국과 친애
   하고, 군례로 방국과 회동하며, 가례로 만민과 친애한다.以吉禮祀邦國之
   鬼示, 以凶禮哀邦國之憂, 以賓禮親邦國, 以軍禮同邦國, 以嘉禮親萬
   民."고 하였다.(錢玄, 『三禮辭典』 참조).

2) 관례冠禮를 행한다.[元服] : '元服'의 元은 首, 服은 착용한다는 의미로,
   男子가 成年이 되었을 때 大人의 衣冠을 입는 의식인 관례를 이른다.
   이에 대해서는 『通典』 권56 「禮」16의 다음 원문을 참고할 수 있다. "冠義
   云, 冠者, 禮之始也. 凡人之所以爲人者, 禮義也. 禮義之始, 在於正容
   體, 齊顏色, 順辭令, 而後禮義備, 以正君臣, 親父子, 和長幼. 故冠而後
   服備, 服備而後容體正, 顏色齊, 辭令順. 古者聖王重冠, 所以爲國本也.
   五經要義云, 冠, 嘉禮也. 冠, 首服也. 首服旣加, 而後人道備, 故君子重
   之, 以爲禮之始矣. … "

位於縣東, 武官於縣西, 六品以下皆於橫街之南, 北上. 朝集使分
方於文武官當品之下, 諸親位於四品 · 五品之下, 皇宗親在東, 異
姓親在西. 藩客分方各於朝集使六品之南, 諸州使人於朝集使九
品之後. 又設太師 · 太尉位於橫街之南, 道東, 北面西上. 典儀於
縣東北, 贊者二人在南, 少退, 俱西向. 又設門外位於東西朝堂,
如元日.

　관례 하루 전, 상사국(尙舍局)3)에서 태극전太極殿4) 중앙 기둥 사이
에 자리를 설치하는데, 흰색 문양으로 가장자리를 장식한 왕골자리
[莞筵]5)를 깐 다음 그 위에 검은색 문양으로 가장자리를 장식한 마

---

3) 상사국尙舍局 : 행사 때나 황제가 행행할 때 천막 설치 등을 전담하는 부
　서를 이른다. 『唐六典』 및 『舊唐書』 「職官志」에 따르면, 殿中省 소속으로,
　" … 수 양제가 전내성을 설치하고 전내국을 상사국으로 바꾸었으며 봉어
　2인을 두고 정5품으로 하였다. 당은 이를 따랐다. 용삭 2년(662) 봉의대부
　로 바꾸었다가 함형 원년에 복구하였다. 직장은 6인으로 정7품하이며, 수
　양제 때 8인을 두었고, 당은 2인을 줄였다. 막사는 8천 인이다. 당에서 설치
　하였고 공어 및 궁전 안에서 여러 가지 차리고 설치하는 일을 맡았다.隋煬
　帝置殿內省, 改殿內局爲尙舍局, 置奉御二人, 正五品. 皇朝因之. 龍朔
　二年改爲奉扆大夫, 咸亨元年復舊. 直長六人, 正七品下; 隋煬帝置八人,
　皇朝減二人. 幕士八千人. 皇朝置, 掌供御及殿中雜張設之事."
4) 태극전太極殿 : 황제가 일상적으로 조회를 받는 곳으로 정월 원일에 원일
　의례가 행해지는 곳이다. 『唐六典』 권7 「尙書工部」에 따르면, "(승천문)
　북쪽이 太極門이고, 그 안쪽은 太極殿인데 초하루와 보름이면 (황제가)
　앉아서 조회를 하는 곳이다. 대개 옛날의 中朝이다. 隋代에는 大興殿이라
　하였다. 당 高祖 武德 원년(618)에 太極殿으로 개칭하였다"라고 하였다.
5) 왕골자리[莞筵] : '완석'은 왕골로 엮어서 만든 자리이다. 왕골은 부들의
　일종이긴 하나 부들보다 좀 더 부드러운 풀이다. 『周禮』 「春官 · 司几筵」
　에 천자에게는 五席이 있는데, 莞席은 왕골로 짠 자리이고, 藻席은 마름

름자리[藻席]를 깔고, 다시 그 위에 도끼 문양으로 가장자리를 장식한 붉은 대나무자리를 깐다. 유사有司가 임시 장막[次]⁶⁾을 설치하고 악기걸이[縣]⁷⁾를 배치하며, 제서를 담는 궤안几案을 진설하고 수레

으로 짠 자리이고, 次席은 桃枝竹, 즉 붉은 대나무로 짠 자리이고, 蒲席은 부들로 짠 자리이고, 熊席은 곰 가죽으로 만든 사리라고 하였다.

6) 임시 장막[次] : 베로 만든 휘장을 세우고 갈대로 엮은 자리를 깔아 마련한 임시 장막을 '次'라고 한다. 왕이 제사를 위해 출궁하거나 제후의 朝見, 會同 등으로 외출했을 때 옷을 갈아입거나 휴식을 취하는 용도로 사용되었다. 처음 行禮 장소에 도착하여 행사 전에 머무는 임시 장막을 '大次'라고 하고, 행례 후에 물러나서 다음 행례를 대기하는 임시 장막을 '小次'라고 한다.(『周禮』「天官·掌次」鄭玄 注)

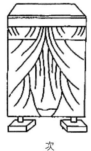

次
(聶崇義, 『三禮圖』)

7) 악기걸이[縣] : '縣'은 '懸'과 통하는 글자로, 악기를 걸어두는 筍·虡 등의 악기걸이를 뜻하기도 하고, 또 악기걸이에 걸어두는 鐘·磬·鎛 등의 악기 그 자체를 지칭하기도 한다. 이를 '樂縣'이라 하는데, 간단하게는 '縣'이라고 칭한다. 『周禮』「春官·小胥」의 鄭玄 주에 "악현은 종·경 등의 악기를 筍·簴에 걸어두는 것을 말한다.樂縣, 謂鍾磬之屬縣於筍簴者"고 하였고, 『禮記』「曲禮」下의 鄭玄 주에는 "縣은 악기이니, 鍾과 磬 따위를 말한다.縣, 樂器, 鍾磬之屬也."라고 하였다. 또 『文選』에 수록된 顏延年의 「三月三日曲水詩序」에서 '將徙縣中宇.'에 대한 李善의 註에 "縣은 懸과 같은 것으로, 鍾이나 磬을 매달아 두는 기물을 말한다. 『주례』에

[車輦]을 진열한다. 악기걸이 동쪽에 5품 이상 문관의 자리를 배치하고, 악기걸이 서쪽에 무관의 자리를 배치한다. 6품 이하의 관원은 모두 횡가橫街의 남쪽8)에 자리하여 북쪽을 상위上位로 한다. 조집사朝集使9)는 자신이 속한 지역의 방위方位에 따라 동일 품계의 문관·무

'천자는 宮縣을 설치하고, 천자의 제후는 軒縣을 설치한다.'고 하였다.按縣, 同縣, 謂縣鐘磬之具也.『周禮』'天子宮縣, 諸侯軒縣'"라고 하였다.

8) 횡가橫街의 남쪽 : 횡가는 당나라 長安城 宮城의 중앙 정문인 承天門 앞에 난 길을 가리킨다. 橫街는 폭이 300보(411미터)로, 장안성에서 가장 넓은 대로이며 광장의 성격을 지녔다. 매년 元旦[정월 초하루], 冬至, 千秋節[황제의 생일]에 대규모 朝賀儀禮가 승천문에서 거행되었는데, 이때 신하들은 橫街에 모여 관품의 순서에 따라 정렬하였다. 승천문에는 3개의 門道가 있었는데, 현존하는 문의 터에는 동서로 남은 길이가 41.7미터, 진입 깊이가 19미터다.(楊寬 저·최재영 역,『중국 고대 도성제도사(상)』, 세창, 265쪽 참조.)『唐六典』권7 '尙書工部 郞中員外郞' 條에 의하면 당나라 長安城의 皇城 북쪽에 자리한 宮城 남쪽으로 3개의 문이 있는데, 중앙의 承天門, 동쪽의 長樂門, 서쪽의 永安門이다. 元正과 冬至에 성대하게 공물을 베풀거나 연회를 열거나 대사면을 반포하거나 낡은 것을 없애고 새로운 것을 포고하는 의례, 만국의 조공과 외국의 빈객을 접견하는 의례 등을 모두 承天門에서 거행하였다.

9) 조집사朝集使 : 당대 각 府州에서는 매해 연말 上佐를 올려 보내 호구와 인구를 비롯한 지방 현황 및 지방관의 고과를 보고하고, 貢品을 진헌하였으며 아울러 각지의 鄕貢도 천거하였는데, 이 일을 맡은 상좌를 조집사라고 하였다. 조집사는 대개 10월 25일 장안에 도착해서, 11월 1일에 戶部가 引見을 마치고, 尙書省에서 여러 관료와 禮見한 다음 考堂에 모여 考績의 일에 응하였다.(『唐六典』권3「尙書禮部」) 이들은 또한 황제의 원회 의례와 봉선례와 같은 예의활동에 지방을 대표하여 참가하는 역할을 담당하였다.『開元禮』에서 조집사가 참가한 의례는 祭天, 太廟·陵寢 제사, 籍田禮 등 大祀에 속한 것으로 대부분 황제의 친제 때 등장하였음을 볼

관 아래에 자리한다. 황친皇親들은 4품·5품 이하 관원 아래에 자리
하되, 황제의 동종 친척은 동쪽에, 이성 친척은 서쪽에 자리한다. 번
객藩客은 자신이 속한 지역의 방위에 따라, 각각 6품직 조집사의 남
쪽에 자리하고, 각 주州의 사인使人은 9품직 조집사의 뒤쪽에 자리
한다. 또 횡가의 남쪽에 태사太師[10]·태위太尉[11]의 자리를 설치하되,
길 동쪽에서 북면하고 서쪽을 상위로 한다. 전의典儀[12]는 악기걸이

수 있다. 원회의례에서 조집사가 헌상한 공물과 수반한 공사들의 위차
배열은 경관, 조집사, 번사의 순서에 따라 배열하여 조정과 속지의 공납종
속 관계를 드러내 천하질서를 은연중에 내포하고 있다.

10) 태사太師 : 주대에 太師, 太傅, 太保를 三公이라 불렀는데, 이들은 실권은
없었으나 천자가 스승으로 섬기는 정1품의 국가 원로로서 대접받았다. 당
에서는 이를 三師의 관제로 계승하였는데, 親王에게 拜授하거나 贈官하
는 경우가 대부분이었고 道와 德을 갖춘 적임자가 없으면 공석으로 두는
경우도 많았다.(『舊唐書』 권43 「職官」, 『新唐書』 권46 「百官」 참조)

11) 태위太尉 : 『唐六典』에 의하면, '태위'은 1인으로 정1품의 관직이다. 수나
라 때 太尉·司徒·司空을 두어 三公으로 삼고, 尙書省보다 위에 두었는
데, 당나라에서도 이를 따랐다. 高祖 武德(618~626) 연간 초에 秦王 이세
민이 이를 겸직하였고, 高宗 永徽(650~655) 연간에 장손무기도 태위가
되었다. 그 후 親王으로 삼공에 임명된 경우 직무를 보지 않았으며, 제사
를 지낼 때 황제를 대신하여 섭행하였다.(隋置太尉·司徒·司空爲三公,
正一品, 置府僚, 尋省府僚, 置公則於尙書省上, 皇朝因焉. 武德初, 秦
王兼之, 永徽中, 長孫無忌爲之. 其後, 親王拜三公者皆不視事, 祭祀則
攝者行焉.)

12) 전의典儀 : 『唐六典』에 의하면, '전의'는 2인으로 구성된 종9품하의 宮官
職이다. 大殿 위에서 소리를 쳐 의례의 진행을 조절하고 대전의 뜰에 백
관들의 版位를 설치하는 등의 일을 관장였다.(掌殿上贊唱之節及設殿庭
版位之次.)

의 동북쪽에 자리하고, 찬례贊禮 2인은 남쪽에서 조금 뒤쪽으로 물
러서 있으며, 모두 서향한다. 또 동·서東西 조당朝堂의 문 밖 자리는
원일元日의 전례典禮와 같이 배치한다.

其日, 侍中版奏「請中嚴」. 太樂令·鼓吹令帥工人入就位. 有司
設罍洗於阼階東南, 設席於東房內, 近西, 張帷於東序外. 殿中監
陳袞服於內席, 東領, 緇纚·玉簪及櫛三物同箱, 在服南. 又設莞
筵一, 紛純, 加藻席緇純, 加次席黼純, 在南. 尚食實醴尊於東序
外帷內, 坫在尊北, 實角·觶·柶各一. 饌陳於尊西, 籩·豆各十二
；俎三, 在籩·豆之北. 設罍洗於尊東. 袞冕·玉導置於箱. 太常博
士一人, 立於西階下, 東面. 諸侍衛之官俱詣閤奉迎, 典儀帥贊者
及群官以次入就位. 太常博士引太常卿升西階, 立於西房外, 當戶
北向. 侍中版奏「外辦」. 皇帝服空頂黑介幘·絳紗袍, 出自西房,
卽御座立. 太師·太尉入就位. 典儀曰：「再拜.」贊者承傳, 在位者
皆再拜. 太師升自西階, 立於東階上, 東面. 太尉詣阼階下罍洗, 盥
手, 升自東階, 詣東房, 取纚櫛箱進, 跪奠於御座西端. 太師詣御
座前跪奏曰：「坐」, 皇帝坐. 太尉當前少左, 跪, 脫幘置於箱, 櫛
畢, 設纚, 興, 少西, 東面立. 太師降, 盥, 受冕, 右執頂, 左執前, 升自
西階, 當前少左, 祝曰：「令月吉日, 始加元服. 壽考惟祺, 以介景
福.」乃跪, 冠, 興, 復西階上位. 太尉前, 少左, 跪, 設簪, 結纓, 興,
復位. 皇帝興, 適東房. 殿中監徹櫛纚箱以退.

관례 당일, 시중侍中[13]이 홀판笏版[14]을 들고 주청하기를, "중엄中

13) 시중侍中：『唐六典』에 따르면 문하성의 장관으로 당대에는 2인을 두었
다. 황제의 명령을 출납하고 吏職을 총괄하며 庶務를 보필하는 등 천자를

嚴15)을 청합니다."라고 한다. 태악령太樂令16)·고취령鼓吹令17)이 악
공을 인솔하고 들어와 자리로 간다. 유사가 동쪽 계단 동남쪽에 뇌
세罍洗18)를 설치하고, 동방東房19) 안 서쪽에 자리[席]를 마련하며,

보좌하여 大政을 통괄하였다.(侍中之職, 掌出納帝命, 緝熙皇極, 總典吏
職, 贊相禮儀, 以和萬邦, 以弼庶務, 所謂佐天子而統大政者也.)

14) 홀판[版] : '版'은 手板 즉 朝笏을 말한다. 『後漢書』 「黨錮傳·范滂」에
   "범방은 원한을 품고 판을 내던지고 관직을 버리고 떠났다.滂懷恨, 投版
   棄官而去."고 하였는데, 李賢의 注에 "판은 홀이다.版, 笏也."라고 하였
   다.

15) 중엄中嚴 : 당대 황제가 원회 의례나 천지 교사와 같은 대사를 행할 때
   의식의 순서에 따라 북을 두드려 의식을 행할 시각과 경계할 것을 알렸는
   데, 보통 三嚴이라 하였다. 보통 첫 번째 경계 알림을 '初嚴', 두 번째
   알림을 '二嚴' 또는 '중엄'이라고 하며, 세 번째 마지막 알림을 三嚴이라
   고 하였다. 『舊唐書』 권43 「職官志」2 '門下省·侍中'에 의하면 "대조회
   나 대제사 때 (시중은) 중엄과 외판을 판주하여 출입의 의절로 삼는다.
   어가가 환궁할 때에는 '해엄'을 청하여 예를 마쳤음을 아뢨다.大朝會·大
   祭祀, 則板奏中嚴外辦, 以爲出入之節. 輿駕還宮, 則請解嚴, 所以告禮
   成也."라고 하였다. 일반적으로 '中嚴'이란 中庭을 戒備한다는 뜻이고
   '外辦'이란 宮禁을 警衛한다는 뜻이며, '解嚴'은 앞의 경계를 解除한다
   는 뜻이다.

16) 태악령太樂令 : 太樂署 소속이며 令은 1인으로 종7품하이다. 악인을 교
   육시켜 악기의 음계와 성율을 조절하고 조화롭게 하여 나라의 제사 및
   향연 때 연주하는 일을 관장한다.(『唐六典』 권14 「太常寺·太樂令」)

17) 고취령鼓吹令 : 鼓吹署 소속이며 令은 1인으로 종7품하이다. 鼓吹樂의
   연주와 조련, 鹵簿의 의장을 관장하였다.(『唐六典』 권14 「太常寺·鼓吹
   署」)

18) 뇌세罍洗 : 제사를 지내거나 음식을 올릴 때, 손을 씻는데 사용하였던 그
   릇을 이른다. 罍에 물을 담아 두고 이 물을 枓를 가지고 떠서 씻었으며,

당 위 동쪽 벽[東序]에 휘장[帷][20]을 설치한다. 전중감殿中監[21]은 동방 안 자리에 곤복袞服[22]을 놓아두되 옷깃이 동쪽을 향하게 하고,

---

씻는 데 사용한 물은 洗에 버렸다. 삼례서에서는 洗罍라고 하였다. 聶崇義의 『三禮圖集注』에는 다음과 같이 기술되어 있다. "대개 罍(물 항아리), 洗(물받이 항아리) 그리고 물을 뜨는 주枓(물을 푸는 구기)는 모두 같이 진설한다. 지금 살펴보건대 『의례』의 「士冠禮」·「士婚禮」·「鄕飮酒禮」와 「鄕射禮」그리고 「特牲饋食禮」등 여러 편에는 모두 단지 '水'라고 말했지 '罍'를 말하지 않았다. 「燕禮」와 「大射禮」에는 罍水라고 말했지만 아울러 枓를 말하지 않았다. 「小牢饋食禮」에서만 '司宮은 罍水를 洗의 동쪽에 진설하는데, 枓가 있다'라고 하였다."

罍洗　　　　　　　　罍洗
(聶崇義, 『三禮圖』)　　　(朱熹, 『釋奠儀』)

19) 동방東房 : 당堂의 동편 방을 이른다. 堂 위에는 중앙에 室이 있고, 동쪽과 서쪽에 각각 東房과 西房이 있다. 각 방에는 남쪽에 한 개의 출입문[戶]이 있다.

20) 휘장[帷] : 『周禮』「天官·幕人」의 鄭玄 주에 의하면, '帷'·'幕'·'幄'·'帟'은 그 설치방식이나 기능이 각각 다르다. '帷'는 베[布]를 사방으로 벽처럼 둘러서 친 것이고, '幕'은 帷 위에 베를 지붕처럼 펼쳐서 덮는 것이다. 帷幕으로 室을 만든다. '幄'은 帷幕 안에 다시 비단을 둘러쳐서 방을 만든 것이다. '帟'은 幄 안에서 앉는 자리 위에 펼치는 비단이다.

21) 전중감殿中監 : 殿中省의 장관으로 종3품이다. 전중감은 황제와 관련된 모든 물품의 정령을 관장하며, 尙食·尙藥·尙衣·尙乘·尙舍·尙輦 등 6局의 官屬을 거느렸다.(『譯註 唐六典』 권11 「殿中省·殿中監」)

22) 곤복袞服 : 冕旒冠을 쓸 때 착용하는 '면복'의 하나이다. 면복은 시대에

흑색 머리싸개[纚][23] · 옥으로 만든 비녀[簪][24] · 빗[櫛], 이 세 가지를 한 상자 안에 넣어 곤복의 남쪽에 놓아둔다. 또한 흰색 문양으로 가

따라 조금씩 차이는 있지만 면류관, 玄衣, 裳, 중단, 바지, 버선, 신, 대대, 혁대, 폐슬, 綬, 패옥, 劍, 圭로 구성된다. 면복의 종류는 등급의 순서대로 大裘冕, 袞冕, 驚冕, 毳冕, 希冕(絺冕), 玄冕의 6가지가 있는데, 그 중 '대구면'이 가장 높은 등급이고, '현면'의 등급이 가장 낮다. '대구면'은 昊天 · 上帝 · 五帝에 제사할 때 입고, '袞冕'은 선왕에게 제사지낼 때와 왕이 종묘에서 제후의 朝覲을 받을 때 입었다. 면복은 면류관의 旒[구슬을 꿴 줄]의 수와 상의와 하상에 표현된 무늬로 구별한다. '대구면'은 天에 제사를 지내는 것이므로 질박함을 숭상하여 면류관에 旒가 없고 옷에도 무늬가 없다는 견해가 있고, 또 이와 달리 12旒 면관에 12종류의 무늬가 있는 옷을 쓴다는 견해가 있다. 12종류의 무늬는 日 · 月 · 星辰 · 山 · 龍 · 華蟲 · 宗彝 · 藻 · 火 · 粉米 · 黼 · 黻이다. '곤면'은 12旒 면관에 일 · 월 · 성신을 제외한 나머지 9종류의 무늬를 쓰는데 둥그런 모양의 용[袞龍 = 卷龍]이 首裝이 되므로 '곤면'이라 하였다.(면복에 관한 전체적인 내용은 崔圭順, 『中國歷代帝王冕服硏究』, 上海: 東華大學出版社, 2007 참조)

大裘
(聶崇義, 『三禮圖』)

袞冕
(聶崇義, 『三禮圖』)

23) 머리싸개[緇纚] : 머리를 동여매기 위해 비단으로 만든 수건을 이른다. 넓이 1幅, 길이 6尺 정도의 크기다.

장자리를 장식한 한 장의 왕골자리 위에 검은 문양으로 가장자리를 장식하고 수초水草를 수놓은 자리를 올리고, 다시 그 위에 흰색과 검은색으로 꽃무늬를 수놓은 자리를 올려 남쪽에 놓아둔다.

상식尙食25)은 단술을 가득 채운 술동이[尊]를 동쪽 벽 밖 휘장 안에 놓아두고, 술동이 북쪽에 둔 받침대 위에 각角26)·치觶27)·사柶28)

緇纚
(聶崇義, 『三禮圖』)

24) 비녀[簪] : 笄[비녀]를 말한다. 비녀는 용도에는 따라 두 가지로 나뉜다. 하나는 두발을 안정시키는 것이고 다른 하나는 관을 고정시키는 것이다. '笄'는 주대의 일반적인 칭위였는데, 秦·漢 이후에는 그것을 '簪'으로 개칭하였다.

25) 상식尙食 : 『唐六典』에 의하면, '상식'은 2인으로 정5품의 宮官의 관직이다. 사선·사온·사약·사희의 네 관사의 관속을 총괄하는 관원으로서 공급하는 음식[膳羞]의 품목과 숫자를 관장하고, 음식을 진헌할 때 먼저 맛을 보았다.(尙食掌供膳羞品齊之數, 惣司膳·司醞·司藥·司饎四司之官屬. 凡進食, 先嘗之.)

26) 각角 : 4升 용량의 술잔을 이른다.(『儀禮』「士冠禮」)

角
(聶崇義, 『三禮圖』)

를 각각 하나씩 갖추어 둔다. 음식은 술동이의 서쪽에 진열하는데,
대나무 제기[籩]와 나무 제기[豆]29) 각 열두 개씩에 담고, 희생 제기
[俎] 세 개는 대나무 제기와 나무 제기의 북쪽에 놓아둔다. 뇌세는

---

27) 치觶 : 3升 용량의 술잔을 이른다.(『儀禮』「士冠禮」)

觶
(聶崇義, 『三禮圖』)

28) 사柶 : 숟가락을 이른다. 형태가 匙와 비슷하다.

29) 대나무 제기[籩]와 나무 제기[豆] : 鄭玄은 '籩'에 대해 "'변'은 대나무로
만든 제기이다.'籩', 竹器."(『周禮』「天官·籩人」), "말린 고기를 올릴 때
에는 변을 사용하는데, 변은 말린 음식을 담는 데 적당하다.脯用籩, 籩宜
乾物."(『儀禮』「鄕射禮」)라고 하였고, '豆'에 대해서는 "고기젓갈을 올릴
때에는 두를 사용하는데, 두는 젖은 음식을 담는 데 적당하다.醢以豆, 豆
宜濡物也."(『儀禮』「鄕射禮」)라고 하였다. 또 『爾雅』「釋器」에서는 "나
무로 만든 제기를 '두'라 하고, 대나무로 만든 제기를 '변'이라 한다.木豆
謂之豆, 竹豆謂之籩"라고 하였다. 요컨대 '변'과 '두'는 소재 상 '대나무'
와 '나무'라는 차이가 있고, 기능적인 측면에서는 '말린 음식을 담는 제기'
와 '젖은 음식을 담는 제기'라는 차이가 있다.

籩
(聶崇義, 『三禮圖』)

豆
(聶崇義, 『三禮圖』)

술동이의 동쪽에 설치해 둔다. 곤면袞冕30)과 옥비녀와 옥빗[導]31)은 상자 안에 넣어둔다.

태상박사太常博士 1인이 서쪽 계단 아래에서 동향하여 선다. 시위侍衛하는 관원들이 모두 황제를 봉영奉迎하기 위해 합문閤門32)으로 나아간다. 전의가 통솔하는 찬례贊禮와 백관이 순서대로 들어와 자리로 간다. 태상박사가 태상경太常卿을 인도하여 서쪽 계단으로 올라오면, 태상경은 서방西房33)의 밖에 서서 문 앞에서 북향한다. 시중侍中이 홀판을 들고 주청하기를, "궁금宮禁을 경계하고 지키소서[外辦]"34)라고 한다. 황제가 덮개가 없는 흑색의 개책介幘35)과 강사포絳紗袍36) 차림으로 서방西房에서 나와 어좌御座로 가서 선다. 태

---

30) 곤면袞冕 : '袞冕'을 쓰고 곤면에 해당되는 상의[玄衣], 하상[纁裳], 중단, 바지, 버선, 신, 大帶, 혁대, 폐슬, 綬, 패옥, 劍, 圭를 갖추는 것을 말한다.

31) 옥빗[導] : 머리카락을 다듬어 관 안에 넣는 도구로, 櫛(빗)의 일종이다. 옥으로 만드는데, 그것으로 또한 머리장식을 삼기도 한다. 『釋名』 「釋首飾」에 "導는 머리카락을 이끌어 다듬어서 두건 안으로 들어가게 하는 것이다. 導, 所以導櫟鬢髮, 使入 巾幘之裏也."라고 하였다.

32) 합문閤門 : 閤이란 군주가 거처하는 殿으로 통하는 殿門의 더 안쪽, 즉 황제의 거처 가장 가까이에 설치된 문으로 上閤門이라고도 한다. 唐代의 상합문은 보통 황제가 정무를 보는 태극전의 殿門인 태극문 안쪽 좌우 上閤門을 가리켰는데, 신하들은 이 문을 통해 들어가 군주를 알현하였다.(『唐律疏議』 권7 「衛禁・闌入宮門」)

33) 서방西房 : 堂 위 중앙에 자리한 室의 서쪽에 있는 房을 가리킨다. 堂 위 중앙에 室이 있고, 동쪽과 서쪽에 각각 東房과 西房이 있다. 방에는 남쪽에 한 개의 출입문[戶]이 있다. 室에는 출입문과 창문[牖]이 있는데, 출입문은 동쪽에 있고, 창문은 서쪽에 있다. 따라서 室의 출입문 서쪽과 창문 동쪽이 堂의 정중앙[扆]이 된다.

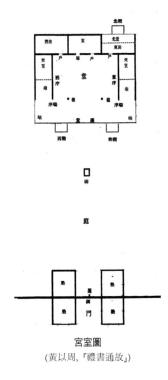

宮室圖
(黃以周, 『禮書通故』)

34) 궁금宮禁을 경계하고 지키소서[外辦] : '外辦'이란 宮禁을 警衛한다는
뜻으로, '중엄'이 의례를 행하는 제실을 포함한 공간을 경계를 의미한다면
외판은 제실 밖의 경계를 의미한다. 황제 이하 공경대신들이 참석한 의례
에서 의식의 절차마다 집례자가 절차를 알리는데, 외판은 중엄 다음의
순서이며, 외판 이후 의식을 마친 뒤에는 해엄을 외친다.(『隋書』권9「禮
儀」4, 182쪽)

35) 개책介幘 : 상투를 덮어씌우는 두건으로 이마까지 덮으며, 이 위에 관을
썼다. 애초에 미천한 신분의 사람들이 착용하던 것에서 漢代 이후 문·
무관에게까지 일반화되었다.

36) 강사포絳紗袍 : 붉은색의 朝服으로, '朱紗袍'라고도 한다. 황제와 황태자

사·태위가 들어와 자리로 나아간다. 전의典儀가 "재배再拜"라 하고 찬례가 이어 큰 소리로 전하면, 자리한 사람들이 모두 두 번 절한다. 태사가 서쪽 계단으로 올라가 동쪽 계단 위에 서서 동향한다. 태위가 동쪽 계단 아래에 있는 뇌세로 가 손을 씻은 다음, 동쪽 계단을 통해 동방東房으로 가 머리싸개와 빗이 들어있는 상자를 가져와 어

가 조회·제사·책봉 등 중대한 전례를 행할 때에 착용하는 의복이다. 진홍색의 깁으로 만들며, 안쪽은 붉은색, 옷깃·소매·옷자락에 모두 검은색의 가선장식을 한다. 일반적으로 通天冠을 쓰고, 흰색 깁으로 만든 홑속옷[白紗中單], 흰색 치마와 저고리[白裙襦], 진홍색 깁으로 만든 폐슬[絳紗蔽膝]을 一襲으로 착용한다. 晉代에 처음 출현했는데, 황제는 조회를 볼 때 통천관을 쓰고 강사포를 입으며, 황태자와 諸王은 조복으로 遠遊冠을 쓰고 강사포를 입었다. 唐代에도 이와 같았지만 제왕의 경우에는 강사포를 입지 않았다. 『隋書』「禮儀志」에서는 "또 통천관이 있는데 높이는 9촌이고 앞쪽에는 金博山과 (도요새 문양의) 逃로 장식하고 검은색 개책[黑介幘]을 쓰며, 絳紗袍에 검은색으로 가선 장식을 한 中衣를 입고, 검은색 신발[黑舃]을 신으니, 이것을 朝服으로 삼는다.又有通天冠, 高九寸, 前加金博山·逃, 黑介幘, 絳紗袍, 皁緣中衣, 黑舃, 是爲朝服."라고 하였다.

絳紗袍
(王圻, 『三才圖會』)

좌의 서쪽 가장자리에서 무릎을 꿇고 바친다. 태사가 어좌 앞으로
나아가 무릎을 꿇고 황제에게 '앉으십시오.'라고 하면 황제가 앉는
다. 태위가 황제의 전방 조금 왼쪽에서 무릎을 꿇고 앉아, 황제의 적
건幘巾을 벗긴 다음 상자 안에 넣고, 머리 빗질을 마친 후 머리싸개
를 씌우고 일어나 조금 서쪽으로 가서 동향하여 선다. 태사가 계단
을 내려와 손을 씻은 다음 면류관을 받아 오른손으로 관의 뒷부분을
잡고 왼손으로 관의 앞부분을 잡은 후, 서쪽 계단으로 올라가 황제
의 전방 조금 왼쪽에서 축사를 고하기를, "좋은 달 좋은 날에 첫 번
째 관을 씌워 드리니, 장수를 누리는 상서로움이 있을 것이며 큰 복
이 더욱 성대해 질 것입니다."라고 한다. 이어 무릎을 꿇고 황제에게
관을 씌운 후 일어나 다시 서쪽 계단 위 자리로 돌아간다. 태위가
황제의 앞으로 나아가 조금 왼쪽 지점에서 무릎을 꿇은 후, 비녀를
꽂고 면류관의 끈을 맨 다음 일어나 다시 자리로 돌아간다. 황제가
일어나 동방東房으로 간다. 전중감이 빗과 머리싸개를 상자에 거두
어 물러간다.

　皇帝衮服出, 卽席南向坐. 太尉詣序外帷內, 盥手洗觶, 酌醴, 加
柶覆之, 面葉, 立於序內, 南面. 太師進受醴, 面柄, 前, 北向祝曰
:「甘醴唯厚, 嘉薦令芳. 承天之休, 壽考不忘.」退, 降立於西階下,
東面. 將祝, 殿中監率進饌者奉饌設於前, 皇帝左執觶, 右取脯,
擩於醢, 祭於籩·豆之間. 太尉取肺一以進, 皇帝奠觶於薦西, 受
肺, 舒左執本, 右絕末以祭. 上左手嚌之, 授太尉. 太尉加於俎, 降,
立於太師之南. 皇帝悅手取觶, 以柶祭醴, 啐醴, 建柶, 奠觶於薦
東. 太師·太尉復橫街南位. 典儀曰 :「再拜」贊者承傳, 在位者皆

再拜. 太師·太尉出. 侍中前跪奏「禮畢」. 皇帝興, 入自東房, 在位者以次出.

황제가 곤복袞服 차림으로 나와 자리로 가서 남향하여 앉는다. 태위가 당 위 동쪽 벽 밖 휘장에 들어가 손을 씻고 술잔[觶]을 씻은 후 예주醴酒[37]를 따르고, 술잔 위에 술을 뜰 수저[柶]를 얹어 엎어놓되 수저의 머리 부분이 앞쪽을 향하도록 한 다음 벽 안쪽으로 가 남향하여 선다. 태사가 나와 예주를 담은 술잔을 받은 후, 수저의 손잡이를 앞으로 향하게 하고 나아가 북향한 다음 축사하기를, "단맛 나는 예주는 진하고, 좋은 안주는 향기롭습니다. 하늘의 아름다운 복을 받고, 늙을 때까지 아름다운 명성이 잊히지 않을 것입니다."라고 한 후 물러나, 서쪽 계단 아래로 내려와서 동향하여 선다.

축사祝詞를 고할 때, 전중감이 음식을 진설하는 이들을 인솔하여 음식을 차려 올리면, 황제는 왼손으로 술잔[觶]을 쥐고 오른손으로 말린 고기[脯]를 집어 고기젓갈[醢]에 적신 후 대나무 제기와 나무 제기 사이에다 고수레를 한다. 태위가 뼈에 붙은 마른 고기 한 점을 올리면, 황제가 대나무 제기와 나무 제기의 오른쪽에 술잔을 내려놓

---

37) 예주醴酒 : '예주[醴]'는 태고시대의 술로서 濁하고 질박한 술이며, '청주[酒]'는 후대에 만들어진 술로서 淸하고 문식을 낸 술이다. '醴'는 즙과 앙금이 뒤섞여 있는 탁한 술로서, 누룩이 적고 곡물이 많이 들어간 술이다. 『周禮』「天官·酒正」에서 泛齊·醴齊·盎齊·醍齊·沈齊를 '五齊'라고 하였는데, 鄭玄은 "醴은 體와 같다. 빚고 나서도 즙과 앙금이 서로 뒤엉켜 있다. 오늘날의 恬酒와 같다.醴猶體也, 成而汁滓相將, 如今恬酒矣."고 하였다. 예를 행할 때는 모두 이 술을 사용하는데, 입으로 맛을 보기만 하고 마시지는 않는다. '예주[醴]'는 그 맛이 약간 달며, 하루 동안 숙성시켜 만들기 때문에 鷄鳴酒 혹은 一宿酒라고도 한다.

고 고기를 받아 왼손으로 아랫부분을 쥐고 오른손으로 윗부분을 떼어 고수레를 한다. 황제가 왼손으로 고기를 맛본 후 태위에게 준다. 태위는 희생 제기 위에 고기를 올려놓고 계단을 내려가 태사의 남쪽에 선다. 황제가 수건으로 손을 닦은 후 술잔[觶]을 잡고 수저로 예주를 떠 고수레를 하고 예주를 맛본 다음 술잔에 수저를 넣고 대나무 제기와 나무 제기의 왼쪽에 내려놓는다. 태사·태위가 횡가의 남쪽 자리로 돌아간다. 전의典儀가 "재배再拜"라 하고 찬례가 이어 큰 소리로 전하면, 자리한 사람들이 모두 두 번 절한다. 태사·태위가 나간다. 시중侍中이 황제 앞에 무릎을 꿇고 "예가 끝났습니다."라고 아뢴다. 황제가 일어나 동방東房으로 들어가면 자리한 사람들이 차례로 나간다.

皇太子加元服.

황태자의 관례冠禮를 거행한다.

有司豫奏司徒一人爲賓, 卿一人爲贊冠, 吏部承以戒之. 前一日, 尙舍設御幄於太極殿, 有司設群官之次位, 展縣, 設桉, 陳車輿, 皆如皇帝之冠. 設賓受命位於橫街南道東, 贊冠位於其後, 少東, 皆北面. 又設文武官門外位於順天門外道東·西. 其日, 侍中奏「請中嚴」, 群官有司皆就位. 賓·贊入立於太極門外道東, 西面. 黃門侍郎引主節持幡節, 中書侍郎引制書案, 立於樂縣東南, 西面北上. 侍中奏「外辦」. 皇帝服通天冠·絳紗袍, 乘輿出自西房, 卽御坐. 賓·贊入就位. 典儀曰:「再拜」, 在位皆再拜. 侍中及舍人前

承制, 侍中降至賓前, 稱「有制」. 公再拜. 侍中曰 :「將加冠於某之
首, 公其將事.」公少進, 北面再拜稽首, 辭曰 :「臣不敏, 恐不能供
事, 敢辭.」侍中升奏, 又承制降, 稱 :「制旨公其將事, 無辭.」公再
拜. 侍中 · 舍人至卿前稱敕旨, 卿再拜. 侍中曰 :「將加冠於某之
首, 卿宜贊冠.」卿再拜. 黃門侍郎執節立於賓東北, 西面. 賓再拜
受節, 付于主節, 又再拜. 中書侍郎取制書立賓東北, 西面. 賓再
拜, 受制書, 又再拜. 典儀曰 :「再拜.」贊者承傳, 在位皆再拜. 賓
· 贊出, 皇帝降坐, 入自東房, 在位者以次出. 初, 賓 · 贊出門, 以制
書置於桉, 引以幡節, 威儀 · 鐃吹及九品以上, 皆詣東宮朝堂.

　유사에서 사도司徒 1인을 빈賓으로, 경卿 1인을 찬관贊冠으로 삼
을 것을 미리 아뢰고, 이부吏部는 명을 받들어 알린다. 관례 하루 전,
상사국에서 태극전太極殿에 장막[御幄][38]을 설치하고, 유사는 백관
의 자리를 설정하고 악기걸이를 배열하며 궤안几案을 진설하고 수
레[車輦]를 진열하기를 모두 황제의 관례와 같게 한다. 횡가橫街의
남쪽 길 동쪽에 빈이 명을 받는 자리를 설치하고, 빈의 자리 뒤 조금
동쪽으로 찬관의 자리를 설치하되 모두 북향하게 한다. 또 문·무 관
원의 문 밖 자리를 순천문順天門 밖의 길 동쪽과 서쪽에 설치한다.
　관례 당일, 시중侍中이 아뢰기를, "중엄中嚴을 청합니다."라고 하
면, 백관과 유사가 모두 자리로 나아간다. 빈과 찬관이 들어와 태극

---

38) 장막[御幄] : 제사나 조회 등 행사 때 예를 행할 때 옷을 갈아입거나 휴식
을 취하기 위해 임시로 설치한 장막을 말한다. 『周禮』「天官 · 幕人」의
鄭玄 注에 의하면, '帷'는 베[布]를 사방으로 벽처럼 둘러서 친 것이고,
'幕'은 帷 위에 베를 지붕처럼 펼쳐서 덮은 것이며, '幄'은 帷幕 안에 다시
비단을 둘러쳐서 방을 만든 것이라고 하였다.

문 밖 길의 동쪽에서 서향하여 선다. 황문시랑黃門侍郎[39]이 번幡과 절節[40]을 든 주절主節[41]을 인도하고, 중서시랑中書侍郎이 제서를 담는 궤안[制書案]을 받든 사람을 인도하여, 악기걸이의 동남쪽에 서서 북쪽을 상위로 하여 서향한다. 시중侍中이 "궁금宮禁을 경계하고 지키소서[外辦]"라고 아뢴다. 황제가 통천관通天冠[42]·강사포絳紗袍

---

39) 황문시랑黃門侍郎 : 門下省 소속의 정4품상의 관인으로 2인을 두었다. 황문시랑은 侍中을 도와 정치의 관용과 위엄, 일에 대한 상과 벌을 논의하는 데 모두 참여한다. 대제사 때는 황제를 따라 제단에 올라가 예식을 도왔으며 원정·동지에 황제가 조회에 참석하면 전국의 祥瑞를 상주하는 일을 관장하였다.(『唐六典』 권8 「門下省」)

40) 번幡과 절節 : '幡'은 깃발 위의 수건 장식으로, 고대에는 깃발로 명령을 전했다. '信幡'이라고도 하는데, 수레 위에 수건 장식을 한 깃발을 꽂아 수레에 탄 사람의 신분을 나타냈으므로, '幡' 혹은 '信幡'은 符節과 같은 기능을 하였다. '節'은 符節을 이른다.

41) 주절主節 : 門下省의 符寶郎에게 딸린 관속으로 총 18인이며, 幡·節을 지키는 임무를 맡았다. 교대로 근무하므로 番官이라고도 불렀다.(『唐六典』 "掌守幡節. 並分番上下, 亦謂之番官.")

42) 통천관通天冠 : 秦에서 유래한 冠으로, 원래는 평상시에 쓰던 常冠이었는데 北齊 이후 朝服에 쓰는 관으로 변하였다. 『後漢書』 「興服志」에서는 "통천관은 높이는 9촌이며, 정면은 곧게 서 있는데 정수리 부분에서 조금 비스듬히 뒤로 젖혀져 있고, 이어서 곧바로 아래로 내려가면 철로 된 卷[관의 테두리]과 梁[관 위쪽에 앞뒤로 걸쳐 있는 중심 부분]이며, 앞면에는 산 모양의 장식이 있고 展筩[관 앞면에 날아오르는 듯한 뿔 모양의 장식물]이 있다. 자가 평소 쓰는 관이다. 通天冠高 九寸, 正豎, 頂少斜卻, 乃直下爲鐵卷梁, 前有山, 有 展筩. 乘輿常服."라고 하였다. 또한 『唐六典』 「殿中

通天冠
(聶崇義, 『三禮圖』)

차림으로 좌여坐輿를 타고 서방西房에서 나와 어좌로 간다. 빈과 찬관이 들어와 자리로 간다. 전의典儀가 "재배再拜"라고 하면, 자리한 이들이 모두 두 번 절한다. 시중侍中과 사인舍人이 앞으로 나가 황제의 명을 받든 후, 시중이 전殿을 내려가 사도의 앞에 이르러 "황제의 명이 있습니다."라고 한다. 사도가 두 번 절한다. 시중이 "장차 모某의 관례를 시행하려 하니, 공이 그 일을 진행하시오."라고 하면, 사도가 조금 앞으로 나와 북향하여 두 번 절하고 머리를 조아려 사양하기를, "신은 어리석어 그 일을 맡을 수 없으니, 감히 사양하겠습니다."라고 한다. 시중이 전에 올라 황제에게 아뢴 후 다시 황제의 명을 받들고 전을 내려와 "황제께서 공에게 그 일을 맡아 주재하라 명하셨으니, 사양하지 마십시오."라고 한다. 사도가 두 번 절한다. 시중·사인이 경卿의 앞으로 가 칙지敕旨가 있다고 말하면 경이 두 번 절한다. 시중이 말하기를, "장차 모의 관례를 시행하려 하니, 경은 마땅히 찬관을 맡아 주시오."라고 한다. 경이 두 번 절한다. 황문

省」조항에서는 "통천관은 금박산을 보태고, 매미 12수를 붙이고, 비취를 달며, 흑개책을 하고, 갓끈을 비취색으로 하여 늘어뜨리며, 옥으로 만든 비녀·빗이나 무소뿔로 만든 비녀·빗을 꽂는다. 통천관을 쓸 때는 강사포를 걸치고, 하얀 깁으로 된 옷을 속에 입으며, 목둘레·옷단은 주홍색이고, 하얀색 하의와 저고리, 강사로 만든 폐슬, 하얀색 가대를 차고, 방심곡령을 갖추고, 곤면을 입을 때와 같은 혁대·검·패·인끈을 착용한다.通天冠, 加金博山, 附蟬十二首, 施珠翠, 黑介幘, 髮纓翠綾, 玉若犀簪導 ; 絳紗袍, 白紗中單, 朱領·襈, 白裙襦, 亦裙衫. 絳紗蔽膝 ; 白假帶 ; 方心曲領 ; 其革帶·劍·珮·綬與上同 ; 白襪, 黑舃. 若未加元服, 則雙童髻, 空頂黑介幘, 雙玉導, 加寶飾. 諸祭還及冬至受朝·元會·冬會則服之."라고 하였다.

시랑이 절節을 가지고 빈의 동북쪽에서 서향하여 선다. 빈이 재배한 후 절을 받아 주절에게 준 다음 다시 재배한다. 중서시랑이 제서制書를 가지고 빈의 동북쪽에 서서 서향한다. 빈이 재배하고 제서를 받은 다음 다시 재배한다. 전의典儀가 "재배"라 하고 찬관이 이어 큰 소리로 전하면, 자리한 사람들은 모두 두 번 절한다. 빈과 찬관이 나가면 황제가 어좌에서 내려와 동방東房으로 들어가고, 자리한 사람들도 차례에 따라 나간다. 빈과 찬관은 처음 문을 나갈 때 제서를 궤안 위에 올려놓고, 번과 절로써 의장대와 악공, 9품 이상의 관원을 인솔하여, 모두 동궁東宮43)의 조당朝堂으로 나아간다.

冠前一日, 衛尉設賓次於重明門外道西, 南向, 贊冠於其西南. 又設次於門內道西, 以待賓·贊. 又設皇太子位於閤外道東, 西向. 三師位於道西, 三少位於其南少退, 俱東向. 又設軒縣於庭, 皇太子受制位於縣北, 解劍席於東北, 皆北面.

관례 하루 전, 위위衛尉44)가 중명문重明門45) 바깥 길 서쪽에 빈의

---

43) 동궁東宮 : 황태자가 거주하는 곳으로 여기에서는 황태자를 가리킨다. 황제의 宮城을 중앙으로 했을 때 그 동쪽[陽]은 태자의 처소, 서쪽[陰]은 황후와 후궁의 처소가 된다.

44) 위위衛尉 : 제사와 조회 등 의례에 필요한 군기·의장·장막을 관장하는 衛尉寺 소속의 관원이다.

45) 중명문重明門 : 태자궁인 東宮의 정문이다. 『太平御覽』 권183에 인용된 韋述(?~757)의 『兩京雜記』 및 呂大防 「長安城圖」 중 太極宮圖에 의하면 東宮에는 3개의 문이 있는데, 남쪽 정문이 重明門이고, 重明門의 동쪽에 永春門이 있고, 重明門의 서쪽에 廣運門이 있다.(徐松 撰·李健超 增訂, 『唐兩京城坊考』 권1 「西京 宮城」 참조.)

장막을 남향으로 설치하고, 찬관의 장막은 그 서남쪽에 설치한다.
또 중명문 안쪽 길 서쪽에 장막을 설치하여 빈과 찬관을 맞이한다.
또한 황태자의 자리를 합문[閤門]46) 바깥 길 동쪽에 서향으로 둔다.
태자삼사太子三師47)는 길의 서쪽에 자리하여 모두 동향하고, 태자삼
소太子三少48)는 그 남쪽으로 조금 뒤쪽에 자리하여 모두 동향한다.
또 전정殿庭에 헌현軒縣49)을 설치하고, 황태자가 제서를 받는 자리

---

46) 합문[閤門] : 태자의 관례를 다루는 위 본문에서 합문은 동궁전의 합문을
   가리킨다.

47) 태자삼사太子三師 : 태자의 스승으로서, 종1품 太子太師 1인, 종1품 太子
   太傅 1인, 종1품 太子太保 1인으로 구성되어 있다. 皇太子에 속한 관부
   는 太子三師 외에도 太子三少, 太子賓客, 太子詹事府, 太子左春坊·太
   子右春坊·太子內坊의 3坊, 太子家令寺·太子率更寺·太子僕寺의 3
   寺, 太子左右衛率府·太子左右司禦率府·太子左右淸道率府·太子左
   右監門率府·太子左右內率府의 10率府가 있다.

48) 태자삼소太子三少 : 태자에 속한 관부의 하나로, 정2품 太子少師 1인, 정
   2품 太子少傅 1인, 정2품 太子少保 1인으로 구성되어 있다. 이외에도 소
   속 관원으로 정3품 太子賓客 4인이 더 있다.

49) 헌현軒縣 : 제후의 의례에 쓰는 악기걸이를 이른다. 鐘·磬 등의 악기를
   틀에 걸 때의 제도인 樂縣에서는 음악을 사용하는 이의 지위에 따라 각기
   구별이 있었다. 천자는 악기를 4면에 거는데, 이는 궁전의 4면을 상징하기
   때문에 '宮縣'이라고 했다. 천자의 궁현에서 1면을 줄인 것이 제후의 軒
   縣이고, 헌현에서 다시 1면을 줄인 것이 경대부의 判縣이고, 판현에서
   또 1면을 줄인 것이 士의 特縣이다.(『周禮』「春官·小胥」 "正樂縣之位,
   王宮縣, 諸侯軒縣, 卿大夫判縣, 士特縣.") 헌현은 남쪽을 비우고 나머지
   3면에 악기를 건다. 궁현이 4면인 것은 왕이 사방을 집으로 삼기 때문이
   고, 헌현이 남쪽을 비운 것은 왕이 南面하는 방향을 피한 것이다. 여기에
   서는 황태자의 관례이므로 황제보다 한 단계 아래 등급인 헌현에 따라

를 헌현의 북쪽에 두며, 칼을 풀어놓는 자리는 그 동북쪽에 두되 모
두 북향으로 설치한다.

冠日平明, 宮臣皆朝服, 其餘公服, 集於重明門外朝堂. 宗正卿
乘車侍從, 詣左春坊權停. 左右二率各勒所部, 屯門列仗. 左庶子

악기를 배열한 것이다.(『文獻通考』 권140 「樂考」 참고)

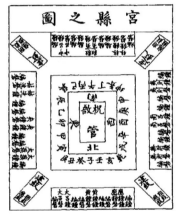

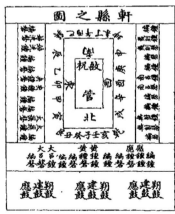

版奏「請中嚴」. 群官有司入就位. 設罍洗於東階東南. 設冠席於殿
上東壁下少南, 西向；賓席於西階上, 東向；主人席於皇太子席西
南, 西向. 三師席於冠席北, 三少席於冠席南〔一〕.50) 張帷於東序
內, 設褥席於帷中. 又張帷於序外, 具饌. 內直郎陳服於帷內, 東領
北上：袞冕, 金飾象笏；遠游冠, 緇布冠, 服玄衣·素裳·素韠·白
紗中單·青領褾襈裾, 履·襪, 革帶·大帶, 笏. 緇纚·犀簪二物同
箱, 在服南. 櫛實於箱, 又在南. 莞筵四, 藻席四, 又在南. 良醞令
實側尊甒醴於序外帷內, 設罍洗於尊東, 實巾一, 角·觶·枑各一.
太官令實饌豆九·籩九於尊西, 俎三在豆北. 袞冕, 遠游三梁冠·
黑介幘, 緇布冠青組纓屬於冠, 冠·冕各一箱. 奉禮郎三人各執立
於西階之西, 東面北上. 主人·贊冠者宗正卿爲主人, 庶子爲贊冠
者. 升, 詣東序帷內少北, 戶東·西立. 典謁引群官以次入就位.

관례를 거행하는 당일 새벽, 동궁의 신료들은 모두 조복朝服51) 차
림으로, 그 나머지는 공복公服52) 차림으로 중명문 바깥의 조당朝堂

---

50) [교감기 1] "三師席於冠席北, 三少席於冠席南."는 各本에 원래 "관석
   의 자리 남쪽으로 삼사의 자리를 설치한다.三師席於冠席南."라고 되어
   있다. 『開元禮』권110과 『通典』권126에는 '南'자 위에는 모두 '北三少席
   於冠席'라는 7자가 있고, 『신당서』상·하권의 문장에도 모두 三師·三少
   를 아울러 말하고 있다. 따라서 각 본의 문장을 脫文으로 보는 것이 마땅
   하므로 위 사례에 근거하여 보충하였다.

51) 조복朝服：조복은 具服이라고도 한다. 5品이상이 陪祭·朝饗·拜表·大
   事 때에 입었다.(『新唐書』권24 「車服志」, 『通典』권108 참조)

52) 공복公服：공복은 從省服이라고도 하는데 5品이상이 公事·朔望朝謁·
   太子를 알현할 때 입었다.(『新唐書』권24 「車服志」 참조) 『通典』에 의하
   면 隋 文帝가 제도를 고치면서 조칙을 내려, 제사지낼 때의 옷은 반드시
   禮經에 합당하게 하고, 그 나머지 공무에는 모두 公服을 입고 종사하게

에 집결한다. 종정경宗正卿53)이 수레를 타고 시종하는데, 좌춘방左
春坊54)에 이르러 잠시 멈춘다. 좌·우 춘방이 각기 관장하는 부서를
이끌고 궁문에서 의장儀仗을 갖추고 배열한다. 좌서자左庶子55)가 홀
판笏版을 들고 주청하기를, "중엄中嚴을 청합니다."라고 한다. 백관
과 유사가 들어와 자리로 간다.

동쪽 계단 동남쪽에 뇌세를 설치한다. 전殿 위 동쪽 벽 아래 조금
남쪽으로 관석冠席56)을 설치하되 서향하게 하고, 서쪽 계단 위에 빈
의 자리를 설치하되 동향하게 하며, 황태자의 자리 서남쪽으로 주인
主人의 자리를 설치하되 서향하게 한다. 태자삼사는 관석의 북쪽에

했다. 唐 太宗 貞觀 4년(630)의 制에서는, 3품 이상은 紫色, 5품 이상은
緋色, 7품 이상은 綠色, 9품 이상은 靑色을 입게 하였다.(『通典』 권108
참조)

53) 종정경宗正卿 : 宗正寺의 종3품 관직으로, 황제의 9族 6親의 屬籍, 昭穆
의 순서를 분별하고 친소와 원근의 배열을 기율하며 崇玄署를 통령하였
다.(『舊唐書』 권44 「職官」3, "卿之職, 掌九族六親之屬籍, 以別昭穆之
序, 并領崇玄署.")

54) 좌춘방左春坊 : 태자 官府의 하나이다. 태자 관부는 축소된 중앙 관부라
할 수 있는데, 太子左春坊은 문하성의 기능을 수행하고 있으며, 특히 崇
文館은 문하성의 弘文館과 유사하다. 좌춘방 아래의 司經·典膳·藥藏
·內直·典設·宮門 6局은 각각 도서·음식·의약·의복·장막과 湯沐·宮
門을 관장하였다.(이하 太子府 官屬에 관한 상세한 내용은 『唐六典』 권
26·27·28 참조)

55) 좌서자左庶子 : 정4품상 太子左春坊의 관직으로 2인으로 구성되었다. 황
태자를 시종하고, 예의의 진행을 돕고, 황태자에게 올라오는 상주문을 논
정하고 문서의 봉인과 제서를 감독하여 살펴보는 일을 담당한다.(『唐六
典』 권26 "掌侍從, 贊相禮儀, 駁正啓奏, 監省封題.")

56) 관석冠席 : 황태자에게 관을 씌우는 자리를 이른다.

자리하고, 태자삼소는 관석의 남쪽에 자리한다. 당 위 동쪽 벽 안쪽
에 휘장을 설치하고, 휘장 안에 욕석褥席57)을 펴 놓는다. 또 벽 바깥
쪽에도 휘장을 설치하고 음식을 진열한다. 내직랑內直郞58)은 휘장
안에 의복을 놓아두되, 북쪽을 상위上位로 하여 옷깃이 동쪽을 향하
게 한다. 의복 일습一襲은 곤면袞冕, 금으로 장식한 상아홀[象笏], 원
유관遠游冠,59) 치포관緇布冠,60) 그리고 검은 웃옷[玄衣]과 흰 치마

---

57) 욕석褥席 : 바닥에 까는 깔개를 이른다.

58) 내직랑內直郞 : 東宮의 內直局 소속의 관원으로 2인이며 종6품하이다.
符璽·衣服·繖扇·几案·筆硯·垣牆 등 동궁의 기물들을 관장하였다.
(『新唐書』 권49 「百官志」4 "內直局, 內直郞 二人, 從六品下 ; 丞二人,
正八品下. 掌符璽·衣服·繖扇·几案·筆硯·垣牆.")

59) 원유관遠遊冠 : 원유관은 圭·絳紗袍·裳·大帶·中單
·佩·綬·蔽膝·襪·舃과 一襲을 이루는 원유관복의 일
부이다. 본래 초나라의 관으로 진이 초를 멸망시킨 후
받아들였고 한대에는 천자와 제후들이 사용하였다. 絳
紗袍와 짝을 이루어 착용하였다. 검은 비단으로 만들
며 앞에서 뒤까지 관 위를 거쳐 아홉 줄기 梁이 있고,
앞뒤로 五色의 玉, 옆으로 가로 지른 金簪과 朱紐를
갖추었다.

遠遊冠
(聶崇義, 『三禮圖』)

60) 치포관緇布冠 : 검은 베로 만든 관으로, 상고시대 재계할 때 검은 관을
썼던 데서 유래하였다. 이후 夏·殷·周 三代에 치포관은 쓰지 않다가 漢
代에 이르며 다시 부활, 성인식인 冠禮의 初加冠으로 쓰였다. 그러나 관
례복에 쓰인 것은 士 이상의 신분에 국한하는 것이었고, 서민들은 이를
평상시에 쓰는 常冠으로 착용하였다. 또한 漢代 이후에는 치포관이 '緇
布進賢冠', '進賢冠' 등으로 변형되어 관원들의 복식에 수용되었다. 송대
에는 치포관, 幅巾, 深衣 차림의 燕居服으로도 쓰였다. 고대의 예서에서
보인 치포관은 상투를 감싸는 작은 형태였고, 본체와 부속 부분으로 이루

[素裳], 흰색 무릎가리개[素韠], 흰색 비단으로 만든 홑겹 속옷[白紗
中單],61) 푸른색 선으로 장식한 깃[領]·소매[褾]·섶단[襈]·도련[裾],
신발[履], 버선[襪], 혁대革帶, 허리띠[大帶], 홀[笏]이다. 흑색 머리싸
개[緇纚]·서각犀角으로 만든 비녀[犀簪], 이 두 가지는 한 상자 안에
넣어 의복의 남쪽에 둔다. 빗[櫛]은 다른 상자에 넣어 의복의 남쪽에
둔다. 왕골자리[莞筵] 4장, 부들자리[蒲席] 4장도 의복의 남쪽에 둔

어진다. 본체는 冠과 武로 구성된다. 관은 정수리를 덮는데, 세로 방향으
로 주름[襞積]이 잡혀 있다. 그 아래에 무가 있는데, 상투머리 밑동을 둘
러싸는 역할을 한다. 부속구는 缺項, 缺와 관끈[纓]으로 구성된다. 규항은
한 가닥의 끈으로 만들어 머리 전체에 둘러 본체를 머리에 고정한다. 규항
의 네 귀퉁이에 작은 끈[綴]을 매어 무에 연결하고, 작은 고리를 만들어
끈[繩]을 꿰어 뒷목[項]에서 묶는다. 또 푸른색 끈목으로[靑組] 관끈을
만들어 규항에 묶어 턱 앞에서 맨다. 이러한 형태의 치포관에는 비녀를
쓰지 않았다. 송대에는 모양이 이전과 완전히 달라져서 규항과 관끈을
없애고, 간편하게 梁이 있는 관과 무로 구성되며, 무에 비녀[笄]를 꽂았다.
이는 치포관이 관례복 뿐 아니라 연거복으로도 쓰이면서 좀 더 간단한
형태를 사용할 필요가 있었기 때문으로 보인다.

緇布冠
(聶崇義, 『三禮圖』)

61) 흰색 비단으로 만든 홑 속옷[白紗中單]: 朝服이나 祭服 같은 禮服 안에
받쳐 입는 속옷[中衣]을 이른다.

다. 양온령良醞令62)은 당 위 동쪽 벽 바깥쪽 휘장 안에 예주[醴]를 넣은 질그릇 술동이[甒]63) 한 통을 단독으로 진설하고, 술동이의 동쪽에 뇌세를 설치하며, 수건 한 장, 각角·치觶·사柶 하나씩을 갖추어 둔다. 태관령太官令64)은 나무 제기 9개, 대나무 제기 9개에 음식을 차려 술동이의 서쪽에 두고, 희생 제기 3개는 나무 제기의 북쪽에 둔다. 곤면袞冕, 3량의 원유관[遠游三梁冠]과 흑개책黑介幘, 푸른색 끈목을 관에 연결하여 묶은 치포관緇布冠을 갖추어, 관과 면을 각각의 상자에 넣어 둔다. 봉례랑奉禮郎65) 3인이 이 물품들을 나누

---

62) 양온령良醞令 : 光祿寺 예하 良醞署 소속 관원으로, 당대에는 2명을 두었고 관품은 정8품하이다. 제사와 연회 때 제공하는 술을 담당하였고, 掌醞·酒匠·奉觶 등의 속관을 두었다.(『唐六典』 권15 「良醞署」)

63) 질그릇 술동이[甒] : '甒'는 예주를 담는 질그릇으로 만든 술동이로, '瓦大', '瓦甒'라고도 한다. 송대 聶崇義, 『三禮圖』에 인용된 『舊圖』에 따르면 醴甒는 질그릇으로 만드는데 용량이 5斗이며, 입구의 직경이 1척, 목 부분의 높이는 2촌이며, 아랫부분이 좁고 밑바닥은 평평하다.

甒

64) 태관령太官令 : 光祿寺 예하 太官署 소속 종7품하 관원으로 供膳의 일을 관장하였다.(『唐六典』 권15 「太官署·太官令」)

65) 봉례랑奉禮郎 : 太常寺 소속이며 종9품상으로 2인을 두었다. 漢代에 대홍려 소속 治禮郎 37인을 두었던 것을 隋代에 들어와 봉례랑으로 명칭을 고쳤고, 唐代 武德 연간에 치례랑으로 고쳤다가 고종이 즉위하면서 奉禮郎으로 다시 고쳤다.(『唐六典』 권14 「太常寺」)

어 들고 북쪽을 상위로 하여 서쪽 계단의 서쪽에서 동향한다. 주인
主人을 맡은 종정경宗正卿과 찬관贊冠을 맡은 좌서자가 전전殿에 올
라, 동쪽 벽 휘장 안에서 조금 북쪽으로 가 출입문의 동쪽과 서쪽에
선다. 전알典謁[66]이 백관을 인도하면 백관이 차례대로 들어와 자리
한다.

初, 賓·贊入次, 左庶子版奏「外辦」. 通事舍人引三師等入就閤
外道西位, 東面立. 皇太子空頂黑介幘·雙童髻·綵衣·紫褲褶·織
成標領·綠紳·烏皮履, 乘輿以出. 洗馬迎於閤門外, 左庶子請降
輿. 洗馬引之道東位, 西向立. 左庶子請再拜. 三師·三少答拜. 乃
就階東南位. 三師在前, 三少在後, 千牛二人夾左右, 其餘仗衛列
於師·保之外. 皇太子乃出迎賓, 至阼階東, 西面立. 宗正卿立於
門東, 西面. 賓立於西, 東面. 宗正卿再拜, 賓不答拜. 賓入, 主人
從入, 立於縣東北, 西面. 賓入, 贊冠者從, 賓詣殿階間, 南面. 贊
冠者立於賓西南, 東面. 節在賓東少南, 西面. 制桉在贊冠西南, 東
面. 賓執制, 皇太子詣受制位, 北面立. 主節脫節衣, 賓稱「有制」.
皇太子再拜. 宣詔曰:「有制, 皇太子某, 吉日元服, 率由舊章. 命
太尉某就宮展禮.」皇太子再拜. 少傅進詣賓前, 受制書, 以授皇太
子, 付于庶子. 皇太子升東階, 入于東序帷內, 近北, 南面立. 賓升
西階, 及宗正卿各立席後.

처음에 빈과 찬관이 장막 안으로 들어오면, 좌서자左庶子가 홀판

---

66) 전알典謁 : 東宮官屬인 太子右春坊의 속관이다.(『舊唐書』 권44 「職官
     志」3, "典謁二十人. 舍人掌導引宮臣辭見及承令勞問之事.")

笏版을 들고 주청하기를, "궁금宮禁을 경계하고 지키소서[外辦]."라고 한다. 통사사인通事舍人[67])이 태자삼사 등을 합문 바깥 길 서쪽 자리로 인도하면, 태자삼사 등이 동향하여 선다.

황태자가 덮개가 없는 흑개책黑介幘, 양 갈래로 땋은 상투[雙童髻], 채의綵衣,[68]) 자주색 고습褲褶,[69]) 무늬를 짜 넣은 소매[褾]와 깃[領], 녹색 허리띠[綠紳], 검은 가죽신 차림으로 승여乘輿를 타고 나온다. 세마洗馬[70])가 합문 밖에서 황태자를 맞이하면, 좌서자左庶子가 승여에서 내리기를 청한다. 세마가 황태자를 길 동쪽의 자리로

---

67) 통사사인通事舍人 : 朝見과 上奏 업무를 관장하던 관직이다. 唐代에는 中書省에 從六品上의 中書通事舍人 16명을 두었고, 太子右春坊에 正七品下의 太子通事舍人 8명을 두었다.

68) 채의綵衣 : 아직 관례를 치르지 않은 미성년자가 입는 옷이다. 『禮記』 「玉藻」에 "童子, 즉 미성년자의 예절에서는 검은 베로 만든 웃옷에 화려한 무늬 비단으로 가선을 두르고, 허리띠[紳] 및 허리띠의 묶음 부분을 고정하는 끈[紐約]을 화려한 무늬 비단으로 만들며, 또한 화려한 무늬 비단으로 머리카락을 묶는데, 이때 모두 붉은색의 비단을 사용한다.童子之節也, 緇布衣, 錦緣, 錦紳, 并紐, 錦束髮, 皆朱錦也."라고 하였다.

69) 고습褲褶 : '褲'와 '袴'는 통용자이다. 袴와 褶衣를 조합하여 만든 의복으로, 본래 북방 유목민족의 복식이었다. '袴'는 바지로서 발꿈치까지 내려오는 긴 옷이다. '褶'은 추울 때에 위에 덧입는 겹옷이다. 전국시대에 趙나라 武靈王이 胡服騎射의 군제 및 복제 개혁을 실시할 때 중원 지역에 들어왔다고 한다. 위진남북조 시대에는 광범위하게 유행하여 황제·왕·관리에서 일반 백성들까지 평상복으로 입었으며, 朝服으로도 사용되었다. 수나라 때부터 관리의 공복이 되었으며, 당대에는 平巾幘을 쓸 때 이 옷을 입었다. '고습'이라는 명칭은 후한 말년에 시작되었다고 한다.(孫晨陽·張珂 편저, 『中國古代服飾辭典』, 中華書局, 2015의 「袴褶」 조항 참조)

인도하고, 황태자는 서향하여 선다. 좌서자가 황태자에게 두 번 절할 것을 청하고 황태자가 절하면 태자삼사·태자삼소가 답배答拜한다. 황태자가 계단의 동남쪽 자리로 간다. 태자삼사가 앞에, 태자삼소가 뒤에 서고, 동궁의 천우千牛[71) 2인이 좌우를 지키며, 그 나머지 의장과 시위는 태사太師·소보少保의 앞에 배열한다. 황태자가 나와 빈을 맞이하는데, 동쪽 계단[阼階][72)의 동쪽에서 서향하여 선다. 종정경宗正卿은 문의 동쪽에 서서 서향한다. 빈은 문의 서쪽에서 동향한다. 종정경이 재배하고, 빈은 답배를 하지 않는다. 빈이 들어오면, 주인도 따라 들어와 악기걸이의 동북쪽에 서서 서향한다. 빈이 들어올 때 찬관贊冠도 따라 들어온다. 빈이 전殿의 계단 사이에서 남향

70) 세마洗馬 : 東宮 官屬 太子左春坊의 종5품하 관원으로 2인이다.(『舊唐書』권44「職官志」3, "司經局 : 洗馬二人, 從五品下. 洗馬漢官, 為太子前馬.")

71) 천우千牛 : 太子左右內率府에 소속된 屬僚로, 태자의 시위 및 의장을 관리하였다. 총 인원은 16명이다.(『唐六典』권28「太子左右衛及諸率府」, "左·右內率府率之職, 掌東宮千牛·備身侍奉之事, 而主其兵仗, 總其府事; 而副率爲之貳. 以千牛執細刀·弓箭, 以備身宿衛·侍從, 以主仗守戎服·器物.")

72) 동쪽 계단[阼階] : 주인이 오르내리는 계단으로 '東階'라고도 한다.

한다. 찬관은 빈의 서남쪽에서 동향한다. 절모節旄73)를 든 사람이 빈의 동쪽에서 조금 남쪽으로 가 서향한다. 제서를 담은 궤안을 든 사람이 찬관의 서남쪽에서 동향한다. 빈이 제서를 가지고 일어나면, 황태자는 제서를 받는 자리로 나아가 북향하여 선다.

주절主節이 절모의 포장을 벗기고, 빈이 "황제의 명이 있습니다." 라고 하면 황태자가 재배한다. 빈이 조서를 읽기를, "조명詔命을 내리니, 황태자 모某에게 좋은 날을 골라 관을 씌우는 것은 다 옛 법을 따른 것이다. 태위太尉 모某에게 명하노니, 동궁에 나아가 예를 거행하라."라고 한다. 황태자가 재배한다. 태자소부太子少傅가 빈의 앞으로 나아가 제서를 받아 황태자에게 주면, 황태자는 받아 좌서자에게 준다. 황태자가 동쪽 계단을 통해 당 위 동쪽 벽 휘장 안으로 들어가 북쪽에서 남향하여 선다. 빈이 서쪽 계단으로 올라가, 종정경宗正卿 과 함께 각각 자리 뒤에 선다.

初, 賓升, 贊冠者詣罍洗, 盥手, 升自東階帷內, 於主人冠贊之 南, 俱西面. 主人贊冠者引皇太子出, 立於席東, 西面. 賓贊冠者取 纚·櫛二箱, 坐奠於筵. 皇太子進, 升筵, 西面坐. 賓之贊冠者東面 坐, 脫幘置於箱, 櫛畢, 設纚, 興, 少北, 南面立. 執緇布冠者升 〔二〕,74) 賓降一等受之, 右執頂, 左執前, 進, 東向立, 祝曰:「令月 吉日, 始加元服. 棄厥幼志, 愼其成德. 壽考惟祺, 以介景福.」乃

---

73) 절모節旄 : 원래는 황제가 使臣에게 符信으로 주는 깃발을 이르나, 본문 에서는 황제의 권한을 상징하는 旌節을 가리킨다.

74) [교감기 2] "執緇布冠者升"는 各本에는 "冠緇布冠升"으로 되어 있다. 『開元禮』 권110과 『通典』 권126에 의거하여 수정하였다.

跪, 冠, 興, 復位. 皇太子東面立, 賓揖皇太子, 贊冠者引適東序帷
內. 服玄衣素裳之服以出, 立於席東, 西面. 賓揖皇太子升筵, 西向
坐. 賓之贊冠者進, 跪脫緇布冠, 置於箱, 興, 復位. 賓降二等, 受
遠游冠, 右執頂, 左執前, 進, 祝曰:「吉月令辰, 乃申嘉服. 克敬威
儀, 式昭厥德. 眉壽萬歲, 永壽胡福.」乃跪, 冠, 興, 復位. 皇太子
興, 賓揖皇太子, 贊冠者引適東序帷內. 朝服以出, 立於席東, 西
面. 賓揖皇太子升筵坐. 賓之贊冠者跪脫遠游冠, 興, 復位. 賓降三
等受冕, 右執頂, 左執前, 進, 祝曰:「以歲之正, 以月之令. 咸加其
服, 以成厥德. 萬壽無疆, 承天之慶.」乃跪, 冠, 興, 復位. 每冠,
皆贊冠者跪設簪・結纓.

처음에 빈이 전殿에 올라오면, 빈 측 찬관은 뇌세로 가 손을 씻은
다음 동쪽 계단을 통해 휘장 안으로 들어와 주인과 주인 측 찬관의
남쪽에 자리하고 함께 서향한다. 주인과 주인 측 찬관이 황태자를
인도하여 나오면 황태자는 자리의 동쪽에 서서 서향한다. 빈과 빈
측 찬관이 머리싸개와 빗이 든 각각의 상자를 가져와 자리[筵] 위에
놓는다. 황태자가 앞으로 나와 자리 위로 올라가 서향하여 앉는다.
빈 측 찬관이 동향하여 앉아서, 황태자의 적건幘巾을 벗겨 상자 안
에 넣고, 황태자의 머리 빗질을 마친 다음 머리싸개를 씌우고 일어
나 조금 북쪽으로 가서 남향하여 선다. 치포관緇布冠을 든 사람이
전殿에 오르면 빈이 한 계단 내려가 치포관을 받은 다음 오른 손으
로는 관의 뒷부분을, 왼손으로는 관의 앞부분을 잡고 황태자의 자
리로 가 동향한 후 축사하기를, "좋은 달 길한 날에 첫 번째 관을
씌워드립니다. 어린아이 같은 마음을 버리고 삼가 덕을 닦으십시오.
그리하면 장수를 누리는 상서로움이 있을 것이고, 큰 복이 더욱 성

대해질 것입니다."라고 한다. 이어 무릎을 꿇고 황태자에게 관을 씌운 다음 일어나 자리로 돌아간다. 황태자가 동향하여 서면 빈이 황태자에게 읍揖하고, 찬관이 황태자를 당 위 동쪽 벽 휘장 안으로 인도한다.

황태자가 검은 웃옷[玄衣]·하얀 치마[素裳]를 입고 나와, 자리의 동쪽에서 서향한다. 빈이 황태자에게 읍하면, 황태자가 자리에 올라 서향하여 앉는다. 빈 측 찬관이 앞으로 나와 무릎을 꿇고 치포관을 벗겨 상자 안에 넣은 다음 일어나 자리로 돌아온다. 빈이 두 계단 내려가 원유관遠游冠을 받아들고, 오른 손으로는 관의 뒷부분을, 왼손으로는 관의 앞부분을 잡고 황태자의 자리에 이르러 축사하기를, "좋은 달 길한 날에 두 번째 아름다운 관을 씌워드립니다. 삼가 몸가짐을 공경스럽게 하여 그 덕을 더욱 밝게 하면 오래도록 장수하고 끝없는 복을 영원히 누릴 것입니다."라고 한다. 이어 무릎을 꿇고 황태자에게 관을 씌운 다음 일어나 자리로 돌아간다. 황태자가 일어나면 빈이 황태자에게 읍하고, 찬관이 황태자를 당 위 동쪽 벽 휘장 안으로 인도한다.

황태자가 조복朝服 차림으로 나와 자리 동쪽에서 서향하여 선다. 빈이 황태자에게 읍하면 황태자가 자리 위로 오른다. 빈 측 찬관이 무릎을 꿇고 원유관을 벗긴 후 일어나 다시 자리로 돌아온다. 빈이 세 계단 내려가 면류관[冕]을 받아들고, 오른 손으로는 관의 뒷부분을, 왼손으로는 관의 앞부분을 잡고 황태자의 자리에 이르러 축사하기를, "이 좋은 해 길한 달에 세 가지 관을 모두 씌워드리니, 그 덕을 이루면 만수무강하고 하늘의 복을 받을 것입니다."라고 한다. 이어 무릎을 꿇고 황태자에게 관을 씌운 다음 일어나 자리로 돌아간

다. 황태자에게 관을 씌울 때마다 찬관은 무릎을 꿇고 앉아 비녀를
꽂고 끈을 맨다.

皇太子興, 賓揖皇太子適東序, 服袞冕之服以出, 立於席東, 西
面. 贊冠者徹纚·櫛箱以入, 又取筵入於帷內. 主人贊冠者又設醴,
皇太子席於室戶西, 南向, 下莞上藻. 賓之贊冠者於東序外帷內,
盥手洗觶. 典膳郎酌醴, 加柶覆之, 面柄, 授贊冠, 立於序內, 南面.
賓揖皇太子就筵西, 南面立. 賓進, 受醴, 加柶, 面柄, 進, 北向立,
祝曰:「甘醴唯厚, 嘉薦令芳. 拜受祭之, 以定厥祥. 承天之休, 壽
考不忘.」皇太子拜, 受觶. 賓復位, 東面答拜. 贊冠者與進饌者奉
饌設於筵前, 皇太子升筵坐, 左執觶, 右取脯, 擩於醢, 祭於籩·豆
之間. 贊冠者取韭菹, 遍擩於豆, 以授皇太子, 又祭於籩·豆之間.
贊冠者取肺一, 以授皇太子, 皇太子奠觶於薦西, 興, 受肺, 卻左
手執本坐, 繚右手絕末以祭. 上左手嚌之[三],[75] 興, 以授贊冠者,
加於俎. 皇太子坐, 帨手取觶, 以柶祭醴三, 始扱一祭, 又扱再祭,
加柶於觶, 面葉, 興, 筵末坐, 啐醴, 建柶, 興, 降筵西, 南面坐, 奠
觶, 再拜, 執觶, 興. 賓答拜.

황태자가 일어나면 빈은 황태자에게 읍한 후 당 위 동쪽 벽으로
가고 황태자는 곤면袞冕 차림으로 나와 자리 동쪽에서 서향하여 선
다. 찬관이 머리싸개와 빗이 든 상자를 거두어 휘장 안으로 들어갔

---

75) [교감기 3] "上左手嚌之"의 각 본에는 '上'이 '止'로 되어 있다. 그러나
『開元禮』 권110과 『通典』 권126은 모두 '上'으로 되어 있고, 이 책 『新唐
書』의 上文에도 또한 "上左手嚌之"라는 구절이 있으므로, 이에 근거하
여 수정하였다.

다가 다시 나와 자리를 거두어 휘장 안으로 들어간다.

주인 측 찬관이 또한 예주禮酒를 마련하고 황태자가 실의 출입문 [室戶] 서쪽에 자리하여 남향하는데, 자리에는 왕골자리를 깔고 그 위에 다시 부들자리를 깐다. 빈 측 찬관이 당 위 동쪽 벽 바깥쪽 휘장 안에서 손을 씻고 술잔을 씻는다. 전선랑典膳郎이 술잔에 예주를 따르고 그 위에 술을 뜰 수저[柶]를 엎어놓되 수저의 손잡이 부분이 앞쪽을 향하게 하여 찬관에게 준 다음 당 위 동쪽 벽 안쪽에 서서 남향한다. 빈이 황태자에게 읍하고 자리의 서쪽으로 가 남향하여 선다. 빈이 앞으로 나와 예주를 받고 수저의 손잡이 부분이 앞쪽을 향하도록 술잔에 얹은 다음 황태자 앞으로 와 북향해서 축사하기를, "단맛 나는 예주는 진하고, 좋은 안주는 향기롭습니다. 배례拜禮를 하고 술잔을 받은 후 고수레를 하여 그 상서로움을 다지십시오. 그리하면 하늘의 아름다운 복을 받고 늙을 때까지 아름다운 명성이 잊히지 않을 것입니다."라고 한다. 황태자가 절을 하고 술잔을 받는다. 빈이 자리로 돌아와 동쪽을 향하여 답배한다. 찬관과 음식을 진설하는 자가 황태자의 자리 앞에 음식을 진설하면, 황태자가 자리로 올라가 왼손으로 술잔[觶]을 잡고 오른 손으로 말린 고기를 집어 고기젓갈에 적신 후 대나무 제기와 나무 제기 사이에다 고수레를 한다. 찬관이 부추 절임[韭菹]을 집어 나무 제기에 가득 담아 황태자에게 주면, 황태자가 또 대나무 제기와 나무 제기 사이에 고수레를 한다. 찬관이 뼈에 붙은 마른 고기 한 점을 집어 황태자에게 주면, 황태자가 대나무 제기와 나무 제기의 오른쪽에 술잔을 내려놓고 일어나 뼈에 붙은 마른 고기를 받은 다음 왼손으로 고기의 아랫부분을 쥐고 오른손으로 고기의 윗부분을 떼어 고수레

를 한다. 왼손에 든 고기를 맛본 후 일어나 찬관에게 주면, 찬관은
희생 제기 위에 고기를 올려놓는다. 황태자가 수건으로 손을 닦고
술잔을 든 후 수저로 고수레를 지낼 예주를 세 번 떠서 담은 다음
첫 번째 고수레를 지내고, 다시 두 번째 고수레를 지낸다. 수저의
머리 부분이 앞쪽을 향하도록 술잔 위에 얹고 일어나 자리 끝으로
가 앉아서 술을 맛본다. 술잔에 수저를 넣고 일어나 서쪽에서 자리
를 내려가 남향하여 앉아서 술잔을 내려놓고 재배한 후 술잔을 들
고 일어난다. 빈이 답배한다.

皇太子降, 立於西階之東, 南面. 賓降, 立於西階之西少南, 贊冠
隨降, 立於賓西南, 皆東面. 賓少進, 字之, 祝曰：「禮儀旣備, 令月
吉日. 昭告厥字, 君子攸宜. 宜之於嘏, 永受保之. 奉敕字某.」 皇太
子再拜曰：「某雖不敏, 敢不祗奉.」 又再拜. 洗馬引太子降阼階位,
三師在南, 北面, 三少在北, 南面立. 皇太子西面再拜, 三師等各
再拜以出. 典儀曰：「再拜.」 贊者承傳, 在位者皆再拜. 左庶子前
稱「禮畢」. 皇太子乘輿以入, 侍臣從至閣, 賓·贊及宗正卿出就會.

황태자가 전殿에서 내려와 서쪽 계단의 동쪽에 서서 남향한다. 빈
이 전에서 내려와 서쪽 계단의 서쪽에서 조금 남쪽으로 가 서고, 찬
관이 따라 내려와 빈의 서남쪽에 서는데 모두 동향한다. 빈이 조금
앞으로 나와 황태자에게 자字를 주며 축사하기를, "관례가 이미 갖
추어졌으니, 달은 좋고 날은 길합니다. 자를 밝게 고하노니 군자에
게 적합합니다. 복을 누리기에 마땅하니, 길이 받아 보존하소서. 칙
지를 받들어 자를 모某라 하겠습니다."라고 한다. 황태자가 재배하
고 말하기를, "모가 비록 어리석으나 감히 공경히 받들지 않겠습니

까?"하고 다시 재배한다. 세마가 황태자를 인도하여 동쪽 계단으로
내려가 자리하면, 태자삼사가 남쪽에서 북향하고, 태지삼소가 북쪽
에서 남향하여 선다. 황태자가 서쪽을 향해 재배하면, 삼사 등이 각
기 재배한 후 나간다. 전의典儀가 "재배再拜"라 하고 찬례가 이어 큰
소리로 전하면, 자리한 사람들이 모두 재배한다. 좌서자左庶子가 앞
에서 "예가 모두 끝났습니다."라고 선포하면 황태자가 승여를 타고
들어간다. 시종신이 합문까지 따라가고, 빈·찬관·종정경은 나와 연
회 자리로 간다.

皇子冠.

황자皇子의 관례를 행한다.

前三日, 本司帥其屬筮日·筮賓於聽事. 前二日, 主人至賓之門
外次, 東面, 賓立於阼階下, 西面. 儐者進於左, 北面, 受命出, 立
於門東, 西面, 曰:「敢請事.」主人曰:「皇子某王將加冠, 請某公
敎之.」儐者入告, 賓出, 立於門左, 西面, 再拜. 主人答拜. 主人曰
:「皇子某王將加冠, 願某公敎之.」賓曰:「某不敏, 恐不能恭事,
敢辭.」主人曰:「某猶願某公敎之.」賓曰:「王重有命, 某敢不從.」
主人再拜而還, 賓拜送. 命贊冠者亦如之.

관례 3일 전, 본사本司에서 그 소속 관원을 거느리고 청당聽堂에
서 점을 쳐 관례의 날짜와 빈을 정한다. 관례 이틀 전, 주인主人이
빈의 집 대문 밖에 이르러 동향하여 서면, 빈이 동쪽 계단 아래에서
서향하여 선다. 빈자儐者76)가 빈의 왼쪽으로 와서 북향하여 명을 받

은 후 나와 대문 동쪽에서 서향하여 말하기를, "무슨 일로 오셨는지, 감히 여쭙니다."라고 하면, 주인이 말하기를, "황자 모왕某王의 관례를 거행하려 하니, 모공某公께서 가르쳐 주시기를 청합니다."라고 한다. 빈자가 들어와 고하면 빈이 나가 문의 왼쪽에서 서향하여 재배하고 주인이 답배한다. 주인이 말하기를, "황자 모왕의 관례를 거행하려 하니, 모공께서 가르쳐주시기 바랍니다."라고 하면, 빈이 말하기를, "모某가 어리석어 관례의 일을 제대로 수행하지 못할까 두려우니, 감히 사양하겠습니다."라고 대답한다. 주인이 말하기를, "모는 모공께서 가르쳐 주시기를 바랍니다."라고 하면, 빈이 말하기를, "왕께서 거듭 명하시니, 모가 감히 따르지 않을 수 있겠습니까?"라고 대답한다. 주인은 재배 후 돌아가고, 빈은 절을 하고 전송한다. 찬관贊冠에게 명하는 것 또한 이와 같이 한다.

冠之日, 夙興, 設洗於阼階東南, 席於東房內西墉下. 陳衣於席, 東領北上: 袞冕, 遠游冠, 緇布冠. 緇纚·犀簪·櫛實於箱, 在服南. 莞筵·藻席各三, 在南. 設尊於房戶外之西, 兩甒玄酒在西, 加勺冪. 設坫於尊東, 置二爵於坫, 加冪. 豆十·籩十在服北, 俎三在籩·豆之北. 質明, 賓·贊至於主人大門外之次, 遠游三梁·緇布冠各一箱, 各一人執之, 待於西階之西, 東面北上. 設主人之席於阼階上, 西面; 賓席於西階上, 東面; 皇子席於室戶東房戶西, 南面. 俱下莞上藻. 主人立於阼階下, 當東房西面. 諸親立於罍洗東南, 西面北上. 儐者立於門內道東, 北面. 皇子雙童髻·空頂幘·緋褲

---

76) 빈자儐者 : 賓을 안내하며, 예의 진행을 돕는 주인 측의 사람을 이른다.

褶·錦紳·烏皮履, 立於房內, 南面. 主人·贊冠者立於房內戶東,
西面. 賓及贊冠者出, 立於門西, 贊冠者少退, 俱東面北上.

　관례 당일 새벽녘에 동쪽 계단 동남쪽에 물받이 항아리[洗]77)를
설치하고, 동방東房 안 서쪽 벽[西墉] 아래 자리를 깔아놓는다. 자리
위에 의복을 정렬해 놓되, 북쪽을 상위로 하여 옷깃이 동쪽을 향하

---

77) 물받이 항아리[洗] : 의례를 행하기 전에 손을 씻거나 술잔을 헹군 물을
　　받는 그릇이다. 『儀禮』「士冠禮」에 "세를 동쪽 추녀와 마주하도록 하여
　　진설한다.設洗, 直于東榮."고 하였는데, 이에 대해 鄭玄의 주는 "'直'은
　　마주한다[當]는 뜻이다. '洗'는 손이나 술잔 씻은 물을 받는 것으로, 물을
　　버리는 그릇이다"라고 하여 물받이 그릇으로 해석하였고, 가공언의 疏에
　　서는 "손을 씻거나 술잔을 씻을 때, 물이 지면을 더럽힐 것을 염려하여
　　洗로 씻은 물을 받아서 버린다"라고 하여 역시 물받이 그릇으로 해석하였
　　다. 또한 聶崇義는 『三禮圖集注』에서 "禮文에는 군주와 신하가 향례·
　　연례·관례·혼례·상례·제례·향음례·향사례·대사례·빈사례를　행할
　　때 신하는 세를 진설한 후 세가 있는 곳으로 나아가며, 시동과 군주는
　　존귀하여 세를 진설하지만 세가 있는 곳으로 나아가지 않고 특별히 반盤
　　[물받이 그릇]과 이匜[물주전자]를 진설한다고 되어 있다"라고 하여, 세
　　가 있는 곳까지 직접 나아가느냐의 여부로 가지고 군주와 신하를 구분하
　　고 있다. 반면 『개원례』에서는 군주가 사용하는 세를 '御洗'라고 하여 남
　　계의 동남쪽에 설치하고, 아헌과 종헌이 사용하는 것은 단지 '세'라 하여
　　동계의 남쪽에 두는 것으로 위치를 달리하여 구분하고 있다.

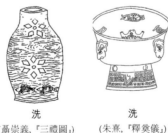

洗　　　　　　　　洗
(聶崇義, 『三禮圖』)　　(朱熹, 『釋奠儀』)

게 둔다. 의복은 곤면袞冕, 원유관遠游冠, 치포관緇布冠을 준비하고,
검은 머리싸개[緇纚]·서각犀角으로 만든 비녀[犀簪]·빗[櫛], 이 세
가지는 상자 안에 넣어 의복의 남쪽에 놓아둔다. 왕골자리[莞筵]와
부들자리[藻席] 각 3장씩도 남쪽에 놓아둔다. 동방 출입문 밖의 서쪽
에 술동이[尊]를 놓아두고, 물[玄酒]을 넣은 질그릇 술동이[甒] 2통을
술동이의 서쪽에 놓아두되 술 국자[勺]와 덮개보[冪]를 얹어둔다. 술
동이의 동쪽에 받침대를 두고, 그 위에 덮개보를 덮어 놓은 작爵[78]
두 잔을 올려둔다. 나무 제기 열 개, 대나무 제기 열 개를 의복의
북쪽에 놓아두고, 희생 제기를 대나무 제기와 나무 제기의 북쪽에
놓아둔다.

　동이 틀 무렵, 빈과 찬관이 주인의 집 대문 밖에 당도한다. 삼량三
梁의 원유관, 치포관을 각각의 상자에 넣어 한 사람씩 들고 서쪽 계
단의 서쪽에서 북쪽을 상위로 동향하여 대기한다. 동쪽 계단 위에
서향으로 주인의 자리를 마련하고, 서쪽 계단 위에 동향으로 빈의
자리를 마련하며, 실室 출입문의 서쪽과 동방東房 출입문의 서쪽에
남향으로 황자의 자리를 마련한다. 모든 자리에 왕골자리를 깔고 그
위에 부들자리를 덧깔아 놓는다.

　주인이 동쪽 계단 아래 동방東房 쪽에 서서 서향한다. 친지들이

---

78) 작爵 : 1승 용량의 술잔을 이른다.

爵
(聶崇義, 『三禮圖』)

뇌세鑥洗의 동쪽에서 북쪽을 상위로 하여 서향하여 선다. 빈자가 문 안 길의 동쪽에서 북향하여 선다. 황자가 양 갈래로 땋은 상투[雙童髻], 덮개가 없는 관모[空頂幘], 화려한 무늬의 고습[綵褲褶], 비단 허리띠[錦紳], 검은 가죽신 차림으로 동방 안에서 남향하여 선다. 주인과 주인 측 찬관이 동방 안 출입문의 동쪽에서 서향하여 선다. 빈과 빈 측 찬관이 나와 문의 서쪽에 서는데, 이때 찬관은 빈의 조금 뒤쪽에 서며 모두 북쪽을 상위로 하여 동향한다.

　儐者受命於主人, 出立於門東, 西面, 曰:「敢請事.」賓曰:「皇子某王將加冠, 某謹應命.」儐者入告, 主人出迎賓, 西面再拜, 賓答拜. 主人揖贊冠者, 贊冠者報揖. 主人又揖賓, 賓報. 主人入, 賓·贊冠者以次入. 及內門, 主人揖賓, 賓入, 贊冠者從之. 至內霤, 將曲揖, 賓報揖. 至階, 主人立於階東, 西面;賓立於階西, 東面. 主人曰:「請公升.」賓曰:「某備將事, 敢辭.」主人曰:「固請公升.」賓曰:「某敢固辭.」主人曰:「終請公升.」賓曰:「某敢終辭.」主人升自阼階, 立於席東, 西向;賓升自西階, 立於席西, 東向. 贊冠者及庭, 盥於洗, 升自西階, 入於東房, 立於主人贊冠者之南, 俱西面.

　빈자가 주인의 명을 받고 나와 문의 동쪽에 서서 서향하여 말하기를, "무슨 일로 오셨는지, 감히 여쭙니다."라고 하면, 빈이 말하기를, "황자 모왕의 관례에, 모가 삼가 명을 따르고자 합니다."라고 한다. 빈자가 들어와 주인에게 고하면, 주인이 나와 빈을 맞이하며 서쪽을 향해 재배하고, 빈은 답배한다. 주인이 빈 측 찬관에게 읍하고, 찬관도 답례로 읍한다. 주인이 또 빈에게 읍하고, 빈도 답례로 읍한다. 주인이 들어오고, 빈과 빈 측 찬관이 차례로 들어온다.

내문內門에 이르러 주인이 빈에게 읍하면 빈이 들어가고 찬관이 그 뒤를 따른다. 문 안쪽 처마에서 당으로 나아갈 때 꺾어지는 길이 나오면 주인이 읍하고 빈도 답례로 읍한다. 계단 앞에 이르면, 주인은 계단의 동쪽에서 서향하여 서고 빈은 계단의 서쪽에서 동향하여 선다. 주인이 말하기를, "청컨대 공께서 오르십시오."라고 하면, 빈이 말하기를, "모는 일을 갖추어 행해야 하니 감히 사양하겠습니다."라고 한다. 주인이 말하기를, "진실로 공께서 오르시기를 청합니다."라고 하면, 빈이 말하기를, "모는 진실로 사양하겠습니다."라고 하고, 주인이 말하기를, "마지막으로 청하니, 공께서 오르십시오."라고 하면 빈이 말하기를, "모는 끝내 사양하겠습니다."라고 한다.79) 주인이 동쪽 계단으로 올라가 자리의 동쪽에서 서향하여 서고, 빈이 서쪽 계단으로 올라가 자리의 서쪽에서 동향하여 선다. 빈 측 찬관은 뜰에 이르러 물받이 항아리[洗]에서 손을 씻은 후, 서쪽 계단을 통해 동방으로 들어와 주인 측 찬관의 남쪽에 서서 함께 서향한다.

主人贊冠者引皇子出, 立於房戶外西, 南面. 賓之贊冠者取纚‧

---

79) 禮에서 주인과 빈은 문 안으로 들어와서 계단을 마주하는 곳에 이를 때까지 서로 三揖, 즉 세 차례 읍을 한다. 이후 계단 앞에 이르러 다시 서로 먼저 오르도록 三讓, 즉 세 차례 양보를 한다.(『儀禮』「士冠禮」"至于廟門, 揖入. 三揖, 至于階, 三讓.") 이에 대해 鄭玄 注에서는 "禮辭는 한 번 사양한 후에 허락하는 것이다. 두 번 사양한 후에 허락하는 것을 固辭라고 한다. 세 번 사양하는 것을 終辭라고 하는데, 끝내 허락하지 않는 것이다.禮辭, 一辭而許. 再辭而許曰固辭. 三辭曰終辭, 不許也."라고 하였다.

櫛・簪箱, 跪奠於皇子筵東端, 興, 席東少北, 南面立. 賓揖皇子,
賓・主俱卽座. 皇子進, 升席, 南面坐. 賓之贊冠者進筵前, 北面,
跪, 脫雙童髻置於箱, 櫛畢, 設纚. 賓降, 盥, 主從降. 賓東面辭
曰:「願王不降.」主人曰:「公降辱, 敢不從降.」賓旣盥, 詣西階,
賓・主一揖一讓, 升. 主人立於席後, 西面, 賓立於西階上, 東面
[四].80) 執緇布冠者升, 賓降一等受之. 右執頂, 左執前, 北面跪,
冠, 興, 復西階上席後, 東面立. 皇子興, 賓揖皇子適房, 賓・主俱
坐. 皇子服青衣素裳之服, 出房戶西, 南面立. 賓揖皇子, 皇子進,
立於席後, 南面. 賓降, 盥, 主人從降, 辭對如初. 賓跪取爵於篚,
興, 洗, 詣西階, 賓・主一揖一讓, 升, 坐, 主人立於席後, 西面. 賓
詣酒尊所, 酌酒進皇子筵前, 北向立, 祝曰:「旨酒旣清, 嘉薦亶時.
始加元服, 兄弟具來. 孝友時格, 永乃保之.」皇子筵西拜爵, 賓復
西階上, 東面答拜. 執饌者薦籩・豆於皇子筵前. 皇子升座, 左執
爵, 右取脯, 擩於醢, 祭於籩・豆之間, 祭酒, 興. 筵末坐, 啐酒, 執
爵, 興, 降筵, 奠爵, 再拜, 執爵興. 賓答拜. 冠者升筵, 跪奠爵於薦
東, 興, 立於筵西, 南面. 執饌者徹薦爵.

　주인 측 찬관이 황자를 인도하여 나오면, 황자는 동방 출입문 밖
서쪽에서 남향하여 선다. 빈 측 찬관이 머리싸개[纚]・빗[櫛]・비녀
[簪]을 넣은 상자를 들고, 황자의 자리 동쪽 끝에 무릎을 꿇고 내려
놓은 다음 일어나 자리의 동쪽에서 조금 북쪽으로 가 남향하여 선
다. 빈이 황자에게 읍한 후 빈과 주인이 모두 자리로 간다. 황자가
앞으로 나와 자리로 올라가 남향하여 앉는다. 빈의 찬관이 자리 앞

---

80) [교감기 4] "賓立於西階上, 東面"은 각 본에는 '東'자 아래 '面'자가 빠져
　　있다. 『開元禮』권114와 『通典』권128에 근거하여 보충하였다.

으로 나와 북쪽을 향하여 무릎을 꿇은 후, 황자의 쌍동계雙童髻를 벗겨 상자에 넣고 빗질을 마친 다음 머리싸개로 황자의 머리를 싸준다. 빈이 내려와 손을 씻으면, 주인도 따라 계단을 내려온다. 빈이 동향하여 사양하기를, "왕께서는 내려오지 마시기 바랍니다."라고 하면, 주인은 "공께서 수고롭게 내려오셨으니, 제가 감히 따라 내려오지 않을 수 없습니다."라고 한다. 빈이 손을 씻은 후 서쪽 계단으로 가면 빈과 주인이 읍하고 사양하기를 한 차례씩 한 다음 당 위로 올라간다. 주인이 자리 뒤쪽에 서서 서향한다. 빈은 서쪽 계단 위에 서서 동향한다. 치포관을 든 사람이 올라오면 빈이 한 계단 내려가 받는다. 오른손으로 치포관의 뒷부분을, 왼손으로 치포관의 앞부분을 잡고 북쪽을 향해 무릎을 꿇은 다음 황자에게 관을 씌워주고 일어나 다시 서쪽 계단 위 자리의 뒤로 가 동향하여 선다. 황자가 일어나면 빈이 황자에게 읍하고, 황자가 동방으로 들어가면 빈과 주인은 모두 앉는다.

황자가 청색 웃옷[靑衣]과 하얀 치마[素裳] 차림으로 동방 출입문의 서쪽으로 나와 남향하여 선다. 빈이 황자에게 읍하고, 황자는 자리 뒤로 나와 서서 남향한다. 빈이 계단을 내려와 손을 씻고 주인이 따라 내려오면, 빈이 주인에게 사양하는 대답을 앞에서처럼 한다. 빈이 무릎을 꿇고 대광주리[篚]81)에서 술잔[爵]을 집은 후 일어나

81) 대광주리[篚] : 대나무로 만든 광주리이다. 『儀禮』「士冠禮」에서 "비에는 勺, 觶, 角, 柶를 담아 둔다"고 하였고, 「小牢饋食禮」에도 "勺과 爵, 觚, 觶 등 술잔을 비에 담는다"라고 하였으므로, 술을 뜨는 국자나 술잔 등을 담아두었음을 알 수 있다. 이밖에 『의례』「士虞禮」에는 성대하게 차린 음식을 담기 위해 음식을 보호하기 위한 덮개가 딸리거나 그밖에 손의

술잔을 씻고 서쪽 계단으로 간다. 빈과 주인이 읍하고 사양하기를 한 차례씩 하고 당에 올라, 빈은 앉고 주인은 자리 뒤쪽에서 서향하여 선다. 빈이 술동이가 놓인 곳으로 가 술잔에 술을 따른 다음 황자의 자리 앞으로 나아가 북향하여 서서 축사하기를, "맛있는 청주는 이미 맑아졌고, 좋은 안주는 진실로 때맞추어 올라와 있습니다. 첫 번째 관을 씌워주었고 형제들도 모두 와 자리하였습니다. 효성과 우애를 지극히 다하면 영원토록 평안할 것입니다."라고 한다. 황자가 자리의 서쪽에서 술잔을 올리면, 빈은 다시 서쪽 계단 위로 올라가 동향하여 답배한다. 음식을 진설하는 사람이 황자의 자리 앞에 대나무 제기와 나무 제기를 차려 놓는다. 황자가 자리에 올라가 왼손으로 술잔[爵]을 들고 오른손으로 말린 고기를 집어 고기젓갈에 적신 후 대나무 제기와 나무 제기 사이에다 고수레를 하고, 이어 술로도 고수레를 한 다음 일어난다. 황자가 자리 끝에 앉아 술을 맛본 후 일어나 자리에서 내려와 술잔을 올리고 두 번 절한 다음 술잔을 들고 일어난다. 빈이 답배한다. 찬관이 자리로 올라가 무릎을 꿇고 제기의 동쪽에 술잔을 내려놓은 다음 일어나 자리의 서쪽에서 남향하여 선다. 음식을 진설하는 사람이 제기와 술잔을 거둔다.

물기를 씻는 수건을 담아 두는 비도 실려 있다.

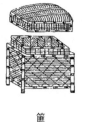

篚
(聶崇義, 『三禮圖』)

篚
(朱熹, 『釋奠儀』)

賓揖皇子, 皇子進, 升筵, 南向坐. 賓之贊冠者跪脫緇布冠, 置於
箱. 賓降二等, 受遠游冠, 冠之. 皇子興, 賓揖皇子適房, 賓·主俱
坐. 皇子服朝服, 出房戶西, 南面立. 賓·主俱興. 賓揖皇子, 皇子
進立於席後, 南面. 賓詣尊所, 取爵酌酒, 進皇子筵前, 北向立, 祝
曰:「旨酒旣湑, 嘉薦伊脯. 乃申其服, 禮儀有序. 祭此嘉爵, 承天
之祜.」皇子筵西拜, 受爵, 祭饌如初禮. 賓揖皇子, 進, 升席, 南面
坐. 賓之贊冠者跪脫進賢冠, 賓降三等, 受冕, 冠之. 每冠, 皆贊冠
者設簪結纓.

빈이 황자에게 읍하면 황자가 나와 자리로 올라가 남향하여 앉는
다. 빈 측 찬관이 무릎을 꿇고 치포관을 벗겨 상자에 넣는다. 빈이
두 계단 내려가 원유관遠游冠을 받아 와서 황자의 머리에 씌운다.
황자가 일어나면 빈이 황자에게 읍하고, 황자가 방으로 가면 빈과
주인이 모두 앉는다. 황자가 조복朝服차림으로 방 출입문을 나와 서
쪽에서 남향하여 선다. 빈과 주인이 모두 일어난다. 빈이 황자에게
읍하면, 황자는 자리의 뒤로 가 남향하여 선다. 빈이 술동이가 있는
곳으로 가서 술잔에 술을 따른 다음 황자의 자리 앞으로 가 북향하
여 서서 축사하기를, "맛있는 청주는 이미 맑게 걸러졌고, 좋은 안주
로는 말린 고기가 있습니다. 두 번째 관을 씌워주었으니, 예를 행하
는 의식에는 순서가 있습니다. 이 좋은 술로 고수레를 하여 하늘의
복을 받으십시오."라고 한다. 황자가 자리의 서쪽에서 절을 하고 술
잔을 받은 후, 진설한 음식으로 고수레 하기를 처음과 같이 한다. 빈
이 황자에게 읍하고 나아가 자리로 올라가서 남향하여 앉는다. 빈의
찬관이 무릎을 꿇고 황자의 진현관進賢冠[82]을 벗기면, 빈이 세 계단
을 내려가 면류관을 받아서 황자에게 씌운다. 관을 씌울 때마다 모

두 찬관이 비녀를 꽂고 끈을 맨다.

皇子興, 賓揖皇子適房. 服袞冕以出房戶西, 南面. 賓揖皇子,
進, 立於席後, 南面. 賓詣酒尊所, 取爵酌酒進皇子, 祝曰:「旨酒
令芳, 籩豆有楚. 咸加其服, 肴升折俎. 承天之慶, 受福無疆.」皇子
筵西拜, 受爵. 執饌者薦籩·豆, 設俎於其南. 皇子升筵坐, 執爵,
祭脯醢. 贊冠者取肺一以授皇子, 皇子奠爵於薦西, 興, 受, 坐, 祭.
左手嚌之, 興, 加於俎. 皇子坐, 洗手執爵, 祭酒, 興, 筵末坐, 啐酒.
降筵西, 南面坐, 奠爵, 再拜, 執爵興. 賓答拜.

황자가 일어나면 빈이 황자에게 읍하고, 황자는 방으로 간다. 황
자가 곤면袞冕 차림으로 방 출입문을 나와 서쪽에서 남향한다. 빈이
황자에게 읍하면, 황자가 나아가 자리 뒤쪽에서 남향하여 선다. 빈
이 술동이가 놓인 곳으로 가 술잔에 술을 따른 다음 황자에게 가 축
사하기를, "맛있는 청주는 매우 향기롭고, 대나무 제기와 나무 제기
는 가지런히 진열되어 있습니다. 세 가지 관을 모두 씌워주었고, 안

---

82) 진현관進賢冠 : 고대에 황제를 朝見할 때 쓰던 일종의 禮帽로, 緇布冠에
서 유래하였다. 원래는 儒者들이 쓰던 관이었으나 후대에는 백관이 모두
썼다. 앞의 높이는 7촌 뒤의 높이는 3촌이며, 길이는 8촌이고 五梁, 三梁,
二梁, 一梁의 구분이 있다.(『後漢書』「輿服志」下, 『晉書』「輿服志」)

進賢冠
(聶崇義, 『三禮圖』)

주로는 절조折俎[83]가 올려져 있습니다. 하늘의 복을 받아 끝없는 복을 누리십시오.”라고 한다. 황자가 자리의 서쪽으로 가 절을 하고 술잔을 받는다. 음식을 진설하는 사람이 대나무 제기와 나무 제기를 올리고, 그 남쪽에 희생 제기를 진설한다. 황자가 자리로 올라가 앉아서 술잔을 들고 말린 고기와 고기젓갈로 고수레를 한다. 찬관이 뼈에 붙은 마른 고기 한 점을 집어 황자에게 주면, 황자가 대나무 제기와 나무 제기의 오른쪽에 술잔을 내려놓고 일어나 고기를 받은 다음 다시 앉아서 고수레를 한다. 왼손으로 고기를 맛본 다음 일어나 희생 제기에 올려놓는다. 황자가 앉아서 손을 닦고 술잔을 들어 고수레를 한 후 일어나 자리 끝에 앉아 술을 맛본다. 그리고 자리의 서쪽으로 내려가 남향하여 앉은 후 술잔을 올리고 재배한 다음 술잔을 들고 일어난다. 빈이 답배한다.

皇子升筵坐, 奠爵於薦東, 興. 贊冠者引皇子降, 立於西階之東, 南面. 初, 皇子降, 賓降自西階, 直西序東面立. 主人降自東階, 直東序西面立. 賓少進, 字之曰 : 「禮儀旣備, 令月吉日. 昭告其字,

---

83) 절조折俎 : 희생의 뼈마디를 갈라 해체하여 희생 제기[俎] 위에 올려놓은 것을 이른다. 『儀禮』 「特牲饋食禮」 鄭玄 注에서 “凡節解者皆曰折俎”. ‘折俎’에서의 ‘折’은 희생의 전체 몸체를 뼈마디에 따라 잘라서 덩어리를 만드는 것을 말한다.(『儀禮』 「士冠禮」 鄭玄 注, 『儀禮』 「鄕飮酒禮」 鄭玄 注 참조) 진상을 받는 자의 신분에 따라 희생 제기 안에 담는 희생의 부위와 수량도 달라지며 사용하는 희생도 차이가 난다. 예를 들어 士冠禮에서는 돼지고기[豚]를 사용하고, 燕禮나 鄕飮酒禮 등에서는 개고기[狗]를 사용하였으며, 희생의 해체 또한 21체, 19체, 11체, 9체, 7체로 달랐다.(『儀禮』 「鄕飮酒禮」 賈公彦疏 참조)

爰字孔嘉. 君子攸宜, 宜之于嘏. 永受保之, 曰孟某甫.」仲·叔·季
唯其所當. 皇子曰:「某雖不敏, 夙夜祗奉.」賓出, 主人送於內門
外. 主人西面請賓曰:「公辱執事, 請禮從者.」賓曰:「某旣得將
事, 敢辭.」主人曰:「敢固以請.」賓曰:「某辭不得命, 敢不從.」賓
就次, 主人入. 初, 賓出, 皇子東面見, 諸親拜之, 皇子答拜. 皇子
入見內外諸尊於別所.

　황자가 자리 위에 앉아서 대나무 제기·나무 제기의 동쪽에 술잔
을 내려놓은 후 일어난다. 찬관이 황자를 인도하여 자리에서 내려
오고, 황자는 서쪽 계단의 동쪽에서 남향하여 선다. 처음 황자가 당
에서 내려올 때, 빈 또한 서쪽 계단을 통해 당에서 내려와 당 위의
서쪽 벽을 마주하며 동향하여 선다. 주인도 동쪽 계단을 통해 당에
서 내려와 당 위의 동쪽 벽을 마주하며 서향하여 선다. 빈이 조금
앞으로 나와 자字를 주며 말하기를, "관례가 이미 갖추어졌고, 달은
좋고 날은 길합니다. 자를 밝게 고하노니 이 자는 매우 아름답습니
다. 군자에게 적합하니 마땅히 복을 받을 것입니다. 길이 받아 보전
하리니 그대의 자는 맹孟 모某 보甫[84]입니다."라고 한다. 해당하는
경우[85]에 따라 맹孟 자리에 백仲·숙叔·계季를 쓴다. 황자가 말하
기를, "모가 비록 어리석으나, 이른 아침부터 늦은 밤까지 공경히
받들겠습니다."라고 한다.

　빈이 나갈 때, 주인이 내문內門 밖에서 전송한다. 주인이 서향하
여 빈에게 청하기를, "공께서 수고롭게 일을 맡아주셨으니, 청컨대

---

84) 맹孟 모某 보甫 : 관례를 통해 받게 되는 字가 '某'이고, '孟'은 長子임을
　　나타내는 용어이며 '甫'는 장부에 대한 아름다운 칭호이다.
85) 해당하는 경우 : 형제 가운데 몇째인가를 헤아린다는 말이다.

종자從者에게 예례體禮[86]를 행하고 싶습니다."라고 하면, 빈이 말하기를, "모는 이미 일을 마쳤으니, 감히 사양하겠습니다."라고 한다. 주인이 말하기를, "삼가 군이 청합니다."라고 하면, 빈이 말하기를, "모가 사양해도 허락해주지 않으시니, 감히 따르지 않을 수 있겠습니까?"라고 한다. 빈이 자리로 가고 주인이 들어온다. 처음에 빈이 나가고 황자가 동향하여 보면 친척들이 절을 하고 황자가 답배한다. 황자가 별도로 마련된 곳에서 안팎의 여러 어른들을 만난다.

賓‧主旣釋服, 改設席, 訖, 賓‧贊俱出次, 立於門西. 主人出揖賓, 賓報揖. 主人先入, 賓‧贊從之至階, 一揖一讓, 升坐, 俱坐. 會訖, 賓立於西階上, 贊冠者在北, 少退, 俱東面. 主人立於東階上, 西面. 掌事者奉束帛之篚升, 授主人於序端. 主人執篚少進, 西面立. 又掌事者奉幣篚升, 立於主人後. 幣篚升, 牽馬者牽兩馬入陳於門內, 三分庭一在南, 北首西上. 賓還西階上, 北面再拜. 主人進, 立於楹間, 贊冠者立於賓左, 少退, 俱北面再拜. 主人南面, 賓‧贊進, 立於主人之右, 俱南面東上. 主人授幣, 賓受之, 退, 復位. 於主人授幣, 掌事者又以幣篚授贊冠者. 主人還阼階上, 北面拜送. 賓‧贊降自西階, 從者訝受幣. 賓當庭實東面揖, 出. 牽馬者從

---

86) 예례體禮 : 의례가 끝난 후 예주를 따라 주며 노고를 위로하는 의식 절차를 이른다. 주인이 빈에게 예주[體]를 올리면 빈이 이에 대한 보답으로 술을 올리고 다시 주인이 빈에게 술을 권하는 獻-酢-酬의 과정으로 빈의 노고를 위로해 주는 것을 '體禮'라고 한다. 관례나 혼례 등 주인이 빈에게 예주를 따라 주어 예례를 행하는 것을 '體賓', 관례에서 빈이 관을 씌워준 이에게 예주를 따라 주어 예례를 행하는 것을 '體子'라고 한다.

出, 從者訝受馬於門外. 賓降, 主人降, 送賓於大門, 西面再拜.

　빈과 주인이 예복을 벗고 별도로 마련한 자리에 이른다. 빈과 찬관이 함께 임시 장막에서 나와 문의 서쪽에 선다. 주인이 나와 빈에게 읍하고 빈도 답례로 읍한다. 주인이 먼저 들어가고 빈과 찬관이 따라 들어가, 계단에 이르러 읍하고 사양하기를 한 차례씩 한 후 자리로 올라가 함께 앉는다.

　연회를 마친 후, 빈은 서쪽 계단 위에 서고 찬관은 북쪽으로 조금 뒤쪽에 서서 함께 동향한다. 주인은 동쪽 계단 위에 서서 서향한다. 장사掌事가 비단 속백束帛[87]이 든 대광주리를 당堂 위로 가지고 와 당 위 동쪽 벽의 남단南端에서 주인에게 주면 주인이 대광주리를 가지고 조금 앞으로 나와 서향하여 선다. 또 장사가 예물이 든 대광주리를 당 위로 가지고 와 주인 뒤에 선다. 장사가 예물이 든 대광주리를 가지고 올라간 후, 견마잡이가 두 마리의 말을 끌고 문 안으로 들어와 배열하는데, 뜰을 남북으로 삼등분할 때 그 삼분의 일에 해당하는 남쪽에 자리하되 말 머리를 북쪽에 두고 서쪽을 상위로 한다. 빈이 서쪽 계단 위로 되돌아와 북향하여 재배한다. 주인이 나와

---

87) 속백束帛 : 10단의 비단 묶음을 이른다. 2단을 합해 말아서 하나의 두루마리를 만드는데, 이를 '兩'이라고 한다. 따라서 10단은 5량으로 이루어지고, 그것을 1束이라 한다. 1량의 길이는 尋인데, 1심은 8尺이므로, 5심은 40척 곧 4丈이 된다. 따라서 매 단의 길이는 2장이 된다.(『周禮』 「春官·大宗伯」 "孤執皮帛." 鄭玄注 : "皮帛者, 束帛而表以皮爲之." 賈公彦疏 : "束者十端, 每端丈八尺, 皆兩端合卷, 總爲五匹, 故云束帛也.")

束帛

(淸, 『欽定儀禮義疏』)

기둥 사이에 서고, 찬관은 빈의 왼편에서 조금 뒤로 물러선다. 주인이 남향하면 빈과 찬관이 앞으로 나와 주인의 오른쪽에서 모두 남향하되 동쪽을 상위로 한다. 주인이 빈에게 예물을 주면 빈은 받아서 자리로 돌아간다. 주인이 빈에게 예물을 줄 때, 장사 또한 찬관에게 예물이 든 대광주리를 준다. 주인이 동쪽 계단 위로 되돌아와 북향하여 배송한다. 빈과 찬관이 서쪽 계단을 통해 당에서 내려오고, 수행하는 종자가 빈과 찬관의 예물을 받아서 따른다. 정실庭實[88] 앞에서, 빈이 동향하여 읍하고 나간다. 견마잡이가 따라 나가고, 빈 측 수행 종자가 문 밖에서 말을 건네받는다. 빈이 문의 계단을 내려가면 주인도 문의 계단을 내려가 대문에서 빈을 전송하는데, 이때 서향하여 재배한다.

若諸臣之嫡子三加, 皆祝而冠, 又祝而醮, 又祝而字. 庶子三加, 既加, 然後醮而祝之, 又祝而字. 其始冠皆緇布 ; 再加皆進賢 ; 其三加, 一品之子以袞冕, 二品之子以鷩冕, 三品之子以毳冕, 四品之子以絺冕, 五品之子以玄冕, 六品至於九品之子以爵弁. 其服從之. 其卽席而冠也, 嫡子西面, 庶子南面. 其筮日 · 筮賓 · 贊, 遂戒之, 及其所以冠之禮, 皆如親王.

---

88) 정실庭實 : 조공이나 빙문을 할 때 뜰[庭] 가운데에 진열하는 예물을 말한다. 정실에는 말[馬], 짐승 가죽[皮], 희생[牲], 쌀[米], 젓갈[醢] 등이 포함된다. 胡培翬는 "'實'은 뜰에 채우는 것을 가리킨다.實謂實于庭者也."고 하였고, 敖繼公은 "당 위에 진설하는 속백과 상대하여 뜰에 진열하기 때문에 '庭實'이라 한다.對堂上之弊而言, 故謂之庭實."고 하였다.(胡培翬, 『儀禮正義』 권16 참조).

신하들의 적자嫡子에게 세 차례 관을 씌워주는 관례를 행할 경우,
세 차례 다 축사를 하고 관을 씌워주는데, 두 번째 축사를 할 때 술을
따라 주고 세 번째 축사를 할 때 자字를 준다. 신하들의 서자庶子에
게 세 차례 관을 씌워주는 관례를 행할 경우, 관을 씌워주고 난 후
술을 따라 주고 축사를 하며, 두 번째 관을 씌워 줄 때 축사를 하고
자를 준다. 첫 번째 씌워주는 관은 모두 치포관이고 두 번째 씌워주
는 관은 모두 진현관이다. 세 번째 씌워주는 관은 1품직 신하의 아들
은 곤면袞冕, 2품직 신하의 아들은 별면鷩冕,89) 3품직 신하의 아들은
취면毳冕,90) 4품직 신하의 아들은 치면絺冕,91) 5품직 신하의 아들은

---

89) 별면鷩冕 : 先公에게 제사할 때와 종묘에서 大射禮를 행할 때 입는 冕服
을 이른다. 면복은 면류관 旒의 수와 상의와 하상에 표현된 무늬로 구별
하는데, 별면은 華蟲[꿩] 이하 宗彝[원숭이와 호랑이 술잔]·藻[마름풀]
·火[불]·粉米[흰쌀]·黼[도끼]·黻[弓 글자가 등대고 있는 문양]의 무늬
를 쓴다. 이때 화충이 수장이 되므로 '별면'이라 하였다. 7가지 문양 가운데
華蟲·火·宗彝의 3가지 문양은 웃옷에 그려 넣고, 藻·粉米·黼·黻의 4가
지 문양은 치마에 자수를 놓았다. 폐슬, 띠[帶], 인끈[綬], 그리고 신발[舃]
은 모두 袞冕의 제도와 같다.(崔圭順, 『中國歷代帝王冕服硏究』, 上海:東
華大學出版社, 2007 참조.)

鷩冕(聶崇義, 『三禮圖』)

90) 취면毳冕 : 사방의 산천에 望祭를 지낼 때 입는 면복으로, 宗彝[원숭이와

현면玄冕,[92] 6품직부터 9품직 신하의 아들은 작변爵弁[93)이다. 의복

호랑이 술잔] 이하 藻[마름풀]·火[불]·粉米[흰쌀]·黼[도끼]·黻[弓 글
자가 서로 등지고 있는 문양]의 문양을 썼다. 이 중 宗彛·藻·粉米의 3가
지 문양은 웃옷에 그려 넣고, 黼·黻의 문양은 치마에 수를 놓았다. 종이
에 毳, 즉 털이 많은 원숭이와 호랑이를 그려 넣었기 때문에 '취면'이라
하였다.(최규순, 『中國歷代帝王冕服研究』 참조.)

毳冕(聶崇義, 『三禮圖』)

91) 치면絺冕 : 粉米 이하 黼·黻의 무늬를 쓴다. 면복은 무늬를 표현할 때
본래 상의에 그림을 그리고 하상에 수를 놓는데, '치면'의 분미는 상의에
자수[黹=絺]를 놓았으므로 보통의 경우와 구별하여 '치면'이라 하였다.
(崔圭順, 위의 책, 2007 참조.)

絺冕(聶崇義, 『三禮圖』)

92) 현면玄冕 : 하상에 黻 무늬 하나만을 쓴다. 상의에 무늬가 없으므로 옷의
색인 玄을 그대로 이름으로 썼다. 면관에는 옥을 꿴 3개씩의 줄[三旒]이
양쪽으로 있고, 각각의 줄에는 오채색의 비단실로 짠 끈에 12개의 매듭

은 관모冠帽에 맞춘다. 자리로 나아가 관을 쓸 때, 적자는 서향하고 서자는 남향한다. 관례를 거행할 날짜와 빈·찬관을 점쳐 정하는 것, 그리고 빈과 찬관에게 관례의 날짜를 알리고 관례의 주관을 청하는 것 및 관례에 소용되는 물품들은 모두 친왕親王의 예와 같이 한다.

[就]이 있다. 줄 마다 또한 오채색의 옥12개를 꿰어, 총 72개의 옥을 사용 하였다.(崔圭順, 위의 책, 2007 참조.)

玄冕(聶崇義, 『三禮圖』)

93) 작변爵弁 : 冕冠보다 한 등급 아래로, 형태는 冕과 같으나 旒[구슬을 꿴 줄]가 없다. 적색에 엷은 흑색을 띠는 30승의 베로 만든다. '爵'은 '雀'과 통하며, 관의 색이 雀, 즉 참새의 머리처럼 검붉은 색이기 때문에 '작변'이 라고 하였다. 대부가 家廟에서 제사를 지낼 때, 사가 군주의 제사에 助祭 를 할 때, 士冠禮에서 세 번째 관을 씌울 때, 사혼례에서 친영을 할 때 모두 작변을 썼다.(崔圭順, 위의 책, 2007 참조.)

爵弁(聶崇義, 『三禮圖』)

참고문헌

『周易正義』『尙書正義』『毛詩正義』『周禮注疏』『儀禮注疏』『禮記正義』
『春秋左傳正義』『春秋公羊傳注疏』『春秋穀梁傳注疏』『論語注疏』『爾雅
注疏』『孟子注疏』『孝經注疏』(十三經注疏整理委員會 整理, 北京大學出
　　　版社, 2000年 12月 第1版)
『史記』『漢書』『後漢書』『三國志』『晉書』『宋書』『南齊書』『梁書』『陳書』
　　　『魏書』『北齊書』『周書』『南史』『北史』『隋書』『舊唐書』『新唐書』
　　　『舊五代史』『新五代史』『宋史』(中華書局 標點本)

杜佑 撰, 『通典』, 中華書局, 1996.
劉熙, 『釋名』, 中華書局, 2016.
徐松 撰, 李健超 增訂, 『增訂 唐兩京城坊考(修訂版)』, 三秦出版社, 2006.
聶崇義 撰, 丁鼎 點校, 『新定三禮圖』, 淸華大學出版社, 2006.
蕭統 編, (唐) 李善 注, 『文選』, 上海古籍出版社, 1997.
王圻·王思義, 『三才圖會』, 上海:古籍出版社, 1985.
李林甫 等 撰, 陳仲夫 點校, 『唐六典』, 中華書局, 2014.
『大唐開元禮』中華禮藏·禮制卷·總制之屬 第1冊, 浙江大學出版社, 2016.

김택민 주역, 『역주 당육전』상·중·하, 신서원, 2003.
김택민 등 저, 『唐律疏議 譯註』1~4, 경인문화사, 2021.
楊寬 저, 최재영 역, 『중국 고대 도성제도사』상, 세창, 2019.
關佩貞, 『千年古都西安』, 商務印書館 香港分館, 1987.
董喜寧, 『孔廟祭祀硏究』, 中國社會科學出版社, 2014.
陝西省 文物局, 上海博物館 編, 『周秦漢唐文明』, 上海書畵出版社, 2004.
陝西省博物館編, 『隋唐文化』, 中華書局, 1990.
孫晨陽·張珂 編, 『中國古代服飾辭典』, 中華書局, 2015.
呂思勉, 『秦漢史』, 上海古籍出版社, 2015.
錢玄 等, 『三禮辭典』, 江蘇古籍出版社, 1998.
中國大百科全書總編輯委員會, 『中國大百科全書, 考古學』, 中國大百科全

書出版社, 1986.

崔圭順, 『中國歷代帝王冕服研究』, 上海: 東華大學出版社, 2007.

許嘉璐 主編, 『二十四史全譯』(全91冊), 同心出版社, 2012.

寧鎭疆, 「先秦 禮典을 통해 본 『論語』에 보이는 "將命" 두 용례에 대한 검토」, 『목간과 문자』 26, 2021.

趙晟佑, 「唐 高宗 武則天 時期 國家儀禮와 道敎」, 『中國古中世史研究』27, 2012.

賈發義, 杜紫薇, 「唐代束脩禮研究」, 『山東大學學報』 43-4, 2020.

顧濤, 「封禪禮的經學意旨」, 『文史哲』 2019年 3期.

郭赟贏, 范春義, 「唐代宮廷儺儀考略」, 『四川戲劇』 2014年 10期.

劉凱, 「從"南耕"到"東耕":"從周舊制"與"漢家故事"窺管」, 『中國史研究』 2014年 3期.

劉源, 「試論上古宗敎藝術中的"彊良"主題」, 『中原文化研究』2013年 第2期.

毛國民, 「墓祭"非禮"與"成俗"研究」, 『現代哲學』 2016年 4期.

龐慧, 「"類"與"禷"祭」, 『北京師範大學學報』 2005年 第3期.

呂宏軍, 「嵩山與帝王祭祀」, 『黃河科技學院學報』 2022年 3期.

呂學良, 「試論唐朝田狩禮的"名""實"及其政治關係」, 『運城學院學報』 40, 2022.2.

王洪軍, 李淑芳, 「唐代尊祀孔子研究」 『齊魯文化研究』 2007.

于俊利, 「唐代宮廷射禮的社會文化學考釋」, 『咸陽師範學院學報』 36-5, 2021.

于志飛, 王紫微, 「從"昭穆"到長安: 空間設計視覺下的唐陵布局秩序」, 『形象史學』 2017年 1期.

魏鎭, 「禮俗之間: "古不墓祭"研究反思」, 『民俗研究』 2019年 4期.

趙艷, 「『論語』中"束脩"一詞釋義商榷」, 『孔子研究』 2000年 5期.

周明, 「陝西關中唐十八陵陵寢建築形制初探」, 『文博』 1994-02.

陳朝鮮, 「唐代前期王室狩獵之風管窺」, 『農業考古』 2012年 4期.

沈暘, 「唐長安國子監與長安城」, 『建築歷史與理論』 2010年 3期.

許繼起, 「鼓吹十二案考釋」, 『中國音樂學』 2004年 4期.

胡穎, 王天如, 「古儺儀中"十二獸"的內涵與嬗變新解」, 『蘭州大學學報』 49-1, 2021.

丸橋充拓, 「唐宋變革期の軍禮と秩序」, 『東洋史研究』 64-3, 2005.

당송 예악지 역주 총서

연구책임 김현철

| 연구 책임 |

김현철

연세대학교 중국연구원 원장

중국 언어와 문화 전공자. 한국연구재단 중점사업 '중국 정사 당송 예악지 역주' 사업 연구책임자. 연세대학교 우수업적 교수상, 우수강의 교수상, 공헌교수상 및 우수업적 논문분야 최우수상을 수상

200여 편의 논문과 저역서 편찬, 『중국 언어학사』가 '1998년 제31회 문화관광부 우수학술도서', 『중국어어법 연구방법론』이 '2008년 대한민국학술원 기초학문육성 우수 학술도서', 『대조분석과 중국어교육』이 '2019년 학술부문 세종도서'로 선정

| 역주자 |

최진묵

연세대학교 중국연구원 연구교수

서울대 동양사학과를 졸업하고, 동대학원에서 '한대 수술학數術學 연구'로 박사학위를 받았다. 서울대 인문학연구원에서 HK연구교수로 문명연구를 수행하면서, 『제국, 문명의 거울』(공저) 『동서양의 접점 : 이스탄불과 아나톨리아』(공저) 등을 출간하였다. 주요 논문으로 「오경과 육경 : 악경의 위상과 관련하여」, 「상해박물관장 초죽서 '내례'를 통해 본 고대 인륜의 형성과정」, 「중국 고대 망기술望氣術의 논리와 그 활용」 등이 있다.

김정신

연세대학교 국학연구원 연구교수

덕성여자대학교 사학과, 연세대학교 대학원 사학과 석·박사 졸업

공역서로 『주자봉사朱子封事』(혜안), 『현고기玄皐記』(서울대학교 출판부), 『정변록定辨錄』(서울대학교 출판부), 『형감衡鑑』(혜안), 『동남소사東南小史』, 『한관증답韓館贈答·화한문회和韓文會』(보고사) 등이 있고, 논문으로 「조선전기 사림·사림정치 연구의 쟁점과 전망」, 「16~17세기 조선 학계의 중국 사상사 이해와 중국 문헌」, 「16세기 조선의 주자학 향정론鄕政論 수용과 향약鄕約」, 「주희朱熹의 소목론昭穆論과 종묘제宗廟制 개혁론」, 「주희朱熹의 묘수론廟數論과 종묘제宗廟制 개혁론」 등이 있다.

당송 예악지 역주 총서 08

신당서 예악지 *2*

초판 1쇄 인쇄 2023년 8월 1일
초판 1쇄 발행 2023년 8월 16일

연세대학교 중국연구원 당송 예악지 연구회 편
연구책임 | 김현철

역 주 자 | 최진묵 · 김정신
펴 낸 이 | 하운근
펴 낸 곳 | 學古房

주   소 | 경기도 고양시 덕양구 통일로 140 삼송테크노밸리 A동 B224
전   화 | (02)353-9908   편집부 (02)356-9903
팩   스 | (02)6959-8234
홈페이지 | http://hakgobang.co.kr
전자우편 | hakgobang@naver.com, hakgobang@chol.com
등록번호 | 제311-1994-000001호

ISBN 979-11-6586-455-2 94910
     979-11-6586-091-2 (세트)

값 : 22,000원